세상을 바꾼
12가지 질병

세상을 바꾼
12가지 질병

어윈 W. 셔먼 지음 | 장철훈 옮김

PNU Press

목 차

저자 서문

　질병이 역사에 미친 영향에 대한 문헌은 실로 방대하다. 이 문헌들은 질병이 주로 서구 문명에 미친 영향에 대해 기록하고 있다. 14세기 흑사병은 멜서스의 인구론적 교착 상태를 무너뜨리고 유럽 사회를 재구축하는 계기를 제공하였다. 지난 2세기 동안 유전병은 영국, 스페인, 러시아 왕실의 운명을 뒤흔들었으며, 레닌, 프랑코, 히틀러와 같은 자들에게 힘을 실어 주었다. 우리는 지난 백 년 동안 감염성 질환의 전파로 수많은 생명이 희생되고, 사회가 공황에 빠지고, 소외 계층이 차별당하고 희생양이 되었던 것을 목격하였다. 인류는 사회적 변화와 정치적 변화를 유발하고 사회적 긴장을 드러내거나 악화시킬 수 있는 질병의 위력을 목도해 왔다. 질병은 과거에 아메리카 대륙과 아프리카 대륙이 침략당할 때 많은 영향을 미쳤으며, 인종 차별과 대기근으로 인해 아일랜드인들이 고향을 버리고 해외로 이주할 수밖에 없도록 만들기도 하였다. 다가올 미래에는 어떠한 질병이 어떠한 방법으로, 또 어떤 곳에서 그러한 사태를 불러일으킬지 알 수 없는 일이다.

우리는 질병에 대한 역사적 관점을 고찰함으로써 우리와 우리 선조들이 어떻게 그 천벌로부터 살아남을 수 있었는지 알 수 있을 것이다. 그리고 우리가 그 천벌로 인한 파국의 결과, 즉 이민자와 원주민 사이의 갈등, 서로 다른 생활 양상을 가진 집단에 대한 차별, 불구와 사망으로 인한 사회적, 정치적 붕괴와 같은 일을 어떻게 해결해 왔는지에 대해 더 잘 이해할 수 있을 것이다. 질병을 통제하려는 시도와 공중보건의 개선 방안을 강구하는 것은 두말할 필요가 없을 정도로 중요하다. 이 책을 통하여 독자들은 질병의 발생으로 인해 그 당시 사람들이 고통스럽게 경험한 교훈을 간접적으로 체험할 수 있을 것이며, 미래에 미지의 질병이 닥쳤을 때 이러한 교훈을 어떻게 활용할지 알 수 있게 될 것이다.

최근에 발생한 중증 급성호흡기증후군(SARS)과 에이즈(AIDS; 후천성 면역결핍증후군)의 대유행은 개발도상국뿐만 아니라 선진국에서도 전염병이 정치적인 부담이 되고 개인의 삶에 영향을 줄 수 있음을 보여 주고 있다. 2004년에는 전 세계에 확산된 조류 독감으로 인해 수백만 수의 가금류가 살처분되었고 113명이 사망하였다. 사람들은 1918년부터 1920년까지 대유행하여 수천만 명의 인명을 앗아 간 스페인 독감과 같은 사태를 막으려면 어떻게 해야 하는지에 대한 질문을 던졌다. 2006년에는 아프리카 대륙의 서부에서 콜레라가 대유행하여 2만여 명이 감염되었고, 유년기의 예방접종으로 인해 환자가 많이 준 볼거리가 미국 아이오와주에서 발생하여 인근 주로 급속히 확산되면서 1천여 명이 병에 걸렸다.

이처럼 예기치 않은 전염병의 발생을 지켜보며, 우리는 이런 질문을 던진다. 질병의 전파를 막기 위해서는 무엇을 해야 하는가? 질병을 예방하려면 어떻게 해야 하는가? 이 어려운 질문에 대한 해답이 절실하다. 단순히 과거의 질병을 정리하고 역사적 의의에 대해 논하는 것은 더 이상 의미가 없다. 우리가 질병을 더 잘 통제하고 국민의 건강을 향상시키기 위해 이러한 천벌에 대해 어떻게 대처해야 하는가에 대한 대답이 필요하다. 그 대답은 우리 선조들이 과거에 질병에 어떻게 대처하였는지 조사함으로써 찾을 수 있을 것이다.

이 세상에는 너무나 많은 질병이 존재했기 때문에 모든 질병을 전부 거론하는 것은 사실상 불가능하다. 그렇기에 본 도서에서는 역사를 바꾸었고 대안을 모색하는 이정표가 되었던 열두 가지 질병에 대해 논하고자 한다. 1장의 포르피린증과 혈우병은 영국, 스페인, 독일, 러시아, 미국의 정치사를 바꾸어 놓았다. 2장의 감자마름병은 미국의 인종 구성과 정치사를 변화시킨 대규모 이민을 야기시켰다. 3장의 콜레라는 위생 조치와 환자 간호의 필요성을 일깨우고 경구 수분요법의 개발을 촉진시켰다. 4장의 천연두는 백신의 개발을 통해 궁극적으로 박멸되었다. 5장의 흑사병은 검역 조치의 필요성을 일깨웠으며, 6장의 매독에 대응하기 위해 항균화학요법이 개발되었다. 7장에서는 결핵의 대규모 유행에 대응하기 위해 약독화 백신을 개발한 이야기를 다루고 있다. 8장과 9장의 말라리아와 황열병에 대처하기 위해 매개 곤충을 통제하는 기반이 형성되었다. 인류는 이렇게 질병과 싸우면서 질병을 통제하는 법을 개발하고 적용하여 왔다. 10장의 인플루엔자, 그리고 11장의 HIV/에이즈는 이 두 질병이 왜 그렇게 극복하기 어려운지를 알려 주고 있다.

　본 도서에서 전달하고자 하는 바는 간단하다. 바로 온고지신이다. 이 책에서 다루는 열두 가지의 질병을 통해 질병에 대한 새로운 관점을 일깨울 것이며, 질병의 확산을 막기 위해 행해진 공중보건 조치나 그 외 다른 개입 방법에 대해 이야기할 것이다. 앞으로 다가올 천벌에 대한 공포와 혼란을 감소시키기 위해 저자는 인류가 현재 통제 가능한 질병을 어떻게 통제하게 되었는지, 또한 그렇지 않은 질병을 왜 성공적으로 퇴치하지 못했는지에 대해 논하려고 한다. 이 책을 집필한 목적은 인류가 미래에 미증유의 질병과 조우할지라도 희망이나 대안이 없는 것은 아님을 독자들에게 보여 주고자 하는 것이다.

역자 서문

미국 미생물학회에서 발간한 『세상을 바꾼 12가지 질병』은 2007년에 출판된 책이다. 역자가 10여 년 전에 이 책을 처음 접했을 때, 이 책의 내용이 우리나라 독자들에게도 아주 흥미로울 것으로 생각되어 바로 번역 출간하고 싶은 생각이 들었다. 무엇보다도, 역자가 병원에서 주로 하는 일이 감염병의 진단에 관한 것이라 업무 중에 늘 접하는 병원체들에 대한 얘기가 많아서 재미있었다. 질병이 사회성을 띠는 이유는 거의 대부분 전염병의 특성으로부터 비롯한 것이라고 생각해 온 역자에게 유전병마저도 그와 같은 성격을 띠고 있다는 것을 알려 준 점도 흥미로웠다. 사실 유전병이라고 하면 대개는 해당 유전자를 주고받는 가족 내에서 벌어지는, 특정 개인의 신체에만 한정되는 문제라고 생각하는 것이 보통이다. 어쨌든 이처럼 큰 흥미를 느꼈음에도 불구하고 여러 가지 이유로 번역하지 못하고 있었다.

최근 우리나라에는 1~2년에 한 번씩 중요한 감염병의 유행 사례가 생겨서, 전문가뿐만 아니라 일반 대중들에게도 감염병 전파의 위험에 대한 인식이 커지고 있다. 역자는 이 책이 바로 감염병의 범유행에 대비하고자 하는 목적에서 쓰인 책이라는 것을 알고 있었기 때문에, 출판된 후 시간이 좀 흘렀지만 이제라도 번역 출판을 결심하게 되었다.

　이 책이 출간된 지는 10여 년이 지났지만, 이 책에서 보여주는 질병의 사회성은 아직도 충분히 음미할 가치가 있다. 이 책에서 인용하고 있는 폴 드 크루이프의 『미생물 사냥꾼』이 거의 백 년 전에 쓰인 책임에도 불구하고 여전히 우리에게 흥미로운 읽을거리를 제공해 주는 것과 같다. 수많은 인명을 살상하다가 박멸되어 버린 천연두 바이러스와 우리 인류가 여전히 박멸을 꿈꿀 수 없는 인플루엔자 바이러스는 어떤 속성이 다르길래 극단적인 운명의 차이를 보인 것인가? 연구용으로 보관되어 있는 천연두 바이러스가 악의적으로 혹은 실수로 유출된다면 어떤 일이 벌어질까? 세계보건기구가 예측한 대로 앞으로 내성 세균이 창궐하여 항생제 발견 이전의 시대로 되돌아가는 상황이 생기면 인류는 감염병에 제대로 대처할 수 있을까? 많은 질병이 예전부터 있어 왔던 것이 아니라 환경의 변화에 의해 새로 생길 수 있는 것이라면, 앞으로 생길 질병은 우리에게 얼마나 큰 영향을 미칠 것인가? 지구 온난화로 인하여 큰 영향을 받을 것으로 생각되는 우리나라의 기후는 열대 지방에서 유행하는 질병의 확산에 온상이 되는 것은 아닐까? 이 책을 읽으면서 드는 궁금증과 두려움은 한두 가지가 아니다. 이미 우리는 이 책이 출간된 후의 일로, 2009년 신종 플루의 대유행과 2015년 중동호흡기증후군의 국내 전파를 겪으면서 질병이 국민 생활 전반에 미치는 영향력을 몸소 체험했다. 그러면서 질병 통제를 위해서는 정부의 노력뿐만 아니라 국민 모두의 성숙한 의식과 행동이 반드시 필요하다는 생각을 가지게 되었다. 그런 점에서 이 책에서 보여 주는 선조들의 질병 통제 경험은 우리에게 많은 가르침을 주고 있다. 특히 매독이나 흑사병처럼 원인을 알 수 없던 시절의 유행에서뿐만 아니라, 에이즈처럼 원인을 알게 된 다음의 유행에서조차 그것이 특정 집단에 대한 부당한 차별의 시발점이 되었다는 것은 우리의 마음을 무겁게 만든다. 그렇지만 저자가 결론적으로 주장하는 바, "인류의 질병 부담을 줄이는 것, 이것은 충분히 달성할 수 있는 목표"라는 데 동의하면서, 본 역서가 목표 달성에 도움이 되기를 바란다.

　번역은 최대한 원서에 충실하고자 노력하였다. 다만, 몇 군데 원서와 번역서의 발간 시점의 차이로 내용이 달라진 부분이나, 원문의 번역만으로 이해가 다소 어려운 부분은 내용을 변경 혹은 추가하였으되, "역자 주"를 달아 그 사실을 밝혔다. 이 책을 번역하고 출간하는데 가족의 도움을 많이 받았다. 책이 잘 팔리지 않는 현실 때문에 어느 출판사도 관심을 보이지 않아서 어려움을 겪을 때, 지지와 격려를 보내 주고 원고도 일일이 검토하고 수정해 준 아내 박경옥과 아이들에게 고마움을 표한다. 또한, 기꺼이 책을 출판해 준 부산대출판문화원에게도 감사를 표한다.

추천사

현대 의학은 과거라면 상상할 수 없을 정도로 인류의 건강을 많이 증진시켜 왔다. 건강 검진으로 사전에 질병 위험을 찾아내어 통제하고, 예방접종과 항생제로 옛날 같으면 대규모로 유행했을 감염병의 확산을 차단하고, 병에 걸려도 수술과 약물 치료로 회복할 수 있게 되었다. 우리나라는 의료 인프라가 매우 잘 갖추어져 있고 의료의 접근성도 좋아서, 평균 수명이 83세로 주요 선진국들보다 높은 편에 속한다. 우리나라의 최근 사망률 통계를 보면 악성 신생물(암), 심장 질환, 뇌혈관 질환이 사망 원인의 상위에 있으며, 과거에 흔했던 감염병은 크게 줄어들었다. 그러나 불과 몇십 년 전만 하더라도 많은 국민들이 감염병으로 큰 고통을 겪었다. 1946년 한 해에만 콜레라로 만 명이 사망했고, 장티푸스와 이질로 3천 명이 사망했다. 1951년에는 전쟁 중이라는 특수한 상황이긴 했지만 장티푸스로 만 명이 사망했으며, 1958년에는 일본뇌염으로만 2천 명이 사망했다. 그로부터 60~70년이 지난 지금, 2017년의 통계로 보면 결핵, 인플루엔자를 제외하고는 법정감염병으로 사망한 사람이 모두 합해서 2백여 명 정도밖에 되지 않는다.

그러면 우리는 감염병에 대해서 더 이상 염려하지 않아도 되는가? 그렇지는 않다. 우리 사회는 불과 10년 전 2009년 신종 플루 유행을 겪었다. 전 세계적인 대유행을 겪으면서 수많은 사람들이 병을 앓았지만, 다행히 독성이 낮은 편이어서 치명률은 높지 않았다. 2015년에는 해외에서 유입된 중동호흡기증후군이 병원감염으로 인해 지역사회로 확산되면서, 우리 국민들의 병원 이용 문화와 감염병에 대한 인식을 크게 바꾸게 하는 계기가 되었다. 이렇게 감염병은 언제나 우리에게 파고들 준비가 되어 있다. 교통 수단의 발달, 인구의 도시 집중화, 가축 사육의 대규모화 등으로 새로운 병원체가 사람에게 유입되고 신속하게 전 세계로 확산될 수 있는 조건들이 만들어지고 있다. 앞으로 올 위기의 감염병은 인간이 만들어 낸 환경 변화에 힘입어서 동물로부터 인간에게 새롭게 적응한 바이러스가 원인일 가능성이 크다. 실제로 20세기 이후 발생한 신종 감염병의 75%가 동물로부터 유래된 것이다. 전 세계 인구가 면역이 없는 상태에서 새로운 바이러스가 빠른 속도로 퍼진다면, 백신이나 치료제가 개발되어 통제할 수 있을 때까지 많은 희생자가 나오고 피해와 혼란이 클 것이다. 그러나 신종 바이러스만 문제가 되는 것도 아니다. 이 책에서도 소개하는 흑사병은 오늘날이라면 인명에 큰 피해가 없이 통제되었을 것이다. 하지만 우리 인류보다 훨씬 오래 전부터 지구를 지배해 온 미생물이 그렇게 호락호락하지 않다. 전문가들은 2050년에는 세계적으로 암으로 인한 사망자보다 항생제 내성 세균 감염으로 사망하는 사람이 더 많을 것이라는 놀라운 전망을 하고 있다. 이미 우리는 우리가 쓸 수 있는 모든 항생제에 내성을 보이는 세균으로 인한 감염을 경험하고 있다. 즉, 특정 감염병에 관한 한 우리는 항생제 발견 이전의 시대로 되돌아갔다는 말이다. 세계보건기구는 2019년 인류의 10대 건강 위협 요인을 발표하였다. 이 중 여섯 개가 감염병으로 신종 인플루엔자 대유행, 항생제 내성, 바이러스성 출혈열 등 고위험 감염병, 백신 기피로 인한 예방 가능 감염병의 증가, 뎅기열, HIV 감염이 그것이며, 이들 모두는 우리나라에도 중요한 위협 요인이다.

　이 책은 질병이 우리의 삶에 얼마나 많은 영향을 끼쳐 왔는지, 질병이 이 세상의 정치와 사회와 문화를 어떻게 바꿔 왔는지를 보여준다. 포르피린증이나 혈우병처럼 비감염성 질환들도 포함되어 있지만, 『세상을 바꾼 12가지 질병』은 대규모 유행을 가져올 수 있는 감염병에 효율적으로 대응하는 것이 얼마나 중요한지를 일깨워 주고 있다. 여기서 보여 주는 당대 사람들의 성공과 실패 경험이 향후에 우리에게 닥칠 대규모 감염병에 대응하는 데 도움이 되길 바란다.

- 정은경 (보건복지부 질병관리본부장)

01
포르피린증과 혈우병, 그들이 남긴 유산

01

포르피린증과 혈우병, 그들이 남긴 유산

1962년 미국 대통령 존 F. 케네디는 "인생은 평등하지 못하다. 어떤 사람들은 건강하고, 어떤 사람들은 아프다."라는 말을 남겼다. 말할 것도 없이 이는 그의 건강 상태에 대한 끊이지 않는 구설수를 언급하고 있다. 40년 후 기밀 해제된 그의 의료 기록에는 생명을 위협할 정도로 중한 부신피질기능 장애인 애디슨 병 말고도 골다공증과 지속적인 소화기능 장애에 대한 내용이 있었다. 케네디 대통령은 데메롤이나 메사돈과 같은 진통제, 각성제, 항불안제, 하이드로코티손 및 테스토스테론 등의 호르몬 보충제를 거의 언제나, 특히 심신이 스트레스를 겪을 때마다 복용해야 했다. 케네디 대통령의 육체적 질환이 쿠바 미사일 사태에 대처하는 방식이나 그 밖에 다른 정치적 결정에 영향을 미쳤는지는 확실하지 않다. 그러나 영국의 조지 3세, 빅토리아 여왕의 후손들, 러시아의 차르 니콜라이 2세, 스페인의 알폰소 13세와 프랑코 총통, 그리고 나치 독일의 총통 아돌프 히틀러와 같은 국가 수뇌들에게는 질병이 큰 영향을 미쳤다.

왕가의 광기, 포르피린증

스코틀랜드의 메리 여왕(1542~1587)은 괴질을 앓고 있었다. 24세에 메리 여왕은 "나는 가끔 큰 고통을 겪는다. (…) 머리로부터 시작하여 (…) 위장으로 퍼져서 식욕을 잃고 (…) 지독한 구토를 겪는다. (…) 팔에 힘이 빠져서 글을 쓸 수가 없다. (…) 이 괴질이 나를 고통스럽게 한다."라고 기록했다. 1570년 발작이 일어났을 때 주치의는 다음과 같이 기술했다. "모든 움직임이 여왕의 고통을 악화시킨다. 숨 쉬는 것조차 그렇다. 60번 이상을 계속 토했고 끝내는 피를 토하기에 이르렀다. 여왕은 정신 착란을 일으켰고, 이틀 뒤에는 앞을 보지도, 말을 하지도 못하기에 이르렀다. 몇 차례 경련을 일으켰으며, 몇 시간 뒤에는 죽은 듯한 의식불명에 빠졌다. 그러다 열흘쯤 뒤에 다시 정신을 차렸다. 여왕은 불안과 우울, 경련, 진전, 연하 곤란, 목소리의 변화, 사지의 약화로 인해 펜을 들 수도 없었고, 도움 없이는 걸을 수도, 심지어는 설 수도 없었다." 여왕의 증상은 급작스럽게 시작되었고, 그래서 어떤 사람들은 여왕이 독극물에 중독되었다고 생각했다. 다른 사람들은 히스테리 발작 때문이라고 진단했다. 그러나 여왕의 증상은 중독과도, 히스테리와도 관계가 없었다. 여왕의 고통은 유전병 때문이었고, 그 자손들 또한 이후 세계사를 바꿀 유전병으로 고통 받았다.

태어나면서부터 스코틀랜드의 여왕이 된 메리 스튜어트는 세 살때 프랑스 왕위 계승자인 프랑수아 왕자와 약혼하였고, 왕자가 결혼 전에 프랑수아 2세로 즉위하였기 때문에 15세에 결혼을 하면서 바로 프랑스의 왕비가 되었다. 그러나 영광은 오래 가지 않았다. 프랑수아 2세가 결혼한 지 1년 후에 급사하여, 결국 메리 스튜어트는 스코틀랜드로 돌아가야 했다. 이후 후일 역사가들이 주정뱅이에 백치라고 기술한 영국의 왕족 헨리 스튜어트(단리 경)와 재혼하였다. 국가의 대소사를 논의할 때에 메리 스튜어트는 단리 경을 신뢰하지 않아서 조언을 얻을 남성 비서관을 여러 명 두었다. 메리 스튜어트가 총애했던 비서관 중 한 사람으로 데이비드 리지오가 있었다. 단리 경은 데이비드 리지오가 메리 스튜어트의 총애를 받는 것을 시기하여 리지오를 살해하였다. 단리 경 자신도 1년 후 살해되었다. 제4대 보스웰 백작인 제임스 헵번이 메리 스튜어트와 공모하여 단리 경을 살해했다는 소문이 널리 퍼졌다. 이후 메리 스튜어트는 보스웰 백작과 결혼했다. 여왕의 추문에 지친 스코틀랜드의 귀족들은 메리 스튜어트의 실명, 우울증, 실어증 및 불구를 핑계로 메리 스튜어트를 강제로 퇴위시켰다. 메리 스튜어트는 자신의 할머니의 남동생(헨리 8세)의 딸로 5촌 고모 격인 엘리자베스 1세가 여왕으로 있는 잉글랜드로 망명하여 보호를 요청하였다. 그러나 메리 스튜어트는 거기서도 환영받지 못하였으며, 결국 엘리자베스 여왕을 암살하고자 하는 계획에 연루되고 만다. 암살 계획이 발각된 후 1587년 메리 스튜어트는 참수형을 당한다.

엘리자베스 1세가 1603년에 세상을 떠나면서 메리 스튜어트의 아들인 스코틀랜드의 제임스 6세가 새로운 잉글랜드의 국왕 제임스 1세가 되었다. (엘리자베스 1세가 후사가 없어서 튜더 왕가의 방계 후손인 스코틀랜드 국왕이 잉글랜드 국왕이 됨으로써, 같은 국왕이 브리튼 섬의 두 왕국을 통치하기 시작하였고, 이는 현재의 영국이 탄생하는 밑바탕이 되었다. 역자 주) 새로운 왕 또한 메리 스튜어트와 비슷한 병을 앓고 있었다. 왕의 주치의 테오도르 드 마욘은 "왕은 갈비뼈 아래쪽에서 (⋯) 통증을 호소했다. (⋯) 왕의 몸에서는 열이 나고, 식욕을 잃었다. 극심하게 곯아 떨어지고, 자주 토하였고, 그때마다 심한 구토 때문에 얼굴은 2~3일간 붉은 반점으로 덮였다. (⋯) 심한 급경련통을 자주 호소하고, (⋯) 우울감과 밤 동안의 오한 이후 구토와 설사에 시달리며, (⋯) 발의 통증과 쇠약을 호소하고, 걸을 때마다 발은 괴상하게 뒤틀렸다. (⋯) 1616년 (⋯) 4개월간 침상에 누워 있거나 의자에 앉아만 있었다. (⋯) 1619년 (⋯) 계속 식은땀을 흘리고 (⋯) 자주 멍이 들고, (⋯) 매우 과민해지고 고통스러워 하였고, (⋯) 붉은 포도주색의 소변을 자주 보았다."라고 기술했다. 아주 오래 전에 살았던 사람의 질병을 정확하게 진단할 수는 없다. 그러나 메리 스튜어트와 아들 제임스 1세, 그리고 그 자손들이 겪었던 괴질은 그들의 증상을 현대의학의 시선으로 바라보았을 때, 아마도 포르피린증이었을 것이다. 포르피린증은 그리스어로 자주색을 뜻하는 단어 porphuros에서 나온 이름이다.

유전적인 문제

포르피린증은 유전성 대사질환의 일종으로, 산소를 운반하는 혈액 내의 적색 색소 헤모글로빈을 합성하는 과정에서 문제가 생겼을 때에 나타나는 질환이다. 헤모글로빈은 글로빈이라는 단백질과 그에 결합된 비단백질 분자인 헴으로 이루어진다. 헴은 고리 모양의 분자인 포르피린에 철이 배위 결합한 구조를 가지며, 간이나 적혈구에서 만들어진다. 이후 수명이 다한 적혈구에서 나온 철분을 재활용하는 과정에서 헴이 분해될 때 빌리루빈이 만들어진다. 빌리루빈은 쓸개즙에 함유되어 쓸개에 저장되어 있다가 창자로 분비되어 지방 흡수를 돕는다. 대변이 황갈색을 띠는 것은 이 빌리루빈 때문이다. 헴은 여덟 단계를 거쳐 생성되는데, 이 중 어느 단계에서라도 문제가 생기면 정상적인 헴이 생성되는 대신 다음 단계로 넘어가지 못한 포르피린 중간 산물이 신체의 여러 부위에 축적된다.

헴 생성 과정은 마치 여덟 개의 물레방아가 직렬로 배치되어 있는 강물과도 같다. 물레방아는 헴의 중간 산물인 각종 포르피린이 만들어지는 세포 내의 공장에 비유할 수 있다. 물의 흐름을 조절하기 위해 각 물레방아 상부에 수문이 배치된다. 물레방아가 원활하게 회전하려면 상부의 수문이 제때 열려야 한다. 수문이 열리지 않으면 물이 아래로 흐르지 못하여 물레방아의 상류에 물이 고이고 마침내 범람할 것이다. 헴 합성 경로에서 수문 역할을 하는 것은 생물학적 촉매라고 불리는 여덟 가지의 효소이다. 이 효소들은 헴 합성 경로의 흐름을 조절하고 유지시켜 준다. 수문이 작동하지 않는 것처럼 어떤 효소가 오작동하거나 아예 없다면 헴의 정상적 합성은 불가능해지고, 그 효소에 의해 대사되어야 할 중간 대사산물이 축적된다. 이렇게 축적된 포르피린 중간 대사산물이 메리 스튜어트와 제임스 1세에서 보인 것 같은 복통과 신경정신과적인 증상을 야기시킨다. 일부 포르피린은 피부에 축적되어 있다가 자외선의 작용으로 활성화되어 피부세포를 손상시키고, 피부에 홍반과 수포를 형성하여 흉터를 남긴다. 발작할 때 일부 포르피린 중간체는 소변으로 배설되는데, 환자의 소변이 처음에는 담황색이었다가 공기와 빛에 노출되고 몇 시간이 지나면 적포도주색으로 바뀌게 된다.

그렇다면 제임스 1세는 어떻게 어머니 메리 스튜어트에게서 포르피린증을 물려받은 것일까? 이 질병은 감염성 질환이 아닌 유전성 질환이다. 포르피린증은 X염색체나 Y염색체 같은 성염색체가 아니라 상염색체 44개 중 하나의 염색체에 의해 유전되는 상염색체 우성 질환이다. 그래서 결함이 있는 유전자를 하나라도 가지고 있으면 신체에 실질적인 악영향이 나타난다. 부모 중 한 사람이 결함 유전자를 보유하고 있다면 절반의 확률로 자식들에게 해당 결함 유전자를 물려주게 되며, 결함 유전자를 물려받은 자식은 해당 유전자가 기능 결함이 있는 효소를 만들어 포르피린증이 발병한다. 대개의 경우 포르피린증은 간에 있는 효소인 포르포빌리노젠 탈아미노효소(세 번째 단계)의 이상에 의해 발생하며, 때로 프로토포르피리노젠 산화효소(일곱 번째 단계)의 이상에 의해 발생하기도 한다. 포르피린증은 남자보다는 여자에게서 흔히 발병하나, 사춘기 이전에는 남녀 모두 증상이 나타나지 않는다. 근래에는 헤마틴 주입을 통해 증상을 완화시킬 수 있게 되었으며, 또한 식이요법을 이용하여 포르피린의 과생성을 막을 수 있게 되었다. 그러나 이러한 치료법은 메리 스튜어트나 제임스 1세 시대에는 없었다.

영국 왕실의 저주

영국 왕실의 양대 저주 중 하나인 포르피린증은 스코틀랜드의 메리 스튜어트 여왕으로부터 시작되었다. (이 부분은 375쪽 가계도를 참고하기 바란다. 역자 주) 메리 스튜어트의 아들 제임스 1세는 3남 4녀의 자녀가 있었으나, 유년기를 넘긴 형제는 헨리, 엘리자베스, 찰스 세 명뿐이었다. 그 중 장남인 웨일스 대공 헨리 프레드릭은 포르피린증에 걸렸던 것으로 생각된다. 찰스는 형이 티푸스로 먼저 죽는 바람에 나중에 왕위를 계승하여 찰스 1세(재위 1625~1649)가 되었고, 그에게서는 포르피린증이 나타나지 않았다. 찰스 1세의 딸 헨리에타 앤은 포르피린증을 앓았다. 프랑스의 루이 14세와 결혼하여 오를레앙의 공작부인이 된 앤은 26세의 나이로 급사하였다. 찰스 1세의 장남 찰스 2세는 포르피린증이 없었다. 그 후 제위는 찰스 2세가 자녀가 없었기 때문에 동생 제임스 2세에게 넘어갔다. 제임스 2세의 딸 메리는 포르피린증이 없었고, 네덜란드의 통치자 오라녜 공과 결혼하였다. 1688년 오라녜 공이 영국을 침략하여 제임스 2세를 퇴위시키고, 메리와 오라녜 공은 각각 메리 2세와 윌리엄 3세가 되어 영국의 공동 통치자가 되었다. 메리 2세가 1694년에 천연두로 사망하면서, 윌리엄 3세가 영국과 네덜란드의 유일한 통치자가 되었다. 1702년 윌리엄 3세가 사망한 이후 메리 2세의 동생인 앤이 여왕이 되었다. 앤 여왕은 소화불량, 히스테리, 우울증, 경련, 쇠약에 시달렸다. 사실 앤 여왕은 매우 쇠약하여 39세에야 비로소 대관식이 거행되었다. 앤 여왕은 49세에 혼수 상태에 빠진 후 사망하였는데, 그 전까지 가장 오래 살아남았던 자식인 글로스터 공작 윌리엄 헨리가 이미 사망한 후였다. 그래서 스튜어트 왕가에 적합한 왕위 계승자가 없었다. 결국 왕위는 스튜어트 왕가로부터 하노버 왕가로 넘어가, 보헤미아의 왕과 결혼하였던 제임스 1세의 딸이자 메리 스튜어트의 손녀인 엘리자베스의 후손이 왕위를 계승하게 되었다. 엘리자베스에게는 포르피린증이 나타나지 않았다. 하지만 엘리자베스의 딸 소피아에게는 결함유전자가 있었음이 확실하다. 왜냐하면 하노버의 선제후 에른스트 오거스트와 소피아 사이에서 태어난 조지 1세와 그 아들 조지 2세는 건강하였지만, 조지 2세의 손자인 조지 3세(재위 1760~1820)는 포르피린증으로 고통 받았기 때문이다.

앨런 베넷의 연극 「조지 3세의 광기」에 나오는 대사는 다음과 같다.

> 왕은 말한다. "너는 왜 몸을 떠느냐? 나는 춥지 않다. 나의 몸은 뜨겁다. 나는 타오르고 있다. 아니, 나는 타오르고 있지 않다. 타오르는 것은 나의 몸이다. 그리고 나는 나의 몸 안에 갇혀 있다. (…) 그러면 나의 셔츠를 다오. 무슨 셔츠 말이냐? 아니, 이 셔츠는 옥양목, 아니 범포와도 같이 거칠다. (…) 이것은 나의 양말이 아니구나. 가렵구나. 내 안의 모든 것이 불타고 있다. 나의 사지에는 불이 붙어 있다. 그렇지만 굴하지 않으리라. (…) 오 하느님이시여, 저의 몸은 경련으로 뒤틀리고 있나이다. 가재의 집게발이 뼈를 부수고 있나이다. 저의 뱃속에 돌이 들어 있나이다." 그리고 왕의 두 시종이 언급하기를, "보라고. 뭐? 푸른색이다. 아마

자주색이라 부르겠지. 자네나 나는 평범한 소변을 보지. 폐하의 소변은 보라색이지. (…) 폐하께서 편찮으신 후로 소변의 색도 변했지.” 조지 3세의 대사는 계속된다. “마음의 평화 말이야! 나의 마음에는 평화가 없어. 아메리카 식민지가 독립한 이후로 나에게는 평화가 없었어. (…) 우리 모두에게, 나에게, 평화는 가 버렸어. 낙원은 사라졌어. 선동의 나팔 소리가 울려 퍼졌어. 아메리카 식민지를 잃었고, 이제 인도를 잃겠지. 아일랜드도 떨어져 나갈 거야. 우리의 깃털은 한 가닥씩 뽑혀 나가고 있지. 결국 이 섬 하나만 남겠지. 위대한 대영제국은 썩어 문드러지고 있어. 놈들이 내 문 앞에 고통을 두고 갈 거야. (…) 나는 미치지 않을 거라고. 나는 미쳐 가고 있어. (…) 아무것도 모르겠어. 미쳐 버리는 것은 고통이 아니야. 미쳐 버리는 것은 술에 취하는 것도 아니야. 미친 놈은 버틸 수 있지. 놈들은 지나쳐 가지. 놈들은 춤을 추고 나는 이야기하지. 나는 이야기한다고. 나는 그 말을 듣고 놈들에게 뭐라고 해야 해. 일단 머리부터 식히고 이야기하자고. 뭔가가 터졌어. 옳은 일이 아니야. 오, 하느님이시여, 제발 저를 제정신으로 돌려 주시고, 바라옵건대 제발 저를 죽게 해 주소서.”

조지 3세는 원래 고집스러웠고, 예측할 수 없는 행동을 했다. 1765년, 26세의 나이에도 건강이 악화되었지만 그때는 광기가 나타났다는 징조는 보이지 않았으며, 그 질병이 포르피린증인지 아닌지도 불분명했다. 그래서 1775년에 북아메리카 식민지가 독립 전쟁을 선포한 것은 조지 3세의 포르피린증 발작 때문이 아니라 그의 아집 때문이었으며, 보다 직접적으로는 당시의 수상이었던 노스 경이 제정한 인지세

법(Stamp Act. 1765년 영국이 미국 식민지에서 발행되는 모든 출판물이나 문서에 인지를 붙여서 세금을 부과한 법으로, 식민지의 반발로 1766년 폐지됨. 역자 주) 때문이었다. "조지 3세의 잘못된 판단은 북아메리카 식민지의 독립 운동에 불을 지른 격이 되었다. 그러나 이는 왕의 잘못만은 아니었다. 수상을 비롯한 각료들과 하원 의원들, 그리고 많은 영국 국민들이 이에 동조했다."

1775년부터 1781년까지의 독립 전쟁을 거쳐 북아메리카 식민지가 미국으로 독립하게 된 원인을 제공한 것이 조지 3세의 질병으로 인한 광기는 아닐지 모른다. 하지만 조지 3세의 재위 시기에 영국과 아일랜드 간에 적대적 관계가 만들어진 것은 어쩌면 그의 광기 때문일 수도 있다. 아일랜드에서 개신교도인 이주민들과 천주교도인 원주민들은 원래 사이가 나쁘지 않았다. 하지만 더블린 의회에 참여할 수 없게 된 원주민들이 1798년 프랑스의 도움을 받아 반란을 일으켰다. 아일랜드인들의 봉기는 진압되었고, 당시 수상이었던 윌리엄 피트는 천주교도들도 의원이 될 수 있다는 견해 하에 더블린 자치정부를 해산시키고 영국과 통합할 것을 권하였다. 윌리엄 피트 수상은 조지 3세의 허락 없이 천주교인들의 해방을 약속한 것이다. 개신교의 수호자를 자칭하는 조지 3세는 윌리엄 피트 수상의 정책을 승인하지 않고, 대신 그를 물러나게 했다. 열흘 뒤 조지 3세는 포르피린증으로 인해 발작을 일으켰다. 한 달 뒤 발작에서 회복된 왕은 윌리엄 피트를 다시 불러들였으나, 자신이 살아 있는 동안 다시는 천주교도들에게 자유를 주지 말 것을 서약하게 했다. 그래서 피트의 평화 계획은 물거품이 되었고, 28년 동안 아일랜드의 천주교도들에게는 자유가 주어지지 않았다. 결국 영국에 합병된 아일랜드의 천주교도들은 영국에서 이주해 온 성공회 출신 지배자들에게 억압적인 지배를 당하게 된다. 250년이 지난 오늘날까지도 영국과 아일랜드의 문제는 계속되고 있다.

일부 사람들은 1788년 이전까지 보였던 조지 3세의 병약함이 포르피린증으로 인한 증상은 아니라고 주장한다. 하지만 1762년(24세)부터 1804년(66세) 사이에는 적어도 여덟 번의 포르피린증 발작이 있었던 것으로 생각된다. 1810년에 다시 발작이 일어나 2년 동안 왕이 광기에 빠지게 되자, 섭정법에 의거하여 1811년 왕세자가 섭정을 시작하였다. 조지 3세의 건강이 회복될 것이라는 희망으로 왕세자는 수상을 교체하지 않았다. 그러나 조지 3세의 건강은 회복되지 않았고, 81세의 나이로 사망할 때는 시력과 청력마저 상실된 상태였다.

1968년, 정신과 의사 이다 매칼파인과 그녀의 아들 리차드 헌터는 조지 3세의 임상 소견에 대해 주의 깊게 고찰하여 그의 이상 행동이 단순히 양극성 장애로 인한 것은 아니었다는 결론을 내렸다. 대신 조지 3세의 임상 소견과 증상은 위장장애, 피부염, 치매를 유발하는 대사 질환인 포르피린증에 의한 것이라고 주장했다. 조지 3세는 미치광이가 아닌 유전병의 희생자였던 것이다. 하지만 절뚝거림, 복통, 사지통, 부정맥, 불면증, 정신 착란, 소변의 변색이 그토록 심했던 이유는 무엇이며, 왜 중년에서 노년이 되어서야 증상이 나타나게 되었을까? 이에 대해 2005년 실시된 조지 3세의 모발 분석 결과로 그 이유를 짐작할 수 있다. 18세기에 해열제로 흔히 처방되던 의약품에 들어 있던 비소나 안티몬 같은 중금속에 지속적으로 노출되었기 때문이었을 것이다.

　　조지 3세의 아들인 조지 4세 또한 포르피린증의 증상을 보였다. 조지 4세는 왕세자 시절에 브라운슈바이크의 캐롤라인과 결혼하였다. 그의 유일한 자식이었던 샬럿 오거스타 또한 포르피린증으로 고통 받았을 것이다. 샬럿 오거스타는 21세에 남자 아이를 사산한 후 세상을 떠났으며, 여기에는 포르피린증이 어느 정도 영향을 준 것으로 보인다. 조지 4세가 세상을 떠난 후, 왕위는 그의 형제인 클래런스 공작 윌리엄에게 승계되었다. 윌리엄에게는 적자가 없었으므로 켄트 공작인 그의 동생 에드워드가 왕세제가 되었지만, 포르피린증을 앓던 에드워드는 왕보다 먼저 사망하였다. 결국 켄트 공작의 장녀 빅토리아가 왕위를 이었다. 나중에 알려진 바에 의하면, 1968년에 생존한 하노버 왕가의 두 여성 후손이 포르피린증을 앓고 있는 것으로 확인되었다. 빅토리아 여왕의 후손부터 시작되는, 현재 영국의 왕가인 윈저 왕가에는 포르피린증이 나타나지 않았다. 조지 3세의 광기를 치료하기 위해 사용된 방법은 그 당시 정신병자를 다루던 구속복, 강박, 부항, 사혈과 같은 방법이었다. 그러나 그는 미치광이로 잘못 진단된 것이 명백하다. 조지 3세가 앓고 있었던 포르피린증과, 그에 수반되었던 우울, 발한, 광증으로 인한 발작 치료를 시도하는 과정에서 당시 미치광이 다루기로 불렸던 정신건강의학과가 의학의 한 분야로 정립되었다. 이렇게 포르피린증으로 인한 유전적인 광기는 영국의 왕실과 하노버 왕가뿐만 아니라 5백여 년의 세계사를 뒤흔들어 놓았다.

　　1837년에 자신의 백부를 이어 대영제국의 군주가 된 빅토리아 여왕은 포르피린증이 없었지만, 그녀는 불행히도 다른 유전병의 보인자였다. 이 이야기는 다음에 이어진다.

혈우병, 피는 답을 알고 있다

1837년부터 1901년까지 영국의 여왕으로 군림한 빅토리아(1819년생)는 새로운 유전병을 품고 있었다. 여왕은 60년 이상의 재임 시기뿐만 아니라, 그 후까지도 유럽의 여러 나라 왕실에 지대한 영향을 끼쳤다. 러시아에서는 볼셰비키들에게 힘을 실어 주어 로마노프 황가를 파멸시켰다. 스페인에서는 프랑코 총통이 쿠데타를 일으켜 군부 독재를 자행하도록 하였다. 심지어 독일에서는 바이마르 공화국이 무너지고 나치당이 제3제국을 수립하게 하였다. 이것은 정략적 수단에 의한 것도 아니고, 군사력에 의한 것도 아니었다. 그녀의 몸에 있던 유전병에 의한 것이었다. 여왕의 딸들과 손녀들은 이 병의 씨앗을 품은 채 각국의 왕가와 정략적으로 결혼하였는데, 이는 결국 유럽의 왕가에 치명적인 질병의 씨앗을 뿌리는 결과가 되었다. 결과적으로 몇몇 왕실은 파멸하였다.

빅토리아 여왕이 그 자손들에게 물려준 유산은 혈우병이다. 혈우병은 혈액 응고가 제때 이루어지지 않는 병이다. 혈액 응고가 잘 이루어지지 않는 이유는 간에서 만들어져 혈중으로 분비되는 혈액 응고 단백질이 제대로 만들어지지 못하기 때문이다. 보통 사람의 혈액은

5~15분이면 굳어서 피딱지가 되지만, 혈우병 환자의 혈액은 굳기까지 몇 시간에서 며칠의 시간이 걸린다. 그래서 혈우병 환자들은 경미한 부상만 있어도 출혈이 잘 멈추지 않는다.

혈액이 응고되지 않으면 쇼크에 이를 정도로 피를 흘려 결국 과다 출혈로 사망하게 된다. 혈액 응고는 최종적으로 혈장에 있는 수용성 단백질 피브리노겐이 불용성 단백질 피브린으로 바뀌는, 계단식의 복잡한 연쇄작용으로 이루어진다. 이것은 마치 머더 구스의 동시 「할멈과 도야지」 중의 "고양이는 새앙쥐를 잡으려고 덤볐네. 새앙쥐는 동아줄을 쏠려고 덤볐네. 동아줄은 영감님을 묶으려고 덤볐네. (…) 강아지가 도야지를 물려고 덤볐네. 도야지가 문지방을 껑충 넘었네. 할멈은 들어가서 다리 뻗고 잘 잤네."의 운율과도 같다. 일단 피부가 손상되면 혈액 속의 제VIII인자가 활성화되어 프로트롬빈을 트롬빈으로 전환시킨다. 트롬빈은 피브리노겐을 피브린으로 전환시키고, 피브린은 서로 얼기설기 엮여서 적혈구와 혈소판을 얽어 피딱지를 만든다.

혈우병 환자들 중 85%는 응고인자인 제VIII인자가 부족하거나 없으며, 따라서 약간의 타박상으로도 심각한 내출혈을 겪고 유년기에 심각한 출혈로 사망할 수 있다. 임신 8주경에 DNA 동소보합법을 통해 혈우병을 진단할 수 있으나, 빅토리아 여왕의 시대에는 그러한 검사법이 없었다. 최근 들어서 혈우병 환자들은 정맥으로 정상인의 혈장을 정제하여 만든 농축 제VIII인자 주사를 맞아 증상을 경감시킬 수 있다. 이러한 대증요법을 통해 혈우병 환자의 기대 여명은 20년에서 60년 이상으로 크게 증가하였다. 그러나 이러한 대증요법조차도

1960년 이후에나 가능하게 되었고, 제VIII인자 제조 과정에서 인간 면역결핍 바이러스나 간염 바이러스 보인자의 혈장이 유입되어 에이즈나 바이러스성 간염에 걸릴 위험이 없지 않았다. 바이러스 감염의 위험은 1986년 제VIII인자를 생산하는 유전자가 동정된 후 순수한 제VIII인자를 대량으로 인공 합성할 수 있게 되었을 때 비로소 줄어들었다.

제VIII인자의 생산을 방해하는 것은 무엇인가? 이는 제 기능을 하지 못하는 짧은 길이의 단백질을 만드는 단일염기 돌연변이에 의한 것일 수도 있고, 제VIII인자를 아예 생산해 내지 못하는 돌연변이에 의한 것일 수도 있다. 이 두 가지에 의해서는 중증의 혈우병이 나타난다. 그러나 돌연변이로 인해 잘못된 아미노산이 삽입된 제VIII인자가 생성되는 경우에는 경증의 혈우병이 나타나게 된다.

혈우병의 기원

빅토리아 여왕은 어떻게 그 자신이 혈우병의 보인자가 되고, 그 후손들에게 혈우병을 전달하였을까? 인간의 성별은 수정의 순간에 결정된다. 사람의 체세포에는 44개의 상염색체와 2개의 성염색체가 들어 있다. 정자와 난자라는 생식세포가 만들어질 때 정자는 22개의 상염색체와 X염색체 또는 22개의 상염색체와 Y염색체라는 두 가지 형태로 형성되고, 난자는 22개의 상염색체와 X염색체라는 한 가지 형태로 형성된다. 자녀의 성별은 정자의 성염색체가 무엇인가에 따라 결정된다. 수정 당시 정자가 X염색체를 가지고 있다면 딸이 태어날 것이고, Y염색체를 가지고 있다면 아들이 태어날 것이다. 이러한 X염색체 및 Y염색체 상의 유전자를 성염색체 연관 유전자라고 한다. 제 VIII인자를 만드는 유전자는 X염색체에 있다. 남성은 X염색체가 하나뿐이므로 해당 유전자에 결함이 있으면 그대로 혈우병이 나타난다. 그러나 여성은 X염색체가 두 개이므로 두 염색체 모두에서 유전자의 결함이 있어야만 혈우병이 나타나는데, 이는 극히 드문 일이다. 그 이유는 이렇다. 혈우병 자체가 드물기 때문에 사실상 혈우병인 남성과 혈우병 보인자인 여성이 결혼할 확률이 매우 낮다. 특히 여성이 두 X염색체의 유전자 모두에 결함을 가지고 있을 경우에는 태아가 임신 초기에 사산된다. 또, 여성이 다른 유형의 혈우병을 가지고 있다 하더라도 초경 때 심하게 피를 흘려 가임기 이전에 사망하는 경우가 많다. 그래서 여성의 경우 유전자에 이상이 있다면, 하나의 X염색체에만 결함이 있는 혈우병 보인자일 가능성이 높다.

　혈우병이 있는 남성은 혈우병 유전자를 자신의 모든 딸들에게 전달하여 딸들이 다 혈우병 보인자가 되지만, 아들에게는 X염색체가 아닌 Y염색체를 전달하기 때문에 아들은 혈우병에 걸리지 않는다. 하나의 정상 유전자와 하나의 이상 유전자를 가진 보인자 여성은 50%의 확률로 자신의 이상 유전자를 자녀에게 전달한다. 그래서, 이상 유전자를 받은 아들은 혈우병 환자가 되고, 이상 유전자를 받은 딸은 보인자가 된다.

빅토리아 여왕의 조상들 중에는 혈우병 환자가 없었으므로, 아마 빅토리아 여왕의 혈우병 인자는 부모 중 한 사람으로부터 돌연변이가 생긴 X염색체를 물려받았거나, 여왕 자신의 난모세포 X염색체에 돌연변이가 생겨서 혈우병 보인자가 되었을 것이다. 증거는 없지만 빅토리아 여왕은 어머니와 혈우병이 있는 다른 남성과의 사이에서 태어난 사생아라는 설도 있다. 빅토리아 여왕은 작센코부르크고타 대공인 알버트 공과의 사이에서 아홉 명의 자녀를 두었다. 빅토리아 여왕의 차녀 앨리스 공주(1843~1878)는 헤세 왕가의 루이스 대공과 조혼하여 일곱 명의 자녀를 두었다. (이 부분은 375쪽 가계도를 참고하기 바란다. 역자 주) 그 자녀들 중 프리드리히는 혈우병 환자로, 세 살 때 창문에서 떨어지면서 생긴 출혈로 죽었다. 앨리스 공주는 자신의 막내딸인 메이와 함께 1878년에 디프테리아로 사망하였다. 앨리스 공주의 여섯 번째 자식인 알릭스 빅토리아 헬리나 루이제 비어트릭스는 자신의 어머니가 사망하였을 때 겨우 여섯 살이었다. 빅토리아 여왕은 손녀 알릭스를 무척 아껴서, 알릭스가 클래런스 에이번데일 공작인 앨버트 빅터와 결혼하기를 원하였다. 빅터는 빅토리아 여왕의 왕세자 웨일즈 공(나중에 에드워드 7세)의 장남이다. 그러나 알릭스는 청력 장애와 정신 지체가 있었던 앨버트 빅터에게는 관심이 없었다. 만일 알릭스가 빅터와 결혼하였다면 영국 왕실에 혈우병 유전자가 계속 남아 있었을 것이다. 대신 이어서 나오는 이야기처럼, 그녀는 러시아의 로마노프 황가로 시집을 갔다. 이로 인해 러시아 왕가에 혈우병 유전자가 유입되었고, 이는 결국 러시아 제국이 무너지고 소비에트 연방이 건국되는 데 단초를 제공하게 된다.

로마노프 황가의 몰락

알릭스는 열두 살 때 러시아의 황태자 니콜라이 알렉산드로비치 로마노프를 처음 만났고, 5년 뒤 다시 만났을 때 사랑에 빠졌다. 그 후 1894년에 러시아의 차르 알렉산더 3세가 사망하고 난 1주일 뒤 둘은 결혼하였다. 알바니의 공작 레오폴드 대공이 혈우병으로 사망하였고, 헤세 가문의 프리드리히 또한 혈우병으로 사망했다는 사실 때문에 빅토리아 여왕의 후손들에게 혈우병이 있다는 것은 이미 알려져 있었다. 하지만 유럽의 두 강력한 국가이자 잠재적인 우방국이 혼인을 통해 결합한다는 정략적 이득은 이러한 위험을 상회하였다. 26세의 젊은 차르 니콜라이 2세와의 결혼을 통해 알릭스 공주는 알렉산드라 표도로브나라는 이름으로 불리게 되었다. 이들 사이에서 1895년부터 1901년까지 줄줄이 네 명의 딸들이 태어났고, 그로 인해 알렉산드라 황후는 신경쇠약을 앓게 되었다. 황후의 첫 번째 임무는 아들을 낳아 로마노프 황가를 계승하게 하는 것이었기 때문이다. 마침내 1904년에 알렉세이 로마노프를 낳았지만, 알렉산드라는 자기 아들의 탯줄에서 출혈이 멈추지 않는다는 것을 확인하였다. 그의 아들에게 혈우병이 유전된 것이다. 알렉산드라 황후가 간절하게 원했던 아들은 자신이 물려준 피로 인해 몹쓸 병에 걸린 채로 태어났고, 자책감으로 인해 그녀의 신경쇠약은 점점 더 심해져 갔다. 알렉세이 황태자의 건강 상태는 직계 가족과 주치의를 제외하고는 기밀에 부쳐졌다. 황태자에게 불치병이 있다는 사실은 러시아 제국의 신민들과 정교회의 수장인 차르의 체면에 심각하게 누를 끼치는 일이었기 때문이다. 1907년 여름, 알렉산드라 황후는 용하다고 소문난 요승 그레고리 라스푸틴(1860년에서 1865년 사이에 시베리아에서 태어났다고 알려짐)을 만나게 되었다. 라스푸틴은 부랑자 같은 외모에 방탕하고 음주를 즐겼으며, 거칠기 이를 데 없는 난봉꾼이었다. 그러나 그는 카리스마가 넘치는 뛰어난 최면술사였다. 라스푸틴은 알렉산드라 황후가 러시아의 혼에 현혹되어 있고, 러시아 무지렁이들의 어머니가 되고자 하는 욕망이 있음을 간파하고 그녀를 부추겼다. 무엇보다 중요한 것은, 그레고리 라스푸틴이 혈우병으로 고통 받고 쇠약해져 있었던 알렉세이 황태자의 안정을 도왔다는 사실이다. 실제로 1907년 알렉세이 황태자가 죽음 직전까지 갔을 때, 라스푸틴은 황태자의 몸에 손끝 하나 대지 않고 기도만 해 주었을 뿐인데 황태자가 살아났다. 1912년 여덟 살이었던 알렉세이 황태자는 욕조에서 놀던 중 타박상을 입었고, 다시 출혈이 시작되었다. 알렉산드라 황후는 라스푸틴에게 연락을 했고, 라스푸틴이 전보로 황태자가 회복될 것이라고 응답한 후 황태자는 또다시 기적적으로 회복되었다. 이런 일을 계기로 점차 니콜라이 2세와 알렉산드라 황후는 라스푸틴에게 의지하게 되었다. 결국 라스푸틴은 니콜라이 2세와 알렉산드라 황후를 정치적으로, 그리고 개인적으로 조종하는 것에 즐거움을 느끼고, 마침내 국정을 농단하기에 이르렀다.

1914년 6월 28일 세르비아의 비밀조직인 검은 손이 사라예보에서 페르디난트 대공과 그의 아내를 암살한 이른바 사라예보 사태가 발생하였고, 이는 러시아 혁명의 시작과 로마노프 황가의 몰락으로 이어졌다. 오스트리아-헝가리 제국의 왕위 계승자인 페르디난트 대공이 암살되기 3일 전, 알렉세이 황태자는 부왕 니콜라이 2세의 요트 사다리에서 미끄러져 발목을 다쳐 출혈이 멈추지 않았다. 설상가상으로 라스푸틴은 시베리아의 고향에서 급습을 당해서 알렉세이 황태자를 돌보러 올 수가 없었다. 나라 안팎의 돌아가는 상황을 본 라스푸틴은 병상에서 알렉산드라에게 편지를 썼다. "(…) 니콜라이에게 전쟁에는 끼어들지 말아야 할 것이라고 전해라. 러시아가 전쟁에 개입한다면 니콜라이와 러시아는 무너질 것이고, 끝내 모든 것을 잃을 것이다. (…)" 그러나 니콜라이 2세는 라스푸틴의 조언을 무시하고 오스트리아-헝가리 제국에 대항하여 군대를 동원했다. 이후 독일, 오스트리아, 이탈리아의 삼국 동맹이 맺어지면서, 러시아의 차르 니콜라이 2세는 자신의 처사촌이자 대영제국의 왕 조지 5세의 사촌이기도 한 독일 빌헬름 2세와도 전쟁을 치르게 되었다. 개전 첫 해에 러시아 군인 4백만 명이 사망하였다. 니콜라이 2세가 1916년에 러시아군의 통수권자로서 동부 전선에 친정한 후 결과는 더욱 나빠졌다. 니콜라이 2세가 친정을 위해 수도인 상트 페테르부르크를 비웠기 때문에 알렉산드라 황후가 모스크바에서 내정을 책임지게 되었다. 황후가 내정을 돌보는 동안 황후를 지배한 자는 라스푸틴이었다. 라스푸틴은 알렉산드라 황후를 농락하여 국정을 자신의 입맛대로 농단하였고, 자질 없는 인사들이 요직을 차지하게 되었다. 공직자들이 이유 없이 영전하거나 좌천당하면서 풍전등화 같은 상황은 더욱 악화되었다. 라스푸틴과 알렉산드라 황후는 러시아인들에게 증오의 대상이 되었다. 알렉산드라 황후가 적국인 독일 출신이라는 비난은 황후를 증오하는 이유의 일부에 불과했다. 전선의 군인들이 날로 목숨을 잃어 가는 상황에서 알렉산드라 황후는 자유주의적 개혁을 뒤엎고 전제 황권을 강화하였다. 이로 인해 러시아인들은 황가에 대해 증오심을 품게 되었다. 마침내 1916년 12월 라스푸틴의 국정농단을 멈추기 위해 황족인 펠릭스 유수코프와 차르의 조카 파블로비치 대공이 라스푸틴을 암살하였다. 그러나 도리어 암살범들이 처벌받아 유배되고 말았고, 이 조치로 인해 니콜라이 2세와 다른 황가 구성원들의 사이가 벌어지고 말았다.

1917년 초 상트 페테르부르크의 전황은 더욱 악화되었다. 식량과 연료가 바닥나자 사람들은 빵을 사기 위해 몇 시간을 추위 속에서 떨어야 했고, 혁명의 기운이 비등하기 시작했다. 니콜라이 2세는 "독일과 오스트리아와의 전쟁으로 한시가 다급한 이 시국에 감히 모스크바에서 준동하는 자들을 두고 보지 않을 것이니, 내일까지 폭동을 멈추라."라고 명령하였다. 그러나 군대는 더 이상 그의 편을 들지 않았다. 상트 페테르부르크에 주둔하고 있던 군인들은 이미 혁명군과 협력하고 있었다. 혁명군이 도시를 점령하고 임시정부를 수립하였다. 임시정부는 로마노프 황가에게 전제군주제를 버리고 입헌군주제를 받아들일 것과, 알렉세이에게 제위를 물려주고 차르의 동생인 미하일 대공과 함께 섭정으로 물러날 것을 요구하였다. 진압군 사령관 또한 니콜라이 2세의 퇴위를 요구하였다. 이미 자신의 편은 아무도 없었고 건강 상태가 점점 나빠지고 있었기에 니콜라이 2세는 퇴위할 수밖에 없었다. 그러나 그의 아들은 어린 나이였고 혈우병을 앓고 있어서, 자신의 동생인 미하일 대공에게 황위를 양위하기로 결정하였다. 임시정부는 알렉세이 황태자를 중심으로 한 입헌군주제를 기대했기에, 미하일 대공이 차르로 즉위하면 선제 니콜라이 2세와 같은 전제 군주가 될 것을 우려하여 반감을 가졌다. 이를 알아차린 미하일 대공은 지명된 다음날 제위를 포기하게 된다. 결국 러시아 제국은 무정부 상태로 전락하였고, 볼셰비키당은 빵과 땅, 평화를 부르짖으며 힘을 얻어 갔다. 여러 정치 파벌들이 정권을 잡기 위한 이전투구를 벌이면서 러시아 제국은 내전에 휘말렸다. 황가의 안전을 우려한 임시정부는 1917년 봄 영국에 로마노프 황가의 망명을 허가해 줄 것을 요청했지만, 니콜라이 2세의 사촌인 조지 5세는 망명을 거부했다. 니콜라이 2세와 그 가족들은 시베리아의 토볼스크에 유폐되었다가, 1918년 4월 볼셰비키들이 10월 혁명으로 임시정부를 무너뜨리고 소비에트 연방을 건국한 후에는 우랄의 예카테린부르크에 유폐되었다. 그 후 1918년 여름까지 예카테린부르크의 이파티예프에 감금되었다가 1918년 7월 16일 니콜라이 2세, 알렉산드라 황후, 5명의 자녀들, 주치의, 3명의 하인들 모두 지하실로 끌려가 볼셰비키들에게 총살당했다. 3백여 년간 지속되었던 로마노프 황가가 멸문하는 순간이었다. 만약 알렉세이 로마노프가 양위를 받고 입헌군주제 국가의 군주가 될 수 있을 정도로 건강한 몸이었다면, 차르를 중심으로 돌아가던 러시아의 정치 시스템은 안정을 되찾았을 것이며 볼셰비키 혁명 또한 일어나지 않았을지 모른다.

스페인 왕가에 흐르는 피

빅토리아 여왕은 아홉 명의 자녀를 두었다. 그 중 막내인 베아트리스 공주는 1857년에 태어났다. 베아트리스는 혈우병 보인자로, 바텐베르크의 하인리히 공자와 결혼하여 네 명의 자녀를 두었고, 그 중 장남을 제외한 세 명의 자녀에게 혈우병을 물려주었다. 혈우병 환자인 차남 레오폴드는 근위보병단에 입대하였지만 몸이 약하고 다리를 절었기 때문에 현역으로 근무하지는 못했고, 1922년 고관절 수술 후 사망하였다. 삼남인 모리스는 논란의 여지가 있으나 혈우병 환자로 의심되고 있으며, 왕립 근위보병연대에 합류하여 이퍼르 전투 중 부상으로 사망하였다. 애칭인 에나로 알려진 고명딸 빅토리아 유제니는 혈우병 보인자로, 스페인 왕 알폰소 13세와 혼인하여 스페인의 정치를 뒤흔들게 된다.

빅토리아 유제니와 알폰소 13세의 혼인으로 스페인 왕가에는 건강한 왕위 계승자가 부족해졌다. 스페인 사람들은 영국에서 유전병을 가진 여성을 보내어 스페인 왕가를 더럽혔다고 생각하여, 스페인 국민들 사이에서 반영 감정이 높아졌다. 빅토리아 유제니에게는 유감스러운 일이지만, 스페인 왕가에 혈우병을 퍼뜨렸다는 인식 때문에 결

혼 생활이 순탄하지 않았고, 끝내는 파경에 이른다. 스페인은 명목상
으로는 입헌군주국이지만 정당정치가 제대로 자리 잡지 못하여 왕이
내각을 구성하였다. 당시는 제1차세계대전이 끝난 후 모로코의 파업,
암살, 군사 봉기 등으로 인해 스페인의 왕권이 많이 쇠약해진 상황이
었다. 마침내 1923년 미구엘 프리모 데 리베라 장군이 쿠데타를 일으
켜 독재 권력을 손에 넣었다. 국왕은 그를 총리로 임명하고 지지할 수
밖에 없었다. 리베라 장군의 군부 정치는 처음에는 성공적이어서 높
은 지지를 받았으나, 1920년대 후반부의 경제 위기와 함께 리베라가
몇 가지 인기 없는 개혁 정책을 추진하여 민중과 군부의 지지를 잃었
다. 1930년 프리모 데 리베라 정권은 무너졌다. 왕가 또한 민중의 지
지를 잃어 1931년 망명길에 올랐으며, 이로써 스페인은 왕정이 폐지
되고 공화국이 되었다. 이후 5년간 여러 정치 집단의 이전투구가 이
어졌다. 1933년 온건 보수 정권이 들어섰지만 1935년에 좌익 세력
에 의해 전복되었고, 군부 세력들은 새로이 들어선 좌익 정권을 전복
하려고 시도하였다. 1920년대의 모로코 전쟁에서 공적을 쌓고 명성
을 얻은 프란시스코 프랑코 총통이 1936년 좌익 정부를 전복하기 위
한 민족주의 쿠데타를 일으켰다. 프랑코 총통은 공산주의, 자유주의,
분리주의를 비롯한 가톨릭의 가치에 반하는 모든 세력을 배격한다는
명분을 내세워 쿠데타를 일으킨 것이다. 스페인의 정세는 이어진 반
란과 살인, 그리고 1936년부터 1939년까지의 내전으로 악화되었다.
프랑코 총통을 위시한 민족주의자들은 이탈리아와 독일의 강력한 지
지를 받아서 1939년 4월 내전에서 승리하였다. 1940년대 이후로 스

페인은 프랑코가 국가천주교주의라고 칭한 이념 하에 지배되었다. 프랑코의 파시스트 정권은 정치적 이의 제기나 반대를 용납하지 않았으며, 군국주의 사회를 반대하는 모든 사람들을 숙청, 투옥, 처형하였다.

스페인의 왕정 복고론자들은 왕정 복고를 압박하였다. 사실 프랑코를 지지한 군부 인사들 중에도 왕정 복고론자들의 세가 강했다. 그러나 프랑코는 입헌군주제 왕정으로 복고하는 것은 가톨릭과 민족주의 모두에 반하는 일이라고 반대했다. 또한 왕위 계승자들은 망명 중이었다. 알폰소 13세의 장남이자 증조할머니 빅토리아 여왕으로부터 혈우병 유전자를 물려받은 알폰소는 혈우병으로 인해 왕위 계승이 불가능하기도 하였지만, 일반인과 결혼하기 위하여 왕위 계승을 포기하겠다고 선언한 상태였다. 그는 31세에 자동차 사고를 당하여 과다 출혈로 사망했다. 막내 아들이자 또 다른 혈우병 환자였던 곤살로도 자동차 사고 이후 과다 출혈로 19세의 나이로 사망하였다. 유년기에 유양돌기염으로 수술을 받은 후 청력을 상실한 차남 하이메는 청력 상실로 인해 왕위에 오르지 못하였다. 성년기까지 살아남은 단 한 명의 건강한 아들 후안(스페인 국왕 후안 카를로스의 부친)이 유일한 왕위 계승자가 되었다. (현재의 국왕은 2014년 즉위한 펠리페 알폰소로, 후안 카를로스의 아들이다. 역자 주) 정당한 왕위 계승자의 수는 터무니없이 적었다. 스페인은 제2차세계대전 중에는 중립국의 입장을 취하였지만, 히틀러와 독일에 우호적이었고 파시스트들에게 유화적인 정책을 펼쳐서, 전후 연합군에게 배척되었고 경제 상황 또한 악화되었다. 그러나 1950년대에 이르러 시장 개방을 하면서 경제 상황도 호전되었고, 냉전기 동안에는 영국과 미국의 전략 수립에 중요한 국가가 되었다. 프랑코 정권이 미국에게 경제 및 군사 원조를 대가로 공군 기지와 해군 기지를 스페인에 구축하게 하였던 것이다. 미국의 원조와 지원으로 스페인은 산업 발전과 경제 성장을 달성하였으며, 1955년 국제연합에 가입하였다. 1969년부터 1973년까지 수정주의자들과 원리주의자들 간의 해묵은 권력 다툼이 이어졌고, 광부들과 노동자들은 파업에 나섰으며, 바스크 지방의 민족주의자들에 의한 테러가 일어났고, 프랑코는 노쇠해졌다. 1975년 11월 20일, 프란시스코 프랑코 총통이 사망하면서 문제가 해결되었다. 돈 후안의 아들 후안 카를로스가 11월 22일 왕위에 오름으로써 왕정이 복고된 것이다. 결국 프란시스코 프랑코가 30년 동안 유지해 온 군사정권은 무너졌고, 스페인은 프랑코 총통이 그렇게도 배척하였던 자유주의 입헌군주제 국가가 되었다.

제2차세계대전과 혈우병

빅토리아 여왕의 여덟 번째 자식인 레오폴드는 1853년 4월 7일에 태어났다. 레오폴드는 여왕의 네 아들 중 유일하게 혈우병에 걸린 아들이었다. 그는 자주 타박상을 입었고 내출혈로 고통 받았으며, 혈우병으로 인한 만성적인 지체 장애를 갖게 되었다. 빅토리아 여왕은 자신의 아들 레오폴드를 매력적이지 않다고 생각하였다. 여왕의 평에 따르면, 레오폴드는 원래도 키가 크지만 한층 심하게 몸을 곧추세우고 있으며, 그냥 평범하고, 창백하고, 똑똑하지만 기이하며, 다른 사람과 잘 어울리지 않는 아이였다. 여왕은 레오폴드의 존재를 매우 부담스러워하여, 휴일에는 레오폴드를 제외한 가족들하고만 휴가를 보내곤 하였다. 혼자 남겨진 시간 동안 레오폴드는 독서에 몰두하여 빅토리아 여왕의 자식들 중 가장 지적인 사람이 되었다. 결국 빅토리아 여왕은 레오폴드의 지적 능력을 인정하여, 24세가 되었을 때에는 그의 형제인 에드워드 황태자에게도 열람이 금지된 기밀에 접근할 수 있는 자신의 특별보좌관으로 임명하였다. 1881년 빅토리아 여왕은 레오폴드를 알바니 공작으로 임명하고 다음 해 네덜란드 여왕의 여동생인 발데크의 헬레나 공주와 결혼하게 하였다. 이들 사이에 태어난 딸 앨리스 공주는 혈우병 보인자였고, 아들 찰스 에드워드 레오폴드는 당연히 혈우병이 없었다(35쪽 참조). 찰스 에드워드 레오폴드는 부친 레오폴드(알바니 공작)가 낙상으로 생긴 뇌출혈 때문에 31세의 나이에 사망한 뒤 태어난 유복자로, 16세에 백부 알프레드(에딘버러 공작)로부터 작센코부르크고타 공작위를 상속받아 공국의 군주가 되었다. 그는 제1차세계대전이 끝나고 독일제국이 무너진 후 군주 자리에서 폐위되고, 독일 민족주의당의 거물이 되어 민족주의당이 국가사회당(나치당)과 협력하는 것을 도왔다. 1933년 나치당의 아돌프 히틀러가 총리로 선출된 후, 민족주의당은 해산되고 당원들은 나치 당으로 합류하였다. 찰스 에드워드 레오폴드는 나치 돌격대의 선봉장이 되었다. 1936년, 히틀러는 레오폴드를 영국-독일 펠로우십의 의장 자격으

로 영국에 파견하였다. 레오폴드의 임무는 두 국가 사이의 동맹 가능
성을 알아보는 데 있었다. 영국에 체류하는 동안 그는 그의 당질(5촌
조카)인 영국 국왕 에드워드 8세 등 고위 정치인들을 만났다. 찰스 에
드워드 레오폴드는 1936년 초 에드워드 8세와 처음 만난 후, 히틀러
에게 새로운 영국 국왕은 독일과의 동맹을 받아들일 것이고, 그 자신
이 영향력을 발휘하여 이 동맹이 영국 외교정책의 근간이 되게 할 수
있다고 보고하였다. 또 더 나아가서 에드워드 8세가 이런 문제에 대
해서는 스탠리 볼드윈 수상과 논의할 필요성조차 없다는 말을 했다
고까지 보고하였다. 그러나 찰스 에드워드 레오폴드는 믿을 만한 정
보원이 아니어서, 그 정보를 교차 검증한 주영 독일 대사 레오폴드 폰
회쉬는 그 정보를 믿지 않았다.

　1936년 12월, 에드워드 8세는 미국인 이혼녀인 월리스 심슨과 결
혼하기 위해 왕위를 포기하고 윈저 공작이 되었다. 이듬해 윈저 공작
과 공작부인은 독일을 방문하여 아돌프 히틀러, 헤르만 괴링, 요제프
괴벨스와 만났으며 히틀러에게 나치식 경례를 바쳤다. 그의 당숙인
찰스 에드워드 레오폴드는 이 방문을 기념하는 축하연을 주최하였다.
제2차세계대전이 발발하기 전부터 이미 영국인들과 새로운 국왕 조
지 6세와 그의 내각은 히틀러와 윈저 공작 사이의 친밀한 관계를 목
격하고는 큰 충격을 받았다. 제2차세계대전이 발발하고 독일은 영국
에 대해 대공습을 개시하였다. 독일의 영국 대공습 계획은 영국 침공
의 전초 작전으로 당시 영국 수상이었던 윈스턴 처칠에 의해 간파되
었다. 윈저 공은 "정치가 몇 명의 체면을 살리고자 수천 명이 죽거나

불구가 되기 전에 영국이 항복할 것"을 종용하였다고 한다. 히틀러가
윈저 대공을 납치하거나 매수하여 독일의 손아귀에 올려 놓고자 한
다는 소문도 돌았다. 심지어 윈저 대공이 여기에 동조했다는 증거는
없지만, 1940년 7월 말경 히틀러는 독일이 이 전쟁에서 승리하면 윈
저 대공이 다시 영국의 국왕이 될 것이라고 주장하기까지 하였다. 그
래서 처칠은 윈저 대공을 독일로부터 떼어 놓고, 영국에서도 쫓아내
기 위해 그를 바하마의 총독으로 임명하였다. 대공은 처음에 바하마
에 도착하는 순간 영국의 정보기관이 자신을 암살할 것이라는 독일
발 풍문 때문에 주저하였지만, 마침내 바하마의 총독이 되는 것을 승
낙하고 1940년 8월 나소로 향했다.

   그동안 찰스 에드워드 레오폴드는 히틀러에게 영국 내각의 친독
성향을 과장해서 보고하여 영국이 독일과 동맹을 체결하게 될 것이
라는 히틀러의 헛된 믿음을 부추겼다. 결국 이로 해서 1940년 히틀러
가 영국에 대한 공격을 지연시켰을 것이다. 영국 왕가의 일원이었으
나 독일 공국의 군주가 되었고, 나중에 히틀러의 부역자가 된 찰스 에
드워드 레오폴드는 죄값을 치렀다. 한 아들은 제2차세계대전 중에 전
사하였고, 러시아에 의해 점령된 독일 영토 소재의 재산을 모두 잃었
다. 마찬가지로 윈저 공과 공작부인도 전쟁이 끝난 후에 영국으로 돌
아오지 못하고 프랑스에서 여생을 보내야 했다.

유전병의 결말

빅토리아 여왕과 알버트 공은 많은 아이를 낳았으며, 그들은 유럽의 여러 왕실과 폐쇄혼을 하였다. 결과적으로 빅토리아 여왕은 여러 왕조에 파멸의 씨앗을 뿌린 셈이 되었다. 혈우병은 열성 유전 질환이며, 혈우병 환자들은 응고인자대체요법이 개발되기 전에 젊은 나이에 요절하였기 때문에 빅토리아 여왕의 후손들 중 대부분은 현재 혈우병 인자를 갖고 있지 않다. 더구나 지구상의 국가들이 입헌군주제와 공화제를 채택함으로써, 더 이상 유전병이 세상을 뒤흔들 수는 없게 되었다. 혈우병 유전자는 여전히 레오폴드 대공(알바니 공작), 스페인의 빅토리아 유제니 왕비의 일부 자손들에게 남아 있지만 이 자손들은 지금은 귀족이 아니며, 빅토리아 여왕의 다른 자손들과 정략 결혼을 할 이유도 없게 되었다. 반면에, 포르피린증은 상염색체 우성 유전병이기에 여전히 스튜어트 왕가와 하노버 왕가에 유전되고 있다. 그러나 지금의 영국 왕가인 윈저가에는 포르피린증의 저주가 끝난 것이나 다름없다.

포르피린증과 혈우병은 질병과 문화가 얼마나 밀접하게 엮여 있는지를 보여 주고 있다. 질병과 문화의 연계를 이해해야 감자마름병(2장), 약제 내성 결핵의 출현(7장), 인플루엔자와 에이즈의 범유행(10장, 11장)을 더 잘 이해할 수 있다. 포르피린증과 혈우병이라는 유전질환에 대해 손쓸 방법이 없었던 시대를 생각해 보면, 질병이 수십 년 동안 수백만 명의 삶에 어떻게 극적인 영향을 미쳤는지를 회고할 수 있을 것이다. 결정적인 시점에 발발하는 감염성 질환은 전쟁의 수행, 대규모 이민, 이 사회에서 질병을 다루는 방법, 그리고 국가의 정무적 결정에 중대한 영향을 미친다. 감염성 질환의 유행은 개인의 자유를 보장하면서도 공중보건을 증진하는 정책을 마련하도록 하는 촉진제가 된다. 포르피린증과 혈우병의 이야기, 그리고 케네디 대통령의 애디슨 병의 이야기는 우리로 하여금 이런 질문을 던지게 만든다. 지난 150년간 저명한 정치가들과 왕가의 구성원들이 이 질병으로 고통 받지 않았다면 세계사가 과연 어떻게 흘러갔을까?

02
아일랜드의
감자마름병

02

아일랜드의 감자마름병

세인트로렌스강의 그호스-일르섬은 장엄한 풍광을 자랑하는 그림 같은 섬이다. 그러나 이 섬은 수천 명의 남녀, 그리고 어린이들이 수용되어 사망한 아픈 역사를 간직한 곳이기도 하다. 여기에 수용소가 설치된 것은 전염병 환자로 의심되는 아일랜드 이민자들이 세인트로렌스강을 경유하여 신대륙으로 막 들어오고 있다는 보고가 캐나다의 식민지 정부에 도착한 다음이었다. 이 보고로 로우어 캐나다(퀘백의 당시 이름) 식민지 의회는 1832년 2월 23일, 그호스-일르섬을 타지에서 흘러들어 온 병자들을 수용하는 수용소로 만들고자 하는 결의안을 통과시켰다.

1832년 잉글랜드에서 캐나다로 이민 온 수잔나 무디는 다음과 같이 기록하였다.

"나는 이 장엄한 강을 바라보았다. 이토록 다채롭고 웅장한 풍광이 한 곳에 자리한 것을 본 적이 없다. 대자연은 너무나 아름다운 경치를 빚어내기 위해 모든 정성을 들였던 것이다. 앞쪽의 바위섬, 동쪽의 농장, 그리고 서쪽 끝의 절벽은 비할 데 없이 아름다웠다. (…) 섬의 중간에는 콜레라 환자들을 격리하기 위한 텐트와 헛간이 있고, 숲으로 뒤덮인 아름다운 해안에는 남루한 병자들이 자리하였다. (…) 강 앞을 지나갈 때 키 작은 관목들 너머로 보았던 모습을 나는 잊을 수가 없다. 아일랜드에서 온 수많은 이민자들이 며칠에 걸쳐 상륙하였고, (…) 외양간과도 같은 지저분한 헛간에나마 들어가지 못한 남녀노소들은 (…) 자신들의 옷을 세탁하여 바위와 나뭇가지에 널어 놓았다. 그들에게서 인간의 염치라고는 찾아볼 수가 없었다. 사람들은 몸의 일부는 가리고 있었지만 그래도 거의 헐벗고 있었다. 우리는 이 역겨운 몰골로부터 눈을 돌렸다. (…) 우리가 이 아름다운 장소의 고요함을 누려야 할 순간에, 산들바람이 불 때마다 들려오는 저 불경스러운 소리를 어떻게 막을 수 있을 것인가?"

그호스-일르섬의 이민자 수용은 명목상 공중보건 증진을 위한다는 것이었지만, 사실은 아일랜드에서 온 비참한 망명자들을 차별하고자 한 조치였다.

1833년, 병든 이민자들이 캐나다로 들어오는 수가 줄어들면서 그호스-일르 검역소는 조용해졌다. 그러나 그로부터 10여 년 후 아일랜드에서 중대한 사건이 발생하였고, 검역소는 다시 소란스러워졌다. 사실 1845년부터 1849년까지 아일랜드의 인구는 2백만 명 이상이 감소하였다. 백만 명은 굶주림, 질병, 영양 실조로 사망하였으며, 나머지 백만 명은 죽음을 피하기 위해 다른 나라로 이주하였기 때문이다.

아일랜드 출신 이민자들은 대개 미국으로 향했지만, 미국은 통관 비용을 인상하였고 정원을 초과한 선박에 대해서는 압류 조치를 취하였다. 이렇게 미국으로의 이주가 어려워지자 선주들은 캐나다를 거쳐 미국으로 이동하는 새로운 항로를 모색하기에 이른다. 수십만 명의 아일랜드인들은 본래 사람을 태우는 배가 아닌 지저분한 범선에 몸을 맡겼다. 이 역병의 배 위에서 사망한 사람들은 그들의 소지품과 함께 천에 둘둘 말려서 죽은 새나 쓰레기처럼 바닷속으로 내던져졌다.

범선이 대서양을 횡단하려면 45일 정도가 걸리지만, 1847년에 아일랜드를 출발한 26척의 범선이 그호스-일르에 도착하기까지는 60일이나 걸렸다. 1847년 한 해에만 5천 명이 대서양 한가운데서 사망하였고, 그 정도 숫자의 사람들이 그호스-일르섬에 매장되었다. 그호스-일르에서 일하는 네 명의 의사들은 여덟 명의 인부들과 함께 새벽부터 밤까지 매일마다 땅을 파고 사망자를 묻었다. 시신을 매장하기 위해서 다른 곳에서 이 바위섬으로 흙을 실어와야 했다. 배에 함께 실려온 시궁쥐들은 배에서 내려 시신을 뜯어먹었다. 그호스-일르에서 사망한 사람의 수는 9천 명을 상회하였으며, 비탄의 여름 동안 캐나다 식민지의 다른 곳에서도 수천 명에 달하는 사람들이 더 목숨을 잃었다. 고향을 등지고 타향으로 등 떠밀려 떠나야만 했던 수많은 아일랜드 사람들을 길 위에서 죽게 만든 병은 바로 감자를 좀먹는 병으로 알려진 감자마름병이었다.

정치가 만든 대기근

아일랜드섬에는 기원전 600년경 최초로 유럽 대륙으로부터 인류가 이주해 와서 정착하였으며, 기원전 400년경에는 브리튼섬과 유럽 대륙에서 켈트인들이 이주해 왔다. 서기 400년경에는 성 패트릭이 이 섬에 로마 알파벳과 라틴어, 그리고 천주교를 전파하였다. 아일랜드에는 값나가는 것이라곤 어류뿐이었고, 금이나 은, 보석, 석유, 천연가스, 철광석 같은 천연 자원이 없었다. 아일랜드의 토양은 척박하고 기후는 농사에 부적합했다. 서기 795년 바이킹들이 아일랜드를 침공했다. 이 섬에는 구리도 주석도 철도 없어서 서기 1000년까지도 석기시대에 머물러 있었기에, 당연히 아일랜드의 원주민들은 바이킹들을 막을 수가 없었다. 1014년이 되어서야 아일랜드의 왕 브리안 보루마가 여러 왕국의 대공들을 규합하여 바이킹들을 몰아냈다. 1160년경에는 노르만족들이 아일랜드에 손을 뻗치기 시작하여 1300년경 마침내 아일랜드를 손에 넣었다. 1534년 헨리 8세가 노르만족들을 아일랜드에서 쫓아내기 시작하였고, 1542년에는 아일랜드 왕관법을 통해 아일랜드의 국왕으로 옹립되기에 이른다. 헨리 8세는 아일랜드에 개신교를 전파하려고 하였지만 성공하지 못했다. 이후 1500년대 후기에 헨리 8세의 딸인 엘리자베스 1세는 아일랜드에 대한 영국의 통치를 강화시켰고, 개신교 전파를 다시 시도하였다. 엘리자베스 1세는 천주교 신앙을 불법으로 선포하고 수많은 주교와 신부들을 처형했다. 엘리자베스 1세의 뒤를 이은 국왕으로, 포르피린증 환자(23쪽 참조)

였던 제임스 1세는 아일랜드인들의 토지를 몰수하여 잉글랜드의 귀족들에게 나눠 주었다. 잉글랜드 출신 귀족들은 아일랜드인들을 노예로 부려서 넓은 토지를 경작하였다. 이러한 착취는 얼스터를 중심으로 주로 개신교도들에 의해 자행되었다. 이 개신교도들의 후손은 지금도 영국령 북아일랜드에 거주한다.

개신교도인 윌리엄 3세(재위 1689~1702, 제임스 2세의 뒤를 이음)의 치하에서 천주교인들을 박해하기 위한 법이 제정되었다. 이 법을 통해 아일랜드의 천주교인들은 군인, 상인, 공무원이 될 수 없었고, 선거권을 박탈당했으며, 토지를 구입할 수조차 없게 되었다. 오직 개신교로 개종한 자들만이 토지를 하사받을 수 있었다. 1600년대 초반에 아일랜드인들이 여러 차례 봉기하였지만 그때마다 영국에 의해 신속히 진압당하였고, 1700년대까지 잔인한 압제를 받았다. 이 차별에 대한 아일랜드인들의 불만이 점점 커지자, 1782년 아일랜드 의회에 자치권이 부여되었다. 천주교도들에게도 토지 소유권과 종교의 자유가 주어졌다. 하지만 여전히 참정권은 주어지지 않았다. 1798년 아일랜드의 민족주의자들이 아일랜드 공화국 건국을 목표로 반란을 일으켰다. 반란은 결국 진압당했지만, 이를 계기로 1801년 영국의 수상 윌리엄 피트는 아일랜드 자치의회와 영국 의회로 하여금 합병령을 가결하도록 설득하였다. 결국 아일랜드 자치의회는 해산되고, 아일랜드는 영국에 합병되어 런던의 영국 의회에 국회의원을 파견하기에 이른다. 이후 아일랜드의 천주교인들에게 국회의원 피선거권이 주어졌다. 1800년대에도 아일랜드는 영국의 치하에 있으면서 몇 차례 더 자신들의 문제를 해결하기 위한 자치정부의 수립을 시도했다. 그러나 얼스터의 개신교도들은 천주교도들이 의회를 장악할 것을 두려워하여 아일랜드의 자치를 반대했다. 아일랜드는 사실상 영국의 식민지였다.

한 영국 작가의 글에 영국이 아일랜드를 어떻게 간주했는지 잘 나타나 있다. "아일랜드는 석기 시대를 간신히 벗어난 사람들이 살고 있는 하잘것없는 섬이다. 이 섬의 미개한 야만인들은 침울하고 무책임하고 타락한 인간들이다." 빅토리아 여왕의 총애를 받은 벤자민 디즈레일리 수상은 "아일랜드의 야만인들은 대영제국의 질서, 문명, 진취적인 산업, 정순한 종교를 받아들이지 않는다."라고 단언했다. 영국은 아일랜드를 농업 생산 기지로 삼아 착취하였고, 브리튼섬 내에서 생산되는 품목은 아일랜드에서는 절대 생산되지 못하도록 하였다. 아일랜드인들이 만들어 낼 수 있는 것이라고는 농산물을 제외하면 음악과 무용밖에 없었다. 영국의 식민지 지배로 아일랜드는 소수의 개신교 지주들이 토지의 95%를 보유하는 지경에 이르게 된다.

지주들은 대부분이 아일랜드가 아닌 브리튼섬에 거주하는 부재 지주들로, 이들은 토지를 5에이커(1에이커는 약 4천 m²)씩 나누어서 현지의 마름에게 분배했다. 마름들은 이렇게 나누어진 5에이커의 토지를 소작인들에게 높은 소작료를 받고 경작시켰다. 이러한 착취 경제 체제에서 3백만 명이나 되는 소작농들이 실제로 경작할 수 있는 토지의 면적은 한 가구당 4분의 1에이커에 불과했다. 이 손바닥만 한 토지에 기대어 소작농들과 그 가족들은 바닥도 창문도 없이, 군불의 연기를 밖으로 빼내는 구멍과 문만이 뚫려 있는 토막에서 죽지 못해 사는 삶을 이어 갔다. 보통 한 채의 집에 열 명의 식구들이 살았고 가축으로 키우는 돼지들과 부대꼈다. 소작농들은 밀, 귀리, 보리와 같은 농사를 짓기 위해 5에이커의 토지를 경작하였으나, 이 토지에서 생산된 작물들은 영국 본토로 판매되는 것이었지 소작농들에게는 전혀 돌아가지 않았다.

18세기 중엽에는 유럽에서 감자가 널리 재배되게 되었지만 그때까지는 주식 작물이나 환금성 작물이 아니었다. 그러나 감자가 아일랜드의 한랭하고 습한 기후에는 매우 적합한 작물이었기 때문에, 거의 대부분의 아일랜드인들은 1800년대에는 이미 감자를 보충 작물로 경작하고 있었다. 아일랜드의 소작농들은 토지에서 쫓겨나지 않기 위해, 그리고 지주들에게 지불해야 할 소작료를 벌기 위해 버터, 계란, 돼지고기, 쇠고기뿐만 아니라 각종 상업 작물을 영국으로 수출해야만 했고, 가혹한 수준의 세금을 납부해야만 했다. 소작료를 지불하지 못하여 땅을 빼앗기고 쫓겨난 사람들은 결국 감자만 재배할 수 있는 땅으로 밀려났다. 그렇지만 이 땅조차도 부재 지주들의 것이었다. 가장 척박한 땅으로 내몰린 소작농들은 겨울 동안 자신들과 가축들, 특히 돼지들이 먹고 살 양식으로 오로지 감자밖에 기댈 수 있는 것이 없었다. 감자는 아일랜드 소작농들의 생명줄이 되었다. 열 명의 가족이 한 달 동안 생존하기 위해서는 1톤의 감자가 필요하였으며, 단백질 보충을 위해서는 4~6kg의 버터밀크(버터를 추출하고 남은 탈지우유)가 필요했다.

1845년, 아일랜드해로부터 불길한 안개가 피어 올랐다. 그리고 감자의 줄기는 시커멓게 타들어 가고 말았다. 감자의 줄기가 타들어 가기 시작하면, 다음날 감자의 덩이줄기는 수 km까지 퍼져 나가는 악취를 풍기며 썩어 들어간다. 결국 전체 감자 농사의 40%가 수확할 수 없을 정도로 망쳐졌다. 감자마름병이 가장 심한 곳에서는 소작농과 그 가족들이 그나마 썩지 않은 감자를 캐기 위해 밭과 습지를 이 잡듯이 뒤져야 했다. 썩어 버린 부분을 잘라낸 뒤, 멀쩡한 부분을 빻아서 감자가루로 만들었다. 아이들은 도토리와 산딸기를 찾으러 다녔고, 고사리에 민들레 뿌리를 캐어 먹었으며, 나무껍질과 나뭇잎까지 뜯어 먹는 지경에 이르렀다. 개울에서는 장어와 송어를 잡아서 먹었지만, 결국에는 바닷가까지 수 km를 터벅터벅 걸어 가서 바위에 붙어 있는 홍합, 삿갓조개, 바닷말까지 긁어내어 입에 넣었다. 많은 사람들이 독초에 중독되어 사망하였지만, 대기근의 시기 동안 아일랜드인들은 일단 먹을 수 있는 것은 모조리 입에 넣어야만 했다.

묵시록의 네 기수들 중 하나인 기근이 아일랜드를 덮친 이 시기에, 빅토리아 여왕 시대의 역사가 찰스 킹슬리는 자신이 본 처참한 모습을 다음과 같이 기술하였다. "나는 이 끔찍한 땅에서, 백 마일(약 160km)에 걸쳐 인간의 모습을 한 원숭이들을 보고 경악하였다. 그렇지만 이 끔찍한 일이 우리의 잘못은 아니다. 나는 아일랜드의 인구가 이전보다 늘어났음을 의심하지 않는다. 어디 그 뿐인가? 아일랜드인들은 우리의 통치를 통해 이전의 야만적인 시절보다 더 행복하며, 더 잘 먹고 잘 살게 되었다." 그러나 아일랜드를 강타한 대기근으로 인해 수천 명의 사람들이 매일같이 죽어 나갔다. 굶어 죽는 사람도 있었지만, 아일랜드인들이 쓰러져 간 결정적인 이유는 영양 실조로 인해 발진티푸스, 콜레라, 이질, 재귀열이 창궐하였기 때문이다. 감자역병으로 인한 굶주림뿐만 아니라 악질적인 인종차별과 편견으로부터 벗어나기 위해서, 아일랜드인들은 고향을 등지고 영국 본토와 캐나다, 미국으로 떠나는, 그들의 역사를 송두리째 바꾸어 놓은 수난의 여정을 시작하게 된다.

감자마름병의 강타

세계의 주요 문명들은 정착하여 주식 작물을 경작한 사람들에 의해 탄생했다. 주식 작물은 동남아시아의 벼, 유럽의 밀과 호밀, 유카탄반도 아즈텍과 마야의 옥수수였다. 남미의 잉카 문명에서는 안데스 산맥의 해발 3천 미터 고지대에서 잘 자라는 식물을 경작했다. 이 식물은 땅 위뿐만 아니라 땅 아래로도 줄기를 뻗으며, 땅속으로 뻗은 덩이줄기에 영양분을 저장한다. 이러한 덩이줄기를 잉카인들은 파파스라고 불렀다. 우리가 감자라고 부르는 바로 그것이다. 감자의 덩이줄기에는 탄수화물, 단백질, 비타민이 풍부하다. 잉카 문명은 감자를 주식 작물로 하여 세워졌다. 오늘날에도 감자는 전 세계적으로 중요한 작물로, 벼, 옥수수, 밀과 함께 세계 4대 식량 중 하나이다. 사실 오늘날에도 전 세계에서 다섯 명 중 한 명은 감자를 주식으로 삼는다.

잉카인들은 6천 년 전에 감자를 최초로 재배했다. 피사로 휘하의 스페인 정복자(콩키스타도르; 대항해 시대에 중남미를 정복한 스페인 정복자)들은 보물을 찾기 위해 잉카 문명을 파괴하였다. 그들은 금은보화보다 더 중요한, 잉카 문명의 제일가는 보물인 감자를 발견하였지만, 이를 기록조차 하지 않았다. 1500년대 말 스페인 탐험가들이 우연히 감자를 유럽에 가져왔을 때 이 식물은 식량이라기보다는 호기심의 대상이었다. 유럽인들은 처음에 감자를 가지과의 유독성 식물로 간주하여 식량으로 취급하지 않았다. 또 유럽인들은 감자가 나병을 일으킨다고도 생각하였다. 심지어 매혹적인 왕비 마리 앙투아네트가 머리에 감자꽃을 장식했다는 설이 있을 정도로 최음제로서도 명성을 날렸지만, 이조차도 감자 섭취를 유도할 수는 없었다. 감자를 먹으면 속이 부글거리고 헛배가 부른다고 믿었기에 처음에는 감자의 덩이줄기를 가축의 사료로만 사용했다. 그러나 감자를 먹는다고 해서 몸에 탈이 나지는 않았다. 사람들은 차차 감자를 사람이 먹는 음식으로 인식하기 시작했다. 더구나 1800년대의 유럽은 늘어나는 인구에 비해 식량의 증산이 따라주지 못했다. 감자를 먹지 않을 이유가 없었다. 감자는 냉량한 기후에서도 잘 자랐기 때문에, 스페인의 고지대, 독일과 폴란드의 저지대 평원, 아일랜드의 습지대에서도 널리 재배되었다. 영국 본토의 부재 지주들은 밀과 같은 곡식을 모조리 본토로 가져가기 위해 감자의 재배를 적극 권장하였다. 어차피 그 당시의 물류 기술로는 감자 운송이 불가능했으며, 밀에 비하면 천한 작물로 여겼기 때문이다. 게다가 아일랜드에서는 호밀이나 밀과 같은 곡류가 남동부 지방에서만 재배가 적합한 작물이었고, 감자는 아일랜드섬 어디에서나,

가장 척박한 토양에서조차도 잘 자랐다.

아일랜드인들은 레이지 베드(lazy bed)라고 하는 매우 효율적인 감자 경작법을 개발했다. 이 방법은 씨감자(감자의 눈)를 땅 위에 가설한 나무틀 위에 놓고 거름과 해초로 덮은 뒤, 측면의 고랑에서 파낸 흙을 위에 쌓아서, 길고 좁고 주위보다 40~60cm 정도 솟아오른 종묘판을 만드는 것이다. 이렇게 해서 과도한 수분으로부터 덩이줄기를 보호한다. 감자 농사는 1에이커당 30톤의 고수확을 보장한다. 감자는 90~120일 내에 성숙하며 60일이면 덩이줄기를 수확할 수 있다. 감자 덩이줄기의 단백질 함량은 같은 질량의 대두보다 더 높고, 감자 한 알이면 비타민 C의 일일 요구량을 섭취할 수 있다.

봉건제도 하에서는 인구 수가 부를 축적하는 수단이었기 때문에, 출산율이 높은 것이 유리했다. 자식을 많이 낳는 것만이 값싼 노동력을 손쉽게 얻는 수단이자 노후를 대비한 투자였다. 그래서 아일랜드의 출산율은 매우 높아졌으며, 17세기 중엽 이후로는 유아 사망률, 내전, 살인, 재난이 감소함으로써 더 많은 아이들이 살아남았다. 1660년 아일랜드 인구는 50만 명에 불과하였으나, 1688년에는 두 배 이상 증가한 125만 명에 달했다. 1760년부터 1840년 사이에는 150만 명에서 8백만 명으로 급증하였다. 인구가 폭발적으로 증가함에 따라 아일랜드의 경제 상황은 악화되었고, 많은 소작농들은 절대 빈곤 상태로 빠져들었다. 인구의 증가로 그나마 농사를 지을 수 있는 토지는 조각조각 났고 생활 수준은 급전직하했다. 영국 정부는 농업 증산을 위해 이 좁은 땅들을 하나로 합치고 아일랜드 농민들의 자유

를 빼앗는 형법을 제정하였다. 아일랜드인들은 자신들의 언어인 게일
어를 사용할 수 없게 되었고, 천주교를 믿는 것을 금지당했다. 그리고
학교에 가는 것도, 공무원이 되는 것도, 자신의 토지를 갖는 것도, 5파
운드 이상의 가치를 갖는 마필을 소유하는 것도 모두 금지되었다. 아
일랜드의 소작농은 기껏해야 일 년에 7파운드를 벌어들였고, 그나마
도 그 중 3분의 2를 소작료로 지불해야 했다. 돼지는 한 마리당 4파
운드에 팔려서 아일랜드의 소작농들에게 숨통을 틔워 주었다. 돼지저
금통이라는 물건이 여기에서 유래한 것인지도 모른다.

　영국의 성직자 토마스 맬서스(1766~1834)가 1798년 자신의 저서
『인구론』에서 주장한 바에 따르면, 인구는 억제 요인이 없을 경우 기
하급수적으로 증가하며, 이러한 증가는 악과 고통으로 조절된다. 결
국 전쟁과 그 결과인 기근이 인구 증가에 대한 자연적 장벽으로 작용
한다고 본 것이다. 그러나 사실 인구 증가를 막는 요인은 두 가지가
있다. 식량, 거주 공간 및 기타 자원과 같은 환경적인 요인과 산아 제
한, 유아 살해, 사고나 질병으로 인한 사망의 증가와 같은 자가조절적
인 요인이 그것이다. 농업은 인구 억제의 환경 요인을 변동시킬 수 있
는 가장 효과적인 방법이며 생산성의 증가로써 매우 많은 인구를 부
양할 수 있었지만, 농업 생산성을 증가시키는 것도 한계가 있었다. 만
약 감자가 없었다면, 아일랜드의 전체 농토에서 생산되는 밀만으로
는 최대 5백만 명 정도만 먹여 살릴 수 있었을 것으로 추정된다. 또한
그 당시는 전 세계적으로 곡물 부족 사태를 겪고 있었기 때문에, 감자
마름병에 강타당한 아일랜드 주민들은 더 큰 고통을 떠안아야 했다.

1798년 토마스 맬서스가 인구론을 출판한 때부터 1845년까지 아일랜드에서는 20건의 감자 흉년이 들었고, 감자 말고는 먹을 것이 없었던 아일랜드인들에게는 기아, 질병, 쇠약이 엄습했다. 그야말로 대기근이었다. 그러나 영국 본토에서는 같은 기간 동안 기근이 세 건밖에 없었다. 맬서스의 『인구론』에 따르면 아일랜드의 인구 폭발은 아일랜드인들이 음탕하고도 썩어 빠진 족속들이기 때문에 일어난 것이고, 결국 기근에 의해 진정될 일이었다. 영국인들은 아일랜드인들이 아주 열등하고 속속들이 썩어 문드러진 족속들로서, 마땅히 굶주림을 통해 인구 수가 통제되어야만 한다고 주장하였다. 맬서스의 인구론은 아일랜드인들에 대한 영국의 착취와 편견을 정당화하고, 영국의 대-아일랜드 정책 실패에 대해 변명하는 도구로 사용되었다. 게다가 영국 정부는 자유방임주의 경제정책을 시행하여 아일랜드인들에 대한 구호를 완전히 포기하였다. 즉, 시장이 마땅히 그 역할을 수행해야 한다는 것이 영국의 입장이었다. 끝내 1846년 말에는 감자 한 알조차 남지 않는 지경이 되고 말았다. 설상가상으로 그 해에는 가장 지독한 한파가 닥쳐 왔다. 아일랜드인들은 굶주릴 대로 굶주리게 되었다.

1845년부터 1846년까지 영국의 수상 로버트 필은 그나마 아일랜드에 제공할 옥수수를 수입하는 등 몇 가지 대책을 시도했다. 그렇지만 감자 말고는 모조리 빼앗겼던 아일랜드인들이 생전 처음 본 옥수수를 조리할 방법을 어떻게 알 수 있었겠는가? 굶주리고 쇠약해진 아일랜드인들은 입에 풀칠하기 위해 도로를 닦고, 벽을 쌓고, 다리를 축조하는 공공 근로로 내몰렸다. 그조차도 큰 도움은 되지 않았다. 빈민

구제소에서 옥수수 죽을 끓여 주기 시작했지만 맹물에 가까운 것이었다. 교회도 사실상 구원을 기댈 곳이 못되었다. 교회가 앞장서서 소작농들로부터 세금을 거두어들였을 뿐만 아니라, 가톨릭교회는 아일랜드 대기근 동안 토지를 헐값에 매입하기까지 하였다. 아일랜드의 교회는 일방적으로 잉글랜드인 부재 지주의 편을 들어 주었다. 그나마 아일랜드인들을 지속적으로 구제한 것은 퀘이커교도들이었다. (영국 성공회에서 분리되어 나간 기독교 교파인 퀘이커교도들은 신도 수가 적고 특정 지역에만 많이 거주하고 있어서 아일랜드 전체의 기근 해소에 큰 도움이 되기에는 어려움이 있었지만, 무료식당운동을 전개하는 등 많은 구호 활동을 펼쳤다. 역자 주)

1846년 영국에는 자유당 정권이 들어섰고, 새로운 수상 존 러셀은 자유방임주의 경제정책을 채택함으로써 아일랜드에 대한 원조를 축소시켰다. 결국 지주들과 자선단체들의 부담은 가중되었다. 공공 근로 사업은 매우 비효율적이고 관료적으로 운영되었으며, 그나마 지불된 임금도 매우 적었고, 너무나도 늦게 지급되었다. 당시 아일랜드의 소작농들은 6개월마다 소작료를 지불해야 했고, 소작료를 지불하지 못하면 마름들이 소작농을 쫓아내고 집을 불태워 버렸다.

1846년부터 1847년까지 극심한 한파가 엄습해 왔다. 암흑의 47년(동명의 Black'47이라는 아일랜드의 록 가수 그룹이 있음)이라고 불리우는 1847년 겨울, 들개들이 거리에서 굶어 죽은 아일랜드인의 시신을 뜯어먹는다는 보고서가 올라올 지경이 되었다. 1847년 2월 뒤늦게 자유당 정권은 공공 근로 사업을 포기하고 빈민 구제소를 설치했다. 그러나 빈민 구제소조차도 잘 관리되지 않았고, 혼잡하고 비위생적이었다. 수용자들은 죄수와 같은 복장을 착용해야 했다. 이들에게 주어진 것은 멀건 귀리죽이었다. 1847년 6월, 빈민 구제 대상자의 수를 줄이기 위한 빈민구제연장법이 가결되었다. 이 법률안에 의해 4분의 1에이커 이상의 토지를 소작하는 소작농은 어떠한 지원도 받을 수 없게되었다. 결국 1847년 백만 명 이상의 아일랜드인들이 발진티푸스와콜레라로 사망하고 만다. 이 해에 아일랜드를 등지는 사람들의 수가최고조에 이르렀고, 이후 4년에 걸쳐서 2백만 명의 아일랜드인들이고향을 떠났다.

영국은 정치적으로 강력한 힘을 가진 지주들을 육성했고, 아일랜드로 식량을 들여오는 것을 금지함과 동시에, 아일랜드에서 영국으로식량을 수탈하는 정책을 시행함으로써 아일랜드의 상황은 더욱 나빠졌다. 영국의 자유 무역 정책은 아일랜드를 지원하는 것이 아일랜드소작농들의 의지를 약화시킨다는 인식을 조장하였다. 영국인들의 주된 관심사는 경제였다. 바로 식민지에서 최대한의 자원을 쥐어짜 낮은 가격으로 수탈하여, 은행가들과 지주들의 배를 불려주는 것이었다. 런던 타임즈에는 "아일랜드인들을 구제하기 위해 돈을 써 봤자 금덩이를 진창에 버리는 것만큼이나 가치가 없는 일이다."라는 의견까지 올라왔다. 재무부장관은 "기아와 고난의 역경을 거치지 않고서 아일랜드인들이 번영을 누릴 수는 없을 것이다."라고 단언하였다. 그러나 아일랜드의 소작농들은 기아와 질병으로 인해 농사를 지을 수조차 없었다. 수확이 적어지자 지주들은 이로 인한 손실을 벌충하기 위해 소작료를 크게 올렸고, 소작료를 내지 못한 농민들을 쫓아내고 집을 불질러 버렸다. 이렇게 1849년부터 1854년까지 5십만 명 이상이 집에서 강제로 쫓겨났다. 수천 명의 사람들이 구제받지 못하고 방기되었으며, 유랑걸식하는 걸인들이 기아만큼이나 문제가 되었다.

감자 흉년은, 처음에는 아일랜드인들의 방종에 대해 신이 천벌을 내린 것이라고 생각했다. 그러나 그 후 감자 농사를 망친 것이 감자마름병 때문이었음이 밝혀졌다. 감자마름병은 수확기인 8~9월경에 나타나 감자의 잎에서부터 시작하여 덩이줄기까지 썩히는 병이다. 이 병은 1848년부터 1849년에 다시 창궐하였고 일부 지역에서는 1847년 때만큼이나 사태가 심각했다. 많은 사람들이 고향을 뒤로 하고 다른 나라로 떠났다. 개정된 빈민구제법에 따르면 지주들이 빈민구제소에 수용된 소작농들의 구제를 감당해야 했다. 여기에는 1인당 1년에 12파운드가 소요되었다. 그래서 지주들은 경제적으로 행동했다. 단돈 6파운드만 들이면 소작농들을 캐나다로 보내 버릴 수 있었던 것이다. 제일 가난한 사람들은 영국으로 이주하였다. 리버풀, 런던, 맨체스터, 버밍험으로 이주한 150만 명이 그들이다. 그나마 푼돈이라도 있는 사람들은 미국으로 이주하였다. 건강이 악화될 대로 악화되어 있었기에 수 주에서 수 개월까지 걸렸던, 그리고 먹을 것조차 제대로 공급되지 않았던 항해에서 대부분의 사람들이 사망하였고, 결국 신대륙에 도착한 사람들은 배를 탔던 사람들의 5분의 1에 불과했다. 이 선박들은 사람을 태우기 위한 선박이 아닌, 영국에서 화물을 운송하기 위해 급조된 선박이었다. 요리할 곳도 병자를 간호할 곳도 없고,

화장실조차 없는 선박의 갑판 아래에서는 지독한 악취가 풍겼다. 많은 이민자들에게서 이가 들끓었고 발진티푸스가 창궐했다. 많은 사람들이 항해 중에 죽어 나갔기 때문에 사람들은 이 선박을 관선이라고 불렀다. 아일랜드인들이 굶주리고 있었던 이 시국에도 곡물은 여전히 영국으로 반출되고 있었다. 감자 기근은 아일랜드의 토지 소유 구조를 바꾸어 놓았다. 최빈민층에 해당하는 사람들은 모두 떠나 버렸다. 소작농을 잃은 지주들은 소작료 감소와 세금을 이기지 못하고 모조리 파산했다. 지주들조차 더 큰 지주들에게 땅을 헐값에 떠넘길 수밖에 없었다. 그들도 결국 소작인들과 함께 파산하는 지경이 되고 만 것이다.

감자마름병의 원인

1845년부터 1849년 사이에 한 가지 작물만을 재배하여 가장 큰 피해를 본 곳이 바로 아일랜드였다. 감자를 재배하지 않고서는 아일랜드의 경제가 유지될 수 없었기 때문이었다. 유럽의 다른 나라들은 다른 작물을 통해 기근을 면할 수 있었지만 아일랜드에서는 생각할 수도 없는 일이었다. 감자마름병은 정책 실패로 인한 대재앙이었다. 일부 사람들은 이것을 제2차세계대전 때 나치가 자행한 대학살에 비유한다. 감자마름병의 원인에 대해 신의 징벌, 증기 기관차의 도입, 감자에 해로울 정도의 과도한 토양 수분과 같은 온갖 이론들이 제기되었지만,

그 원인이 진균 감염으로 규명된 것은 1846년의 일이다. 마일즈 버클리 목사가 병에 걸린 감자 잎의 표면에서 현미경으로 빵에 핀 곰팡이와 비슷한 백색 균사체를 관찰한 것이다. 버클리의 견해는 거의 지지받지 못했다. 당시의 정설은 한랭하고 습한 장기(miasma, 나쁜 공기)에 의해 감자마름병이 생긴다는 것이었다.

감자마름병에 대한 중요한 질문은 감자가 썩는 것이 먼저인가, 곰팡이에 감염되는 것이 먼저인가였다. 1861년에 독일의 위대한 생물학자 안톤 드 배리는 감자마름병이 식물 병원체의 일종인 *Phytophthora infestans*라고 불리는 곰팡이에 의해 일어난다는 것을 실증하였다. 그는 진균의 영향을 실증하기 위한 간단한 실험을 하였다. 몇 개의 화분에 감자를 키운 다음, 두 개의 그룹으로 나누고 한 그룹에서만 감자의 축축한 잎 위에 곰팡이가 있는 식물의 포자를 살포했다. 다른 그룹은 대조군으로 두되 포자가 닿을 수 없도록 조치하였다. 두 그룹 모두 장기에 노출되도록 한랭하고 습한 환경에 놓아 두었다. 며칠 후 실험군의 감자 잎은 검게 썩어 들어가기 시작했지만, 대조군의 감자 잎은 멀쩡했다. 분명히 감자가 썩어 들어가는 원인은 장기나 과도한 수분이 아니었다. 드 배리는 현미경으로만 보일 정도로 작은 포자들이 바람을 타고 퍼져서 땅으로 떨어진 후 감자로 들어가서 감자역병을 일으킨다고 주장했다. 감염은 이렇게 식물에서 식물, 밭에서 밭, 그리고 나라에서 나라로 퍼진다. 이 연구를 통해 기생충이 질병의 원인이 될 수 있다는 중요한 결론을 얻을 수 있었다. 오늘날 버클리와 드 배리가 수행했던 선구적인 과업은 거의 잊혔지만, 그들의 실험은 루이 파스퇴르의 세균 병인론을 사실 거의 사반세기 전에 예측한 것이다.

감자마름병의 포자는 공기 중을 떠돌다 빗물에 섞여서 토양으로 흘러들어 간다. 그리고 감자가 포자에 감염되면, 먼저 감자의 잎에 암갈색의 얼룩이 나타난다. 그러나 이것은 다가올 대재앙의 전조에 불과하다. 습도가 높을 때 이 반점은 급속히 퍼져 나가게 되며 감자에서 썩는 냄새가 나게 된다. 이 반점 안에는 현미경으로나 간신히 보이는 길쭉한 관 모양의 균사체가 있다. 마일즈 버클리는 이 균사를 최초로 보고하였던 것이다. 균사는 여러 갈래로 가지를 치고, 가지들은 서로 엉켜서 그물처럼 보인다. 균사는 식물의 조직 내로 파고들어 감자가 말라 죽을 때까지 잎과 줄기에서 즙액을 흡수한다. 이 모든 과정에 걸리는 시간은 단 3~5일뿐이다. 균사의 끝 부분은 부풀어 올라 현미경으로나 보일 정도로 작은 포자를 만든다. 하나의 잎으로부터 이 문장의 마침표 크기의 5백분의 1밖에 안될 정도로 작은 포자가 수백만 개나 만들어질 수 있다. 포자는 발아하여 그 자체가 균사를 형성할 수도 있고, 유주포자라고 하는 움직일 수 있는 포자가 될 수도 있다. 균사는 잎의 뒷면에 있는 기공을 통해 잎 내부로 들어가거나, 자체에서 분해 효소를 분비하여 잎을 직접 침식해 들어간다. 서늘하고 습한 환경에서 이 악순환은 가속된다. 그렇지만 감자마름병은 주로 잎을 손상시키는데, 왜 감자의 덩이줄기가 썩어 들어가는가? 드 배리는 토양에 건강한 감자를 파묻고 잎에 붙어 있는 포자를 흙 위에 떨어뜨린 뒤 물을 뿌려서 마치 비가 오는 것과 같은 조건을 조성하여 시험을 하였다. 빗물에 의해 땅 속으로 스며든 포자는 감자의 덩이줄기 또한 감염시켰다. 무성한 잎에 있던 수백만 개의 포자가 떨어져 나오고, 땅 속의 덩이줄기까지 감염시키게 된다. 감자의 껍질은 멍이 든 것처럼 변색되고, 균사는 잎에서 그랬던 것처럼 감자의 덩이줄기를 파고들어 양분을 빨아들여서 결국 덩이줄기가 썩어 버린다. 감자역병균에 의해서 감자의 덩이줄기가 썩어 들어가는 것은 토양 중의 다른 미생물에 의해 더 빨라진다.

　이 감자역병을 일으키는 진균이 어떻게 추운 겨울을 나는지는 확실히 알려지지 않았다. 흙이나 덩이줄기 속에서 겨울을 나는 것인가? 균사 자체는 추위에 약하지만, 감자의 덩이줄기 속에 있으면 외부 기온에 대해 보호를 받기 때문에 겨울을 날 수 있게 되는 것이다. 감자는 덩이줄기의 형태로 겨울을 나므로, 감자역병균에 감염된 감자는 다음 해 감자 농사마저 망쳐버릴 수 있는 재앙의 씨앗이 된다. 한 해에도 감자는 여러 번의 번식 주기를 가지기 때문에 감자역병균은 폭발적으로 증식하여 광범위한 지역의 감자 농사를 망쳐 버릴 수 있다. 이렇게 되면 전국, 심지어 전 대륙의 감자밭은 쑥대밭이 되고 만다. 실제로 감자역병균에 감염된 덩이줄기 하나면 2.5에이커의 면적이 초토화될 수 있으며, 특히 선선하고 비가 많이 오는 날씨에서 감자역병균은 쉽게 전파된다.

　이 가공할 악마는 어디에서 온 것인가? 이 악마의 정체는 *Phytophthora infestans*라고 불리는 진균이며, 감자의 원산지인 페루에서 벨기에로 감자가 도입될 때 따라 들어왔을 것으로 추정된다. 이 진균은 1845년 7월 유럽에 감자마름병이 최초로 보고된 후 유럽 전역으로 전파되었다. 이렇게 전파된 진균은 곧 유럽 전체의 위협이 되었다. 오늘날에는 예방 목적으로 보르도액과 같은 항진균제를 잎에 살포하거나, 1970년에 개발된 리도밀과 같은 살진균제를 흙에 살포한다. 하지만 이것도 감자역병균을 완전히 근절하지는 못했고, 단지 잎이 말라 죽는 것을 막아 수확이 가능하게 하는 정도였다. 1845년부터 1849년에는 그나마도 불가능했다.

역병, 그리고 쫓겨난 아일랜드인

아일랜드 대기근(1845~1849)의 여파는 실로 가공할 만했다. 당시 인구의 4분의 1이 고향을 등지고 떠났고, 그 결과 현재 미국인의 10%에 아일랜드 혈통이 섞이게 되었다. 1914년에 아일랜드 출신 미국인의 수는 이미 5백만을 넘었다. 그들은 더 이상 감자 농사를 짓는 소작농들이 아니라 철도 공사, 광산, 토목공학, 법률, 정계와 같은 다양한 분야에 종사하는 미국의 시민이 된 지 오래였다.

1840년 이전까지는 미국의 백인들 대다수가 영국, 네덜란드, 독일, 스칸디나비아반도 출신의 개신교도들이었다. 천주교도들은 프랑스, 스페인, 스위스, 독일 출신이었고, 아일랜드 출신은 거의 없었다. 1810년부터 1840년까지 미국으로 이주해 온 아일랜드 출신 천주교도들의 수는 십만 명 이하였지만, 이후 25년 동안 기근으로 인해서 고향을 등지고 미국으로 이주해 온 아일랜드인들로 인해 아일랜드 출신 천주교도들의 수는 매년 십만 명씩 늘어났다. 이들은 자신들이 처음 상륙한 항구 도시인 보스턴과 뉴욕 주위에 거주하였다. 보스턴과 뉴욕 도심지는 인구의 30%가 아일랜드 혈통이 섞인 사람들이다. 연고도 재산도 기술도 없었던 아일랜드 출신의 막노동꾼들은 아일랜드 출신 천주교도들의 집단 거주지에 모여 살았다. 그곳에서는 천주교 사제들이 그들의 친구이자 상담사, 원로, 그리고 복지 제공자가 되어 주었다. 그곳에 사는 아일랜드 출신의 빈민들은 재산도 권력도 없었지만, 정치적으로는 큰 영향력을 미칠 수 있었다. 모두에게 한 표씩 주어진 투표권을 통해 머릿수로 밀어붙일 수 있었던 것이다. 가난하고 멸시받던 아일랜드 출신 미국인들은 사회주의 운동과 노동조합의 조직화를 통해 미국의 유서 깊은 정당인 민주당의 정치 노선마저 뒤집어 엎기에 이른다. 미국의 고립주의 정책은 영국의 제국주의 정책을 증오했던 아일랜드 출신 미국인들에 의해 가속화된다. 미국이 연합국의 일원으로서 제1차세계대전과 제2차세계대전 참전이 늦어진 것도 아일랜드 출신자들의 정치력이 어느 정도 영향을 미쳤기 때문으로 보인다. 그보다 앞서 미국 남부에 대한 북부의 태도에도 영향을 미쳤다. 실제로 남북 전쟁 당시 아일랜드 출신 미국인들은 링컨의 공화당에 몰표를 찍었다. 단순히 노예제가 싫어서만은 아니었다. 그 당시 남부의 주류는 민주당의 든든한 버팀목으로, 노예 노동을 통해 남부의 대농장을 경영하고 있었던 앵글로색슨 개신교도들이었기 때문이다.

　1845년부터 1849년까지 아일랜드를 강타했던 대재앙이 반복될 것인가? 얼마든지 가능한 일이다. 비록 아일랜드 대기근처럼 세상을 뒤집어 놓는 규모로 발생하지는 않겠지만 말이다. 아일랜드 대기 근 이후에도 감자역병은 인류를 끊임없이 괴롭혔던 것으로 기록되어 있다. 감자마름병으로 인한 대기근은 1916년부터 1917년에도 보고 되었으며, 70만 명의 독일 노약자들의 생명을 앗아 갔다. 제1차세계 대전(1914~1918) 동안 보르도액 원료인 구리는 전쟁에 사용될 약협 (폭약을 둘러 싸는 폭탄의 외피)과 전선 제조에 쓰였고, 그 틈바구니에 서 감자역병균은 다시 고개를 들었다. 그나마 남은 곡물과 감자는 군 수물자로 징발되어 독일의 시민들 앞에 남은 것은 순무밖에 없게 되 었다. 1916년 가을 독일의 시민들은 굶주림으로 고통 받고 있었고, 기아의 겨울이 엄습하였다. 독일군 수뇌부는 약화된 러시아를 상대 로 한 동부 전선의 싸움은 금방 끝날 것으로 생각하였다. 동부 전선 이 정리되면 서부 전선에 모든 전력을 투사할 생각이었다. 그러나 *P. infestans*라는 파괴 공작원이 연합군의 편에 서 있었다. 그들 자신도 굶주리고 집에 있는 가족들도 굶주려 죽어 가는 상황에서 열심히 싸 울 독일 군인은 없었다. 군대의 사기는 바닥에 떨어졌고, 이는 독일 군이 서부 전선에서 한걸음도 서쪽으로 진군할 수 없게 된 이유 중의 하나가 되었다. 결국 독일군은 힌덴부르크 전선으로 후퇴해야 했다. 1917년 미국이 영국과 프랑스의 편을 들어 제1차세계대전에 참전하 면서 연합군의 전력은 크게 강화되었다. 그러나 그럴 필요도 없었다. 이미 *P. infestans*의 가공할 파괴력이 독일군에게 치명타를 입힌 후 였기 때문이다. 사기가 땅에 떨어진 독일군은 더 이상 버틸 힘을 잃고 1918년 항복하였다. 1918년 11월 11일, 4년 4개월간의 전쟁은 끝났다.

오늘날까지도, 감자를 주식으로 하는 러시아와 같은 나라에서는 감자역병균이 나라를 위협할 수 있다. 1990년 다시 감자역병균이 창궐하였을 때 러시아의 감자 수확량은 평년의 30% 수준까지 감소하였다. 살진균제가 보급된 나라에서도 일단 감자마름병이 퍼지기 시작하면 수확량은 평년의 85%까지 떨어진다. 유통과 보급의 어려움 때문에 살진균제를 사용하지 못하는 개발도상국의 손실은 연간 수십억 달러에 달할 것이다. 우리가 할 수 있는 것은 과연 무엇인가? 우선은 감자마름병에 잘 견디는 새로운 품종을 개발하는 것이다. 하지만, 지금도 누군가를 괴롭히고 있으며 앞으로도 영원히 인류를 괴롭힐 굶주림을 막는 일이야말로 우리 사회가 책임져야 할 일이라는 것을 통감하는 게 더욱 중요하다.

03

콜레라

03

콜레라

콜레라는 실로 흉악한 병이다. 발열이나 오한 같은 아무런 전조 증상도 없이 갑자기 설사가 시작된다. 설사는 계속되며, 쥐어짜는 듯한 복통이 엄습한다. 비린내를 풍기는 쌀뜨물 같은 담황색 액체가 하루에도 10리터씩, 폭포수처럼 항문을 통해 배출된다. 그에 따라서 복통은 더 심해진다. 몸을 동그랗게 말아 두 뺨이 무릎 사이에 있도록 하는 것만이 그나마 복통을 달랠 수 있는 방법이 된다. 그리고 마치 임종에 접어든 노인과도 같이 치아 사이로 불규칙하고 힘없는 호흡만을 내뱉는다. 이때 사망하면 시신을 펼 수가 없어 결국 그 자세로 매장된다. 죽지 않고 숨이 붙어 있는 사람은 서서히 고통스럽게 죽어 간다. 뺨은 탈수로 인해 쭈그러들고, 체내의 수분은 더 이상 빠져나갈 게 없어서 배출 속도가 느려지지만, 항문을 통해 통제되지 않고 배출된다. 시간이 지나면 피부는 거무스름해지고 눈은 퀭하니 초점을 잃는다. 그리고 탈수로 인해 사망하고 만다.

『전염병과 인류의 역사』를 저술한 역사가 윌리엄 맥닐은 다음과 같이 기술하고 있다.

"콜레라가 인명을 살상하는 속도는 무시무시하다. 평소에는 완벽하게 건강했던 사람들이 콜레라에 걸리자마자 갑작스럽게 죽게 된다. 증상도 실로 가공할 만하다. 단 몇 시간 내에 급작스러운 탈수로 사람이 쪼그라들고 결국 모세혈관까지 파열되어 피부는 검푸른색으로 변한다. 콜레라에 걸린 사람이 죽어 가는 과정은 너무 끔찍하다. 사람의 몸은 마치 저속촬영 영상으로 보는 것과 같이 빠르게 시들어 가며, 주위의 살아 있는 사람으로 하여금 피할 수 없는 죽음의 공포를 실감하고 몸서리치게 한다."

2세기 이상 콜레라는 최상의 공중보건체계마저 함락시켰고, 지금도 세계 곳곳에서 인명을 위협하고 있다. 가장 가까운 과거의 예로는 인도네시아의 셀레브에서 유행이 시작되어 전 세계로 콜레라가 들불처럼 번진 것이다. 이것이 중동으로 번진 것이 1960년대이고, 1970년에는 아프리카 대륙 전역으로 전파되었다. 아메리카 대륙에서는 지난 백 년간 콜레라가 없었다가 1991년에 다시 나타났다. 첫 확증 사례는 페루에서 보고되었고, 그 해 말까지 40만 명의 환자가 생겨 4천 명이 사망하였다. 그 다음 해에는 남아메리카에서 미국으로 항공편을 통해 건너온 승객 중 76명이 덜 익힌 생선과 야채를 먹고 콜레라에 걸렸다. 1994년에는 르완다 내전 중에 투치족 반군으로부터 도망친 50만 명의 후투족 난민들 중 5만 명이 단 21일 만에 콜레라로 사망하였다. 그 후 10년 동안은 콜레라의 유행이 없었지만, 2006년 아프리카의 산유부국인 앙골라에서 콜레라가 유행하여, 1월부터 5월까지 43,000명이 확진되었고, 그 중 1,600명이 사망하였다.

원인

1850년 이전까지만 해도 콜레라는 장기(나쁜 공기)를 들이마셔서 걸리는 병으로 여겨졌다. 뮌헨 위생국 국장 막스 폰 페텐코퍼는 저지대에 깔린 습지로부터 올라오는 오염된 공기에서 나는 악취와 장기가 콜레라를 유발한다고 주장했다. 1854년 콜레라 유행 시기에 그는 중요한 환경 요소를 찾아냈다. 감염자 및 사망자의 거주지를 지도에 표시해 본 결과 습한 저지대에서 감염자와 사망자의 밀도가 가장 높다는 것을 확인했던 것이다. 당연히 페텐코퍼는 콜레라가 오염된 토양과 연관되어 있다고 결론을 내렸다. 그는 깨끗한 공기가 습기 찬 토양에 유입되면 화학 반응을 일으켜서 유독한 장기를 생성하고 그것을 흡입한 주위 사람들이 콜레라에 감염된다고 주장했다. 그러나 빅토리아 여왕의 주치의이자 런던의 유명한 외과 의사인 존 스노우는 완전히 다른 주장을 폈다. 그는 콜레라의 원인을 찾기 위해 여러 콜레라 환자들과 접촉했지만 자신은 콜레라에 걸리지 않은 점에 주목했다. 콜레라가 장기로 인해 유발되는 질병이라면, 환자들과 가장 많이 접촉한 그 자신은 왜 무사한가? 대신, 콜레라에 걸린 사람들이 쪼그라든 채로 죽기 전 쌀뜨물 같은 설사를 하는 것을 눈여겨 보았다. 즉, 콜레라가 환자의 전신을 쇠약하게 하기 전에 장의 상태에 먼저 영향을 주는 것에 주목한 것이다. 이것은 적어도 콜레라가 오염된 장기를 호흡해서 걸리는 병이 아니라, 장내에서 증식하는 독소를 경구 섭취하여 발병하는 질환임을 시사한다. 이 독극물은 대변과 함께 배출되어 상수원을 오염시켰다.

1849년 존 스노우는 『콜레라의 전파 양식』이라는 소책자에 자신의 가설을 요약하여 편찬하였다. 1855년에 편찬된 2판에는 런던 골든스퀘어 근방의 빈민가인 소호 지구에서 1854년에 발생한 콜레라에 대한 고찰이 담겨 있다. 그는 지도에 콜레라 환자가 발생한 가구를 표시하고, 가구별로 사망자 수와 생존자 수를 기록했다. 페텐코퍼와 유사한 방법을 사용하였지만, 존 스노우가 내린 결론은 달랐다. 존 스노우는 "나는 브로드가의 거주자들이 사용하는 수도 펌프 근방에서 발생한 모든 사망에 대해 조사하였는데, 문제의 수도 펌프가 아닌 다른 수도 펌프를 사용하는 가구에서의 사망자는 10건에 불과했다. 사망자의 유가족들 중 다섯 가족이, 사망자들은 항상 브로드가에 있는 상수 펌프에서 물을 길어 와서 섭취했다고 알려 주었다."라고 기록했다. 존 스노우는 브로드가에 있는 문제의 펌프에서 떠온 물을 현미경으로 관찰하여 백색의 솜털 같은 입자를 발견했다. 존 스노우는 이 백색의 입자가 콜레라의 원인이라고 확신했다. 그의 제안에 따라 지목된 펌프의 손잡이를 뽑아서 사용할 수 없게 하고 다른 펌프의 물만을 마시도록 조치하자, 콜레라의 확산은 멈추었다. 브로드가에 위치한 문제의 펌프를 조사해 보았더니, 9m 깊이에 위치해 있는 지하수원의 바로 몇 미터 근처에 하수도가 있었다. 존 스노우는 상수원 근처에 있는 파손된 하수도와 하수조에 의해 상수원이 오염되었을 것이라고 추정하였다. 시간이 지나면서 더 많은 오염물이 상수원으로 스며들었을 것이고, 그 오염물의 입자에 의해서 콜레라가 발생했을 것이라고 결론을 내렸다.

그가 콜레라의 원인이 브로드가의 오염된 펌프에서 길어 올린 물이라는 결론을 내리기까지의 과정은, 질병의 전파 방법을 밝히는 과정에서 역학과 통계학이 얼마나 중요한지를 잘 보여 준다. 사실 펌프를 고장내어 못 쓰게 만들었을 때는 이미 콜레라가 한풀 꺾인 상황이었다. 그럼에도 불구하고 존 스노우의 결론은 여전히 유효하며, 그의 조치는 질병 예방을 위해 무엇을 해야 하는지에 대한 단초를 제공한다.

1849년 런던에서 콜레라가 유행할 당시 존 스노우는 런던에 상수를 공급하는 두 상수도 회사와 콜레라 발병의 연관성을 추적했다. 두 회사는 전부 템스강의 하수 방류구보다 더 아래쪽에 위치한 취수장을 사용하고 있었다. 존 스노우는 콜레라가 수인성 전염병이라는 것을 정확하게 지적하였고, 1854년 위대한 실험을 통해 자신의 이론을 실증하였다. 두 상수도 회사 중 하나인 램베스 수도회사는 취수구를 하수 방류구보다 상류로 이동시켰다. 이후 조사 결과, 콜레라 환자는 대부분 사우스워크-벅스홀 수도회사의 물을 마신 사람들이었고, 취수구를 상류로 옮긴 램베스 수도회사에서 공급한 물을 마신 사람들 중에는 콜레라 환자가 거의 없다는 것이 밝혀졌다. 사우스워크-벅스홀 수도회사는 하수구 근처에서 취수했기 때문에 하수구에서 나온 오염된 콜레라의 원인 물질이 물에 섞여 들어갔을 것으로 추정하였다. 물론 존 스노우가 콜레라의 병원체를 밝혀낸 것은 아니다. 그렇지만 세심한 데이터 수집, 통계 분석, 논리 전개를 통해 오염된 물이 콜레라의 원인이라고 올바르게 추정해 낸 것은 존 스노우의 공적이다. 그는 콜레라 환자 주위를 자주 세척하고, 더럽혀진 침구와 옷을 세탁하고, 물은 항상 끓여 마시고, 환자를 격리하고, 상수도는 하수도 및 하수장과 이격되어 있어야 한다고 주장했다. 그럼에도 불구하고 다수의 의사들은 콜레라의 원인에 대해 납득하지 못했다. 아무도 콜레라의 병원체를 실제로 보지 못했기 때문이다. 결국 콜레라의 유행이 근절되지는 않았다.

1857년 프랑스의 화학자 루이 파스퇴르(1822~1895)는 맥주나 와인을 만들 때 좋은 미생물은 알코올을 만들어 내지만, 나쁜 미생물이 있으면 알코올 대신 산이 만들어져 원래의 맛을 변질시킨다는 것을 밝혀냈다. 마찬가지로 사람에서도 나쁜 미생물, 즉 병원균이 사람의 몸에 침입하면 질병이 생길 수 있다고 주장하였다. 페텐코퍼는 파스퇴르의 세균 병인론에 반대하였다. 부패와 발효, 질병은 장기 때문이지 미생물 때문이 아니라고 한 것이다. 1882년 독일의 세균학자인 로베르트 코흐는 제노아와 봄베이에서 발생한 콜레라의 양상은 페텐코퍼의 가설과는 맞지 않다고 주장하여 파문을 일으켰다. 1883년 이집트에서 콜레라가 발생하여 수천 명이 죽어 가고 있을 때 이집트로 급파된 사람은 페텐코퍼가 아닌 코흐였다. 로베르트 코흐는 콜레라가 쌀뜨물 같은 대량의 설사를 일으키는 독소를 생성하는 세균에 의해 발생한다는 것을 암시하는 증거를 놓치지 않았다. 희생자들의 대변을 채취하여 현미경으로 관찰하자, 쉼표 모양의 막대균이 관찰되었다. 이 막대균은 그 흔들리는 모양새로 인해 *Vibrio cholerae*라는 학명이 붙었다. 한편 파스퇴르 연구소의 연구팀도 코흐와 같은 시점에 이집트에 도착하였다. 이들은 콜레라 환자들의 혈액을 채취하여 시궁쥐 및 기니피그에 주사했다. 이것에 의해서는 콜레라가 발생하지 않았다. 설상가상으로 연구팀 중 한 사람이 콜레라에 감염되어 사망하였다. 파스퇴르 연구팀은 끝내 빈손으로 파리로 돌아가야 했다. 독일은 보불 전쟁의 승리에 이어 과학 분야에서도 프랑스에 대해 승리를 거두었다.

코흐는 한걸음 더 나아가, 의심되는 병원체가 진정한 원인균인지를 확인하기 위해서는 다음과 같은 조건들이 충족되어야 한다고 주장하였다. 이를 "코흐의 공리"라 부른다. 첫째, 병원체가 유입되면 질병이 발병해야 한다. 둘째, 의심되는 원인균은 다른 질병에 걸린 개체에서는 발견되지 않아야 한다. 셋째, 순수 배양된 병원체를 건강한 동물에 주사하면 같은 질병이 발병해야 한다. 넷째, 의심되는 병원체가 전술한 동물에서 다시 분리되어야 한다. 이 네 가지를 만족한다면 해당 병원체와 질병 사이의 인과 관계가 수립된다.

코흐는 1884년 5월 2일, 콜레라 원정에 종군한 개선장군으로서 베를린에서 열렬하게 환영받았다. 장기설의 지지자였던 페텐코퍼는 콜레라균은 콜레라와 관계가 없다고 강변하면서, 코흐에게 환자로부터 분리되어 순수 배양된 콜레라균을 보내 줄 것을 요청했다. 로베르트 코흐는 콜레라균이 잔뜩 든 배양액을 보내 주었고, 페텐코퍼는 배양액 속에는 10억 단위의 콜레라균이 들어 있다고 추정한 후, 경악한 채로 바라보는 제자들과 청중들 앞에서 전부 마셔 버렸다. 놀랍게도 페텐코퍼는 콜레라에 걸리지 않았고, 살아서 코흐를 조롱했다. "로베르트 코흐 박사께. 소위 말하는 콜레라균을 친절하게도 보내 주신 것에 감사를 표한다. 지금 콜레라균을 다 마셔 버렸음에도 불구하고, 이렇게 살아 있음을 알릴 수 있게 되어 그저 기쁠 따름이다. 페텐코퍼 올림." 코흐는 딱히 그것에 반응하지 않았다. 사실 페텐코퍼는 몇 년 전에 실제로 콜레라에 감염되었지만 그 사실에 대해서는 언급하지 않았다. 아마도 과거에 콜레라를 앓았기 때문에 면역이 형성되어 있을지도 모를 일이었다. 어쨌든 페텐코퍼는 자신의 주장을 입증할 요량으로 이렇게 만용에 가득 찬 시위를 벌였다. 그러나 세균 병인론을 논파하기에는 이미 늦었기에 그저 무시당하고 말았던 것이다.

위생 개선을 통한 콜레라의 예방

1700년대와 1800년대에 유럽과 아메리카의 도심지에 공급된 물은 매우 오염되어 있었고, 가난한 사람들이 주로 이 물을 마시고 콜레라로 사망하게 되었다. 어떤 과정을 통해 물이 오염되었을까? 1700년대 이전에는 인구집단의 규모가 작았고, 사람들은 대부분이 촌락에 거주하였으며, 근처의 강이나 개천, 우물에서 물을 떠서 마셨다. 대변은 재래식 변소에 저장되거나 경작지에 거름으로 살포되었다. 적어도 18세기 도시화와 산업화 이전까지는 이 체계가 잘 작동했다. 산업혁명을 거치면서 인구가 증가하였고, 촌락은 도시로 바뀌었다. 분뇨를 처리할 공간이 점점 부족해져 갔고, 하수 처리는 이전보다 훨씬 어려워졌다. 그나마 사용할 수 있었던 대안은 강이나 개천에 하수를 투기하는 것이었다. 최소한 강물에 희석되고 씻겨 내려갈 것을 예상할 수 있었으니 말이다. 물의 흐름이 빠를수록 오물도 빠르게 제거된다. 그러나 때로는 강의 흐름이 정체되어 있어서, 하수가 제대로 정화되지 않았다. 게다가 상수원으로 이용하는 수원지에 하수를 그대로 투기하기까지 했다. 이것은 직접적으로 상수원의 심한 오염으로 이어졌다. 18~19세기 산업혁명의 가속화로 방직공장과 제철공장이 곳곳에 세워졌고, 이 공장들은 더 많은 노동자들을 고용함으로써 도시의 인구밀집을 촉진하였다. 이 많은 사람들에게 주택을 제공하기 위해 연립주택이 만들어졌다. 주택은 이웃한 주택과 벽을 맞대고 나란히 서 있었으며, 골목길과 도로로만 나뉘어졌다. 좁은 면적에 많은 사람이 거주할 수 있도록 하기 위한 불가피한 선택이었다. 열 명 이상으로 구성된 가족이 한 방에 거주하였고, 여러 가족들이 상수도, 하수도를 공동으로 사용하였다. 이런 좁고 불결한 상태에서 사생활 보장 같은 것은 이루어질 수 없었다. 청결을 유지하는 것이 어려웠고, 위생적인 상수의 공급은 중단되기 일쑤였다. 수십 명의 사람들이 하나의 하수도를 사용하였음에도 하수도 청소는 거의 이루어지지 않았으며, 금세 막힌 하수도에서 오수가 자주 주위의 도로와 상수원으로 역류하였다. 과거에는 공동체 구성원의 수가 적었고, 집들은 서로 떨어져 있었으며, 농업 및 어업과 같은 모든 작업이 야외에서 이루어졌기 때문에, 전염병이 많은 사람들에게 일시에 확산되기 어려웠다. 그러나 도시화와 산업화로 인해 많은 사람들이 좁은 공간 내에 거주하게 되었고, 집들은 다닥다닥 붙어 있게 되었으며, 모든 작업은 공장이라는 폐쇄된 공간 내에서 여러 노동자들에 의해 이루어지는 형태로 변하였다. 이러한 상태에서는 한 사람이라도 전염병에 감염된다면, 순식간에 전체 구성원들에게 확산되고 마는 것이었다. 이렇게 하여 유럽과 미주 지역의 도시민들은 위생과는 동떨어진 환경에 처하게 되었다.

　한 세기가 넘도록 콜레라는 장기 때문에 생기는 질병으로, 폭음, 폭식, 성적 방종에 대한 신의 징벌로 간주되었다. 또한, 단순히 개인의 잘못만이 아니라 국가 전체의 타락에 대한 징벌로도 받아들여졌다. 그래서 콜레라로 생기가 쇠하면 죄인은 마땅히 회개해야 한다고 사제들은 강변하였다. 그렇다고 콜레라에 대한 이러한 종교적 해석이 질병을 예방하고자 하는 시도를 막은 것은 아니다. 종교인들과 의료인들은 콜레라가 창궐하는 원인을 개선하지 않고 기도만 하는 것은, 꽃을 따 버리고 과일이 열리기를 바라는 것과 같다고 말했다. 즉, 이 사회의 조직과 과학적 탐구 방법을 활용하여 콜레라를 퇴치하고자 하는 조치를 취해야 한다고 했다. 아이러니하게도 콜레라의 원인에 대해서 수백 년간 잘못된 이론이 정설로 자리 잡아 왔지만, 의사들과 사회운동가들은 공중보건 향상을 위해서 지금의 관점에서도 유용한 조치를 수립하고 적용하였다. 페텐코퍼는 콜레라는 치료가 아니라 예방이 해결책이라고 주장했다. 좋은 음식과 신선한 공기뿐만이 아니라 깨끗한 물의 공급이야말로 건강 증진에 유용하다고 말이다. 독일의 국가적 자긍심에 호소하여 그는 국민들이 깨끗한 물을 마셔야 한다고 주장하였다. 실제로 그는 알프스의 산야를 흐르는 신선한 물을 뮌헨 시민들에게 공급하는 상수도 설치를 제안하여 1865년에 완성시켰다. 또한 단순히 깨끗한 음용수만을 공급한 것이 아니라, 장기를 품은 오염물이 쌓인 거리를 청소할 청소용수도 공급되어야 한다고 주장했다. 이것도 곧 이루어졌다. 역설적이게도, 콜레라의 원인과 오염된 장기는 아무런 관련이 없었지만, 이것은 실질적으로 유효한 조치였기 때문에 뮌헨 시민들의 건강 상태는 오래지 않아 향상되었다.

변호사이자 언론인이었던 에드윈 채드윅(1800~1890)은 페텐코퍼가 독일에서 위생을 개선시켰던 것처럼 영국의 위생 상태를 개선시키는 공을 세웠다. 채드윅은 1832년 빈민구제법위원회의 간사장으로 임명되어, 20년간 영국의 보건부에서 가장 강력한 권한을 가진 인물이 되었다. 그는 감염병 환자를 색출하기 위해 가정 방문을 실시하고, 연립 주택에서 발생한 환자를 격리하고, 천연두 백신을 접종하고, 학교나 공장에서 질병 역학조사를 실시하고, 위생 증진을 감시하고, 사인이 불명확한 죽음의 원인을 규명하는 등의 큼직한 사안을 처리하였다.

1842년에 작성된 노동 계층에 대한 위생 보고서에서는 촌락 거주자보다 도시 거주자의 기대 여명이 훨씬 짧다는 사실이 확인되었다. 채드윅과 보건부는 질병, 특히 콜레라가 인구 과밀 및 상하수도 시설 미비와 연관이 있다는 주장을 담은 위생 지도를 편찬하였다. 그렇다고 해서 채드윅이 노동 계층에게 우호적이었던 것은 아니다. 그저 사람이 건강해야 더 많은 노동력을 착취할 수 있고, 장기적으로는 질병으로 인한 비용 지출을 줄일 것이라고 생각했을 뿐이다. 그는 의료인이 아니었기에 의료인들과 위생 기사에게 자문을 구했다. 1840년대에 이미 여러 도시에서 수도관이 사용되고 있었지만, 당시의 관은 나무통 가운데를 뚫은 목재 관을 도관으로 사용하고 있었다. 목재 관은 필요한 양의 물을 공급할 수 있을 만큼 수압을 높이면 파손되었기 때문에, 낮은 압력으로 상수를 공급해야 했다. 이후 만들어진 철제 파이프는 고압에 잘 견뎌서 효과적으로 상수를 공급할 수 있게 되었다. 남은 문제는 하수 처리에 대한 것이었다. 과거에 쓰였던 하수조 및 재래식 변소는 상부가 돌로 덮인, 벽돌로 만들어진 수로 형태였다. 이것이 좁은 구경의 수세식 배수 시설로 대체되었다. 그래서 과거의 재래식 변소를 대체하는 수세식 변소가 설치되었다. 수세식 변기의 발명은 1819년에 특허를 받았다. 이 새로운 배수 시설은 폐색을 막고 청결을 유지하기 위하여 어느 정도의 물을 필요로 하였다. 수세식 변기는 대소변의 처리에 있어서는 재래식 변소보다 훨씬 위생적이었지만, 결국 그 배설물을 상수원으로 흘려 보내서 처리한다는 점에서 처음에는 오히려 전염병의 온상이 되었다.

채드윅은 빈민구제법조합으로 하여금 감염성 질환의 이환 및 사망 건수에 대한 생명 통계를 내도록 요구했다. 그리고 채드윅과 보건부와 빈민구제법 집행관들은 오염된 물이 고인 구덩이를 청소하고, 숙박 시설을 감시하며, 위생이 불량한 사람을 감옥에 집어넣는 정책을 강제하였다. 이로 인해 채드윅은 미움을 사게 되었다. 결국 1854년 런던에서 콜레라가 대규모로 확산된 것을 빌미로 채드윅을 포함한 보건부의 구성원들은 파직되고 만다. 이처럼 채드윅과 보건부의 강압적 정책이 인기가 있었던 것은 아니었다. 그러나 도로 포장, 거리 청소, 깨끗한 물의 공급, 하수의 처리와 관련된 몇 가지 조치들은 분명히 공중보건의 향상에 기여했다. 당시의 많은 사람들처럼, 채드윅도 콜레라는 오염된 공기로 인해 발병한다고 믿었지만 말이다.

검역과 격리를 통한 전파의 방지

전염병에 걸린 환자를 격리하는 것, 즉 검역 조치는 그리스의 의성 히포크라테스(기원전 460~375로 추정) 때부터 이루어진 조치이다. 그러나 19세기의 검역이라는 것은 감염성 질환이 있는 것으로 의심되는 선박, 화물, 승객에 대한 검사를 말한다(146쪽 참조). 일단 선박이 해안으로부터 떨어진 검역소에 정박하면, 승객은 콜레라, 티푸스, 천연두, 나병, 황열병, 흑사병에 대한 검사를 받게 되었다. 이 과정에서 질병이 있는 것으로 판명된 승객들은 검역소에 마련된 격리 병동에 입원하여 치료를 받았다. 물론 19세기에는 항생제와 같은 약물이 없었으므로, 침상 안정, 수액 공급, 영양제 및 진통제 투여와 같은 대증 요법만 시행되었다. 2003년 중증 급성호흡기증후군(SARS) 대유행 때 입증되었던 것처럼 검역은 여전히 감염성 질환의 전파 방지에 효과적인 수단이다. 하지만 정책적으로 검역을 시행하게 될 경우 질병보다 더 나쁜 역효과가 생길 수 있다. 검역에 의해 격리 조치된 당사자와 집단 전체를 싸잡아서 낙인을 찍어 버리는 용도로 악용되는 효과가 있는 것이다. 그래서 항균화학요법이 널리 사용되는 현대에 검역의 주 목적은 질병의 확산을 막는 조치를 취하여 대중의 동요를 막는 것이 되었다.

1892년 6월 기근에 시달리던 러시아에 콜레라가 엄습했다. 그 해에 60만 명이 콜레라에 감염되어 30만 명이 사망한 것으로 추정된다. 두 달 후 콜레라는 독일 함부르크에 상륙하였다. 함부르크는 당시 세계에서 가장 큰 항구로, 하루에도 수십 척의 배들이 전 세계 곳곳으로 돛을 올리고 나가는 곳이었다. 함부르크에서 출항한 선박들의 목적지 중 하나는 뉴욕으로, 미국으로 이주해 오는 이민자들의 75%가 이 곳을 거쳐 갔다. 동유럽 출신 이민자의 약 10%는 전제 러시아 제국의 가혹한 박해와 어려운 생활 여건에 견디다 못해 국외로 탈출한 유대인들이었다. 러시아에서 유대인들이 대규모로 탈출했다는 것을 알아차린 미국은 콜레라가 유대인들과 함께 미국으로 상륙해 올 것을 두려워했다.

미국에서는 1892년에 검역 조치를 시작했으며, 그와 함께 공중보건의 증진을 위해 존재하는 두 기관, 즉 해군병원(연방기관)과 뉴욕 위생국의 대립도 시작되었다. 연방기관의 검역은 20일간 시행되었고, 같은 콜레라 유행지에서 출발한 선박이라 할지라도 오직 일반석 승객만을 대상으로 하였으며, 우등석 승객들에게는 검역을 실시하지 않았다. 물론 콜레라균이 가난한 사람만을 감염시키는 것은 아니다. 그렇지만 당시의 증기선이 검역을 받게 되면, 20일 동안 정박하면서 운송을 하지 못하고, 격리 중인 승객에게 법이 정한 서비스를 제공해야 했다. 결과적으로 하루에 5천 달러나 손해를 봐야 했기 때문에, 해운

사의 입장에서도 이는 막대한 부담이었다. 이렇게 되면 해운사는 일 반석을 제공하지 못하게 된다. 결국 검역은 미국이 일반석을 이용할 수밖에 없는 가난한 이민자들을 받지 않고자 하는 꼼수였다. 연방기 관의 검역은 공중보건의 증진이 아니라 정치적 목적 및 국수주의적 정서에 의해 시행된 것이었다. 뉴욕 보건국은 연방정부가 이런 방식 의 검역을 추진하는 것에 반대하면서, 5~8일이면 검역에 충분하다고 주장했다. 갑론을박 끝에, 9월 1일 이전에 출항하여 뉴욕항에 도착한 선박들은 뉴욕 위생국의 관할로 검역을 시행하기로 하였고, 이후에 출항한 배들은 연방 해군병원이 관할하기로 하였다. (그러나 당시의 대 통령 벤자민 해리슨은 정치적인 목소리에 귀를 기울여, 이민자를 공중보건의 주적으로 간주하고 러시아계 유대인의 이민을 제한하고자 할 목적으로, 9월 1일 이후 출항한 배의 입항을 아예 금지하는 대통령령을 공포하기에 이르 렀다. 역자 주)

9월 1일 이전에 함부르크에서 출발한 다섯 척의 선박이 뉴욕항에 8월 31일부터 9월 15일 사이에 도착했다. 처음 도착한 배가 모라비 아호였으며, 뉴욕항에 도착하기 전에 이미 22명이 사망한 후였다. 이 들은 함부르크에 있는 엘베강으로부터 취수한 물을 마시고 콜레라 에 감염되었다. 이 배들은 9월 23일까지 격리되었으며, 추가로 세 명 의 사망자가 발생하였다. 이후 9월 3일에 승조원 300명, 일반석 승객 482명, 우등석 승객 573명을 태운 선박인 노르마니아호가 입항했다. 1,300명 이상 전원이 검역 대상이 되었고, 36건의 의증이 있었으며, 13명이 콜레라로 사망하였다. 그 중 다섯 명은 도착 전에 사망하였다.

9월 3일 세 번째로 도착한 선박인 루지아호에서는 42건의 콜레라 감염이 있었고, 12명이 사망하였으며, 4명은 도착 전에 사망하였다. 이후 10월 8일에 검역이 해제되었다. 네 번째로 도착한 선박인 스칸디아호는 뉴욕항에 9월 9일에 도착하였고, 승객 중 26명이 콜레라에 감염되어 13명이 검역 과정에서 사망하였다. 그리고 도착 전에 32명이 이미 사망하였다. 스칸디아호는 20일간 뉴욕항에 검역되어 있었다. 마지막으로 9월 15일에 보헤미아호가 도착하였다. 이 선박의 일반석에는 유대인 이민자 수백 명이 있었다. 11명은 도착 전에 이미 콜레라로 사망했다. 19명은 현성 콜레라 환자였으며, 10명이 검역 중에 사망했다. 이 다섯 건의 항해에서 들어온 사람들은 대부분이 동유럽에 거주하던 유대인 이민자들로, 이들 중 60명이 검역소에서 콜레라로 사망하였고, 76명은 항해 중에 사망하였다.

　1892년, 미국인들은 콜레라를 외래 질환으로 간주했다. 사람들은 이 외래 질환을 막는 데에 항구와 검역소가 그 역할을 제대로 수행할 것을 촉구하였다. 9월 4일까지 뉴욕 로우어이스트사이드에 위치한 유대인 집단 거주지의 39,000가구에 대한 조사가 이루어졌다. 의사, 위생 조사관, 경찰로 이루어진 한 팀이 설사병 의증 환자가 있는 가구를 방문하여 조사를 실시하였다. 일단 설사증이 보고되면, 검은 지붕을 씌운 마차가 현장으로 급파되고, 고무 방수복을 입은 위생 기사가 집으로 들어가서 질병이 의심되는 사람들에 대한 조사를 시행했다. 사망자들은 승홍 소독약으로 적셔진 천에 둘둘 말려서 부검소로 실려갔다. 콜레라나 다른 설사병 환자의 가족들은 위생 당국에 의해 격리된 후 소독 및 봉쇄 조치를 받았다. 환자, 사망자, 가족들의 신상은 일간지에 보도되었다. 이렇게 대중을 공포에 사로잡히게 만들고 온갖 헛소문을 나돌게 하면서 얻어 낸 결과는 11건의 콜레라와 9명의 사망 이었다. 가택 조사에는 시간과 노력이 많이 걸린 반면, 뉴욕시로 콜레 라가 유입된 경로와 전파에 대한 정보는 아무것도 알아내지 못했다.

　1892년 뉴욕의 저명한 의료인은 "이 나라의 모든 콜레라는 제대 로 검역이 이루어지지 않은 항구를 통해 들어온 불결한 이민자들로 부터 시작된 것이다."라고 주장하였다. 이런 인식 하에 뉴욕 보건 당 국이 콜레라 환자와 의증 환자를 신속하게 격리한 것이 콜레라의 확 산 방지에 도움이 되었다. 게다가 크로톤 상수도 시스템을 통해 깨끗 한 물이 뉴욕시에 공급된 것도 콜레라 유행 시기에 공중보건이 보호 될 수 있었던 이유 중의 하나였다. 1892년 뉴욕시 콜레라 유행 시기 의 감염 건수와 사망 건수는 과거 유럽에서 있었던 콜레라 유행 당시 감염 건수와 사망 건수에 비하면 분명히 훨씬 적은 것이었다. 뉴욕 보 건국은 도시의 콜레라 확산을 막을 수 있었던 것이 세균학적 관리 때 문이라고 판단했다. 연방정부의 검역에 의존할 때의 사망률과 뉴욕 시가 관리하던 도시 내에서의 콜레라 발생을 비교해 보면, 뉴욕시가 왜 그러한 판단을 내렸는지 좀 더 분명해진다. 연방정부의 검역은 세 균학적 원리보다는 계층과 출신국을 기준으로 전염병을 관리하는 정 책이었다. 이민자들은 방역 조치를 받았고, 환자들은 검역소 내 병원 으로 이송되었으나 검사는 까다롭기 일쑤였으며, 검역소의 시설은 열 악하고 환자와 비환자의 구별조차 제대로 이루어지지 않았다. 실제로 공중보건을 담당하는 연방 기관과 뉴욕시 사이의 행정적 마찰, 격리 시설 및 의료기관의 부재, 인구 과밀, 시설 내 의식주의 불량, 오염에 취약한 급수 시스템, 분변으로 오염된 하수도, 이민자들 자신의 불결한 생활 습관 등 검역 과정에서는 아주 많은 문제가 있었다. 반면에 전술한 바와 같이, 뉴욕시에는 청결한 식수가 공급되었고 콜레라 환자와 의증 환자는 신속하게 지역사회에서 격리되었다. 뉴욕 위생국의 조치와 연방 기관의 검역은 세균학적 관리 수준에서 많은 차이를 보였다.

1892년 뉴욕의 콜레라 유행은 사회에 전반적인 영향을 미쳤다. 유럽과 러시아의 콜레라 유행으로 인해 미국은 무제한적으로 이민을 받아들이는 것에 대해 불안감을 가지게 되었으며, 콜레라의 유행이 진정된 이후에도 미국으로 입국하는 모든 유럽계 유대인들은 콜레라 환자라는 낙인이 찍히게 된다. 연방 기관의 검역은 이민의 제한에 어느 정도 효과가 있었다. 1892년 첫 9개월 동안은 미국에 월 평균 3천 명의 유대인 이민자들이 입국하였으나, 나머지 기간 동안은 월 평균 250명에 불과했다.

전설의 여인 나이팅게일, 그녀가 남긴 유산

과거에 우리는 헌신하는 천사와 위생의 십자군이라는 플로렌스 나이팅게일에 대한 전설을 믿어 의심치 않았지만, 최근에는 다른 시선을 갖는 주장이 종종 등장하곤 한다. 그러나 크림 전쟁에서와 그 후에 보여 주었던 공적을 재평가한 결과, 나이팅게일이 병원 및 간호 관리 설계의 향상과 의학 통계 사용에 선구적 역할을 수행하였고, 이를 통해 공중보건을 증진시킨 업적이 뛰어남을 알게 되었다.

　1853년, 램프를 든 여인이자 근대 간호학의 창시자로 알려진 나이팅게일(1820~1910)은 런던 여성병원에서 간호사로서의 경력을 쌓기 시작하였다. 나이팅게일은 에드윈 채드윅에게 지도를 받았고, 비록 세균이나 바이러스에 대한 개념은 없었으나 감염성 질환의 본질에 대해 이해하고 있었으며, 환자들의 질병은 주거, 공기, 음용수, 음식의 오염과 관련이 있다고 믿고 있었다. 1854년 런던 콜레라 유행 때 자원봉사를 했던 경험을 통해, 나이팅게일은 당시의 치료법이었던 비소 화합물, 수은 화합물, 아편의 투여와 사혈은 환자를 살리는 것이 아니라 죽이는 것임을 확신했다. 이러한 배경과 철학은 1854~1856년의 크림 전쟁 동안 육군병원 간호부장으로 일하는 데 기본 바탕이 되었다.

　나이팅게일은 육군병원 간호부장으로 임명된 후 1주일 동안 38명의 간호사를 모집하였다. 이 소규모 간호부대가 터키 이스탄불 외곽의 스쿠타리 지휘본부에 도착했을 무렵에는 두 야전병원이 이미 3천 명의 장병들을 수용하고 있었다. 나이팅게일은 이 참상을 다음과 같이 기록하고 있다.

　　"크림반도의 소규모 의원에서 응급 치료를 받은 장병들은 (…) 흑해를 가로질러 한 번에 2백 명씩 즉시 스쿠타리 야전병원으로 보내왔다. 환자 이송에는 평균 4일 반이 걸렸다. 그렇지만 현재는 환자 이송에 4일

반은커녕 *2~3주씩이나 걸린다. 갑판은 부상자와 병자들로 발디딜 틈이*
없었다. 절단 수술을 받은 사람, 열병을 앓는 사람, 동상에 걸린 사람, 콜
레라로 죽어 가는 사람이 셀 수가 없을 지경이었다. 침대도 없고 담요도
없고 환자복도 없다. (…) 환자에게 공급되어야 할 여분의 음식물은커녕
물조차 부족하다."

전쟁 중에 환자가 이송되는 이 중간 항로에서만도 몇 달 동안 천
명당 74명의 사망률을 보였다. 전체적으로 크림 전쟁에서의 사망률
은 매우 높았다. 군인들은 다섯 명 중 한 명 꼴로 사망하였고, 대부분
은 감염으로 죽었다.

환자 이송선의 위생 상황은 실로 열악하였으며, 야전병원의 상황
도 나을 것이 없었다. "바닥에 놓인 침대 위에 내던져진 부상자들에게
는 어떠한 위안도 없다. 여기에는 의약품이고 음식물이고 모두 부족
하다. 열병과 콜레라는 맹위를 떨치고 있으며, 경상을 입어 가벼운 치
료만 받으면 살 수 있는 사람들도 영양 실조로 죽어 가고 있다." 말하
자면 병원이 아니라 생지옥이었던 것이다. "설상가상으로 병원의 지
하에는 거대한 하수조가 있었고, 하수가 썩으면서 나온 온갖 독기가
위층으로 퍼지고 있었다. 말로 다 할 수 없는 악취가 났다. 나무 바닥
은 푹 썩어서 닦아낼 수가 없을 정도였다. 벽은 먼지 풀풀 날리는 흙
으로 발라져 있었고 그 틈새에는 시궁쥐, 이, 벼룩 같은 해충들이 들
끓었다. 야전병원 내에는 일렬로 늘어 놓으면 그 길이가 6km에 달할
정도로 많은 침대가 빽빽이 놓여 있어 그 사이로 지나갈 수가 없을 지

경이었다. 병실은 환기조차 제대로 이루어지지 않았다. 침대 모포는 캔버스 천이라 너무 거칠어서, 부상자들이 그 위에 눕기를 거부하고 차라리 더러운 야전 담요 위에 눕게 해 달라고 간청할 지경이었다. 대야도, 수건도, 비누도, 빗자루도, 밀걸레도, 식판도, 접시도, 슬리퍼나 가위도 없었다. 식기조차도 없었고, 난방용 연료는 제때 공급되지 않았다. 들것이나 부목, 붕대나 필수 의약품마저도 없었다.”

　도착한 후 10일 동안 플로렌스 나이팅게일은 일단 야전병원 주방부터 완전히 뜯어고쳤다. 환자에게 유일하게 공급되던, 그나마도 제때 공급되지 않던 설익은 고기가 아니라, 끼니 때마다 제때 공급되는 잘 준비되고 맛좋은 고기에서 시작하여, 스프나 포도주, 젤리 같은 간식류도 추가되었다. 나이팅게일이 스쿠타리 야전병원에 도착했을 때는 콜레라나 티푸스가 워낙 맹위를 떨치고 있어서, 전장에서 전사한 장병보다 이러한 질병으로 사망한 장병이 일곱 배나 더 많았다. 나이팅게일은 위생 상태의 개선으로 사망자의 수를 현저하게 줄일 수 있다는 사실을 수학적으로 보여 주었다. 1855년 2월까지 사망률이 60%에서 42.7%로 줄어들었던 것이다. 나이팅게일은 통계적 기법을 이용해 사망률을 도식화하여 정리하였다. 예를 들면, 1855년 1월 영국 야전병원에서는 2,761건의 병사, 83건의 외상사, 324건의 기타 사망이 있었고, 같은 기간 동안의 영국 육군 병력수는 32,393명이었다는 정보를 이용한 것이다. 이를 바탕으로 크림 전쟁에서의 영국군 사망률이 만 명당 1,174명임을 계산했고, 이러한 높은 사망률이 계속되고 병력이 보충되지 않는다면 질병이라는 단 한 가지 요인만으로도 크림에 주둔한 영국군 전체가 사망할 것이라고 경고하였다. 봄이 되자 하수도 청소, 깨끗한 상수 보급, 과일 및 채소 배급이 이루어져서 사망률은 2.2%까지 하락하였다.

아직 파스퇴르나 코흐가 세균 병인론을 발표하기 20년 전이었음을 감안하면, 이 위생 개선은 실로 혁명적인 조치였다. "나이팅게일과 간호사들은 환자의 몸을 씻어 주고, 린넨을 자주 세탁하였으며, 침상을 깨끗하게 하고, 환자들의 영양 상태를 최상으로 유지하였다. 그리고 병동의 위생 상태를 개선하기 위해 군 수뇌부와도 꾸준하게 접촉하였다. 나이팅게일은 부상병을 분류하기 위한 시스템을 수립하였다. 부상병이 도착하면 일단 피에 젖은 전투복을 벗기고 상처를 세척하였다. 교차 오염을 방지하기 위해 한 장의 천을 여러 사람에게 쓰지 못하게 하고, 모든 사람에게 깨끗한 천을 사용하여 상처를 닦도록 하였다. 또한 거대한 보일러를 설치하여 해충을 구제하고, 병원 내에 인체 배출물 용기가 그대로 나뒹굴고 있는 것을 치우게 하였으며, 병원 바닥을 오염시키는 오수를 청소하고, 막힌 화장실의 변기 또한 뚫었다. 나이팅게일의 명령에 따라 내부 공기를 배출시킬 수 있는 환기창이 만들어졌다."

전염병 환자를 격리하고, 교차 오염을 예방하고, 위생적으로 음식물을 준비하고, 병동을 정기적으로 환기하고, 의료폐기물 및 인체배출물을 위생적으로 처리하는, 현대의 병원에서 일상적으로 행해지고 있는 조치들은 스쿠타리 야전병원에서 행해진 플로렌스 나이팅게일의 개혁에 그 뿌리를 두고 있다. 나이팅게일은 통계 분석을 통해 크림 전쟁에서 사망한 장병들 중 절대 다수는 총상, 자상, 파편상 때문이 아니라 티푸스, 이질, 콜레라, 괴혈병 같은 예방 가능한 질병으로 사망하였다는 것을 입증하였다. 나이팅게일은 장병들에게 안식을 주었을 뿐만 아니라, 장병들의 가족들에게도 서신을 통해 장병의 건강 상태에 대해 알려 주었고 장병의 개인사에 대해서도 알려 주었다. 이러한 점에서 나이팅게일은 호스피스 의학의 시초가 된 인물이기도 하다.

플로렌스 나이팅게일은 전쟁이 끝난 후 영국으로 돌아가서 1860년에 간호학교를 설립하였다. 스쿠타리 야전병원의 경험을 통해 나이팅게일은 영국군의 군진의학에 대대적인 개혁이 필요하다고 생각하게 되었다. 나이팅게일은 환자 간호를 제대로 하지 않았을 때 건강에 미치는 악영향에 대한 데이터를 수집하여 처리하는 과정에서 통계학적 지식을 잘 활용하였다. 전쟁이 끝난 후에도 사망률에 대한 분석을 진행하여, 군인이 같은 연령대의 민간인보다 사망률이 더 높음을 확인하였다. 이러한 높은 사망률에 전염병이 미치는 영향에 대해 인정하고 위생을 개선한다면, 전염병으로 인한 사망을 낮출 수 있음을 강조하였다. 이같은 조사 결과를 종합하여 플로렌스 나이팅게일은 영국군의 건강, 효율, 원내 행정에 영향을 미치는 요소에 대해 1천 쪽짜리 보고서를 출간했다. 이 보고서를 근간으로 이후의 보불 전쟁과 미국의 남북 전쟁에서 더욱 효율적이고 인간적으로 부상당하거나 병에 걸린 장병을 치료할 수 있게 되었다. 이 보고서는 마침내 적십자사의 창립에까지 영향을 준다.

플로렌스 나이팅게일을 "악마적 광기를 가진, 완전히 이기적인, 지굿지굿한 광신과 우둔함으로 점철된" 여성, 그리고 "자신이 무엇인가를 해야 한다는 단순한 욕망으로만 움직이고 아무 생각이 없는 과대망상증 환자"라고 비난하는 사람들이 없지 않다. 그러나 철저한 기록자, 크림의 생지옥을 바꿔 놓았던 유능한 행정가, 한낱 미천한 졸병마저도 존중으로 대했던 성자, 밤마다 터키식 램프를 들고 병동을 회진하면서 장병들을 위로하였던 플로렌스 나이팅게일의 공적이 그러한 비난 따위로 지워질 일은 없을 것이다. 보건의료인들은 감염관리, 병원 역학, 호스피스 간호에 대해 여전히 플로렌스 나이팅게일에게 빚을 지고 있다.

콜레라의 치료법 - 수액 보충

콜레라로 인한 폭포수 같은 설사를 진정시키기 위해 과거 독일, 영국, 프랑스의 의사들은 식초, 장뇌, 포도주, 서양고추냉이, 민트, 겨자, 거머리, 사혈, 아편팅크, 염화수은, 사우나, 온욕 같은 미신적인 방법을 권장하였다. 물론 이 방법들은 효과가 없었다. 콜레라를 장기 때문이라고 믿었던 사람들은 콜레라 환자의 주택을 연기로 훈증소독했다. 역시나 이 방법으로도 수인성 전염병인 콜레라의 확산을 진정시킬 수 없었다. 그러나 로베르트 코흐가 콜레라균을 발견하기 50년 전인 1831년에 이미, 22세의 의사 윌리엄 오쇼너시가 콜레라를 전해질 보충으로 치료할 수 있다는 대담한 제안을 했다. 콜레라로 인해 이미 생명이 위독해진 환자의 혈액을 분석한 결과를 토대로, 오쇼너시는 환자에게 부족한 전해질을 먹이거나 정맥주입하면 환자를 살릴 수 있다고 했다. 이후 토마스 라타가 1832년 5월 15일 콜레라 환자들에게 생리식염수를 정맥주입하는 치료법을 최초로 시행하였다. 모든 환자들은 호전되었다. 라타는 "물과 염분을 보충해 주는 것을 통해 체액량을 충분한 수준으로 유지할 수 있고 혈액을 정상 수준으로 회복시킬 수는 있지만, 다른 알려지지 않은 원인이 있음에 주의해야 할 것이다. 그리고 다른 인자가 여전히 해결되지 않았기에 완벽한 원인 치료가 이루어지는 그 날까지는 이러한 대증 치료가 필요할 것이다."라는 사실을 주지시켰다. 이렇게 하여 어쨌든 25명 중 8명이 목숨을 건졌고, 수액은 기적의 약으로 간주되었다. 1906년에는 고장성 수액을 정맥내로 투여하는 방법을 사용함으로써 사망률을 70%에서 40%로 낮추기에 이르렀다. 그러나 콜레라 유행이 가라앉고 나서 이 선구적인 치료법은 잊혔고, 19세기 동안은 하제의 사용과 사혈이 대세를 이루었다. 분명히, 윌리엄 오쇼너시와 토마스 라타의 효과적인 경구수액요법은 시대를 앞선 것이었다.

이 경구수액요법이 왜 효과적이었는지는 160년 후가 되어서야 밝혀졌다. 사실 콜레라 독소는 세포를 파괴하는 독소가 아니었다. 콜레라 독소는 소장의 상피세포 내의 신호전달 경로를 교란시켜 낭포성 섬유증 막전도 조절인자라는 통로를 통해 염소 이온이 장내로 쏟아져 나가게 하고, 그와 동시에 나트륨 이온이 흡수되는 것을 억제한다. 이렇게 하여 염화나트륨과 물이 장내에 대량으로 축적되어 설사를 하는 것이다. 다만, 이 독소는 나트륨 이온이 포도당과 짝을 이루어 세포로 흡수되도록 하는 통로인 나트륨-포도당 공동수송체 경로는 차단하지 않는다. 이 통로는 설사 중에도 작동하지만, 장내에 나트륨 이온과 포도당이 함께 존재해야만 작동한다. 이러한 지식에 기반하여, 1940년대에 콜레라로 인해 심한 설사를 겪고 있는 환자에게 전해질과 수분을 보충해 주는 경구 수액이 만들어졌다. 오늘날 콜레라의 치료에 사용되는 수액에는 포도당, 염화나트륨, 칼륨, 젖산(지금은 젖산 대신 구연산이 들어 있다. 역자 주)이 함유되어 있으며, 그 가격은 1리터에 5천 원 정도이다. 이후 포도당 대신 전분과 단백질을 사용한 음식물 기반 경구 수액도 개발되었다. 곡물이나 콩은 전분 및 단백질의 효과적인 원천이 되어 설사와 그로 인한 사망을 효과적으로 줄일 수 있기 때문이다.

콜레라에 대한 대응

사람들의 생명을 가장 많이 앗아 간 질병은 천연두도 흑사병도 아닌 오염된 물로 인한 설사병이다. 설사 중 가장 공포스러운 병이 바로 콜레라다. 콜레라는 이 세상 모든 사람들에게 공포와 경악을 아로새겼다. 그러나 사람들은 콜레라에 대처하는 방법을 강구하면서 질병의 전파를 막고 건강을 증진시키는 방식을 끊임없이 개선해 왔다. 적절한 상하수도 시설이 완비된 국가에서는 콜레라가 거의 박멸되었다.

그러나 상하수도 시설이 갖추어지지 않은 아시아, 아프리카, 중남미 국가에서는 여전히 풍토병으로 존재한다. 오늘날에는 환자들을 격리하여 치료하고, 음용수와 음식물의 오염을 막음으로써 콜레라를 통제하고, 상수도를 관리함으로써 콜레라의 확산을 억제할 수 있게 되었다.

　콜레라에 대응하는 과정에서 위생 개선 정책의 도입과 공중보건의 향상이 중요하다는 것을 알게 되었다. 하지만 그 과정에서 이민자나 빈곤 계층의 사람들이 보균자로 의심받고 희생양이 되기도 했다. 때로는 감염의 전파를 막기 위해 설치한 보건 기관이 자경단이 되어 핍박의 도구로 사용되기도 하였다. 문화적, 인종적 소수 집단이 질병을 전파하는 존재로 낙인 찍히는 경우도 많았다. 해당 환자가 속해 있는 모든 소수 인종 및 소수 집단이 통째로 낙인 찍혀서 사회로부터 추방되는 일도 있었다. 언제나 그러하듯, 희생당하고 비난받는 사람들은 정치적 권력이 없는 소수 집단이나 도시 빈민층이었다. 그러나 콜레라에 대응하는 과정에서 여러 국가가 공중보건 시스템을 수립하였고, 간호 전문 인력을 육성하였으며, 감염성 질병의 확산을 감시하고 통제하기 위한 국제 기구가 만들어졌다는 것은 부인할 수 없는 사실이다.

04
손티를 남기는 괴물,
천연두

04

손티를 남기는 괴물, 천연두

기사 송고일: 미래의 어느 시점

기사 송고처: 미국의 모처

미국 AP 통신 작성

디 레이 대통령은 어젯밤 기자 회견에서 애니웨어시에서 천연두가 발생하였다고 밝혔다. 대통령은 250만 명이 거주하고 있는 이 도시의 시민들에게 불의의 공격이 가해졌다고 하면서, "감염을 막기에 충분한 백신이 있으므로 동요하지 마십시오."라고 발표하여 국민들을 안심시키고자 하였다. 발표에 따르면 이 공격은 미확인 테러 단체에 의한 천연두 테러이며 곧 테러 조직을 일망타진할 것이라고 한다. 대통령은 15분간의 기자 회견을 통해 지난 2주간 있었던 일을 다음과 같이 교시하였다.

"12일 전, 애니웨어대학교에서 와츠 뉴 부통령과의 대담에 참여한 네 명의 학생들이 발열과 근육통을 호소하며 교내 진료소에 내원하였습니다. 의사는 그들이 감기에 걸린 것으로 보고 아스피린, 이부프로펜을 처방하면서, 침상에서 휴식을 취하고 충분한 수분을 섭취할 것을 권고하였

습니다. 이후 몇 명의 학생들의 몸에서 발진이 생겼습니다. 학생들은 발진
이 커져서 반점 모양이 된 것을 보고 놀라 지역 병원의 응급실로 갔습니
다. 응급실 담당 의사는 일단 수두로 진단을 내린 후, 면봉으로 농포의 삼
출물을 채취하여 진단검사실에 핵산증폭 검사를 의뢰했습니다. 24시간
후, 해당 검체에서 검출된 바이러스는 수두 바이러스가 아니라, 과거에
이미 박멸되었다고 알려진 천연두 바이러스와 가장 유사하다는 결과가
나왔습니다."

　4일 후, 학생들의 얼굴과 몸은 과학저술가 리처드 프레스턴이『냉동실
속의 악마』에서 기술한 천연두 환자의 소견과 같은 모습이 되었다. 학생
들의 몸과 얼굴이 발진으로 뒤덮였던 것이다. 가렵지는 않으나 찌르는 듯
한 느낌의 발진은 해질 무렵이 되자 팔과 손발을 뒤덮었다. 구진이 손바
닥과 발바닥에서 돋아났다. 밤 동안 구진은 작은 수포로 변하고 점차 커
졌다. 그리고 발진이 없던 부위에서도 발진이 생겼다. 마치 비 온 뒤에 죽
순이 솟아나듯이 말이다. 극심한 통증이 뒤따랐으며 마침내 터져서 진물
이 흐르기에 이르렀다. 발진은 번들번들하고 딱딱하고 덜 익은 것처럼 보
였다. 이후 환자들의 체온은 급격히 상승하여 열이 펄펄 끓어오를 정도
가 되었다. 피부에 잠옷이 닿는 것조차도 불타는 듯한 고통이 되었다. 새
벽이 되자 환자들의 몸은 온몸이 같은 수포로 뒤덮여, 얼굴을 알아볼 수
없을 지경이 되고 말았다. 수포는 몸 곳곳을 덮고 있었지만, 주로 얼굴과
팔다리에 밀집되어 있었다. 입안, 바깥귓길, 코곁굴에도 고름집이 잡혔다.
피부는 마치 몸에서 갈라지고 찢겨 떨어져 나가는 듯했다. 수포는 진물이
없이 딱딱하게 말라 있었고, 마치 베어링에 들어가는 쇠공이 피부 밑에
들어 있는 것과 같은 모습에 표면은 부드러웠다. 농포의 표면에는 함몰

된 부위가 있었고 유백색의 고름이 차 있었다. 농포는 커지고 합쳐지면서 자갈밭처럼 온몸의 피부를 뒤덮었다. 몸 곳곳에서 피부가 찢겨 나갔고, 얼굴의 농포는 합쳐져서 액체로 가득 찬 덩어리가 되어 너덜너덜해진 피부 위를 덮고 있었다. 농포는 피부가 다시 자라나서 밀려나 딱지가되어 떨어져 나갈 때까지 얼굴 전체를 덮고 있을 것이다. 혀와 잇몸, 입천장은 농포로 덮이고 입은 타들어 갔다. 바이러스는 인내심의 한계를 넘어서는 고통을 안겨 주면서 희생자들의 피부를 안팎에서 모조리 벗겨내었다.

곧 검체를 다루었던 전자현미경 기사들이 천연두 예방접종을 받았으며, 추가 확산을 막기 위해 병원 전체에 대해 폐쇄 조치가 내려졌다. 경찰과 주 방위군이 병원 출입을 완전히 차단하였다. 감염관리 간호사가환자들과 면담하여 해당 환자들과 접촉한 사람들을 조사하였다. 애니웨어시에서 확보한 백신이 모자라, 시 위생국은 질병관리본부의 지원을 받아 추가로 확보하여 감염에 노출된 모든 사람에게 예방접종을 시행했다.

병원이 폐쇄되는 바람에 환자의 가족과 친지들은 전화로 주치의, 간호사, 환자, 면회객들로부터 집단감염 사실을 들었다. 곧 소문이 퍼져 나갔고, 애니웨어 메모리얼 병원은 에볼라, 홍콩 독감, 뇌수막염, 홍역, 천연두와 같은 전염성 질환으로 인해 폐쇄 조치가 내려졌다는 속보가 전파를탔다. 대통령은 기자 회견에서 이 사건이 비공식적인 경로로 국민들에게알려진 것에 대해 사과를 표명하였다. 그러면서 대통령은 말을 이었다.

"연방수사국에서 2주 전, 애니웨어대학 강당에서 예정된 부통령 연설을 겨냥한 테러가 있을 수 있다는 정보를 입수하였지만, 해당 정보에대한 교차 검증 결과 신빙성이 없었기 때문에 허위 정보로 간주되었습니다. 국민 여러분들께 실망과 분노를 안겨 드린 것에 대해 진심으로 사과드립니다. 그러나 국민 여러분, 안심하십시오. 정부는 재난관리청, 중앙정보부, 연방수사국, 질병관리본부를 중심으로 적극적으로 대처하고 있습니다. 앞으로 2주 뒤면 상황은 진정될 것입니다. 하느님께서 미국을 축복하시기를."

이틀 동안 애니웨어시의 주민 2만 명이 천연두 예방접종을 받았다. 처음 발병한 환자들 중 한 명은 사망하였으며, 50명의 새로운 환자가 더 발생하였다.

일 주일 동안 8만 명이 예방접종을 받았고, 인접 도시의 아동 두 명이 천연두로 입원하였다. 이것이 최초 감염자와의 접촉에 의한 2차 감염인지, 전혀 다른 유입 경로를 통한 감염인지는 알 수 없었다. 질병관리본부에서는 이 천연두 바이러스는 유전자 재조합을 통해 만들어진 것이 아니라, 1989년에 동결보존된 것과 유사하다고 보고하였다.

2주 동안 2백여 건의 의증이 보고되었다. 질병관리본부는 현장 의료인력으로부터 수천 건의 백신을 요청받고는, 지방자치단체의 보건 부서를 통해 백신을 공급하겠다고 밝혔다. 그러나 현재 저장된 양의 백신으로는 전체 시민의 15%만 예방접종을 받을 수 있었다. 대중을 안심시키기 위해서 정부는 충분한 양의 백신 공급을 위한 긴급 생산 프로그램을 발표하였으나, 생산에 24개월이 걸린다는 것이 알려졌다. 폭동이 일어났다.

대통령이 기자회견을 한 후에도 한 달 동안 전 세계적으로 7백 건 이상의 환자 발생이 보고되었다. 질병의 치사율은 30%였다. 천연두로 인해 어린이들의 얼굴이 흉측하게 얽어 버린 모습을 본 수천 명의 국민들은 발진과 발열만 있으면 전국 곳곳의 병의원으로 몰려갔다. 병원의 격리수용 능력은 한계에 이르렀고, 끝내 컨벤션센터와 주 방위군 본부까지 격리수용소로 사용하기에 이르렀다. 두 달 동안 15,000명의 환례와 2,000명의 사망례가 보고되었다. 새로운 환자의 발생 건수는 감소 추세로 접어들었지만, 세계 곳곳의 시민들은 여전히 불안해하고 있었다. 일부 국가에서는 천연두 백신 접종을 받지 않은 미국인의 입국을 거부하기에 이르렀다. 일부 국가들은 또 해외 입국자들에 대해 무조건적인 14일 격리 정책을 수립하였다. 국내 여행도, 해외 여행도 심각하게 위축되었다. 천연두 발생 도시의 상인들은 상품 공급이 끊겼을 뿐만 아니라, 그 누구도 해당 도시의 물품을 사려 하지 않았기 때문에 모두 파산했다. 프로 스포츠도, 공연도 직격탄을 맞았다. 학부모들은 자신의 자녀들이 곰보가 되는 것을 원치 않았으며 교사들조차도 업무를 거부하여, 학교는 무기한 휴교에 들어갔다. 천연두가 전 세계로 번져 나가는 통에, 천연두 환자를 방기하여 죽게 놔두고, 천연두에서 회복된 사람들조차 의식주 공급을 거부당한 사례가 인권 단체에 의해 보고되었다. 천연두는 대중을 공포에 떨게 만들었고, 공공기관에 대한 신뢰를 무너뜨렸으며, 정부에 대한 신임을 잃게 만들었다.

본 가상 뉴스는 미국의 학술지 「Emerging Infectious Diseases」에 실린 타라 오툴의 「천연두: 공격 시나리오」를 기반으로 한 것이다. 우리는 예방접종의 힘과 면역반응의 효과를 잘 알고 있기 때문에, 이러한 최악의 시나리오가 현실화될 가능성이 거의 없다는 것을 잘 안다.

마마님의 행차

수 세기에 걸쳐 천연두는 셀 수 없을 정도로 많은 인명을 희생시켰으며, 최소한 20세기에만 해도 3억 명이 천연두로 희생되었다. 죽음만큼이나 평등한 것이 바로 천연두이다. 왕후장상으로부터 필부필부까지, 백골이 되어 가는 노인부터 젖비린내 나는 어린아이까지, 농부부터 도시민까지, 부자부터 빈객까지, 아군부터 적군까지 모든 이의 목숨을 평등하게 거두어 갔다. 과거 중근동 지방에서 1만 년 전에 인간이 최초로 야생동물을 길들여 가축으로 만들었을 때, 그 가축들이 앓고 있었던 천연두와 비슷한 질병이 사람에게 넘어와서 사람을 괴롭히기 시작하게 되었을 것이다.

아프리카 또는 인도 고대 문명의 발상지로부터 발생한 천연두는 중국으로 퍼져 나갔다. 물론 무역 대상을 통해 유럽으로도 질병이 퍼졌을 것이지만, 예수 그리스도가 활동할 당시 유럽의 인구 밀도는 질병이 확산되기에는 너무 낮았다. 기원후 100년경, 안토니우스의 역병이라고 불리게 된 전염병의 대유행이 있었는데, 이 전염병의 정체가 천연두일 가능성이 크다. 현재의 메소포타미아 지역에서 이 전염병이 시작되었고, 그곳에 종군하다 귀향한 로마군의 장병들에 의해 이탈리아에 전파되었다. 15년 동안 전염병이 맹위를 떨쳐 로마에서는 하루에만 2천 명의 시민들이 사망하였다. 유라시아 대륙의 서쪽 부분에서는 8~9세기에 이슬람 세력이 북아프리카와 이베리아반도로 세력을 확장하면서 천연두가 확산되었다. 천연두는 중앙아시아로도 퍼져 나가면서 페르시아나 인도인들로부터 훈족이 천연두에 감염되었다. 5세기의 민족 대이동 과정에서 천연두는 훈족과 함께 유럽으로 이동했을지도 모른다. 기원후 1000년 천연두는 지중해 근처의 북아프리카 문화권뿐만 아니라 스페인으로부터 일본까지 유라시아의 인구 밀도가 높은 지역이라면 어디서에나 볼 수 있는 질병이 되었다. 사하라 사막을 가로지르는 대상들은 아프리카 대륙 서안의 인구 밀도가 더 높은 왕국들에 천연두를 퍼뜨렸으며, 아랍의 상인들과 노예상들에 의해 천연두가 아프리카 대륙 동안의 항구 도시에 주기적으로 퍼졌다. 그리고 12~13세기의 십자군 전쟁 때 군대가 소아시아 지방으로 원정 갔다가 돌아오면서 유럽에는 다시 천연두가 확산된다. 15세기에는 이미 스칸디나비아반도에까지 천연두가 확산되어 있었고, 16세기에는 러시아를 제외한 유럽 전역에 확산된 상태였다. 유럽에서 인구가 증가하고 도시 규모가 커져 가면서 천연두의 유행은 갈수록 잦아졌고 맹렬해졌다.

이후 영국, 프랑스, 스페인의 탐험가들과 식민지 개척자들이 천연두를 신대륙에 전파시켰다. 1521년, 천연두의 도움을 받아 고작 6백 명 남짓한 헤르난 코르테스 휘하 원정군이 아즈텍 제국을 무너뜨렸다. 헤르난 코르테스와 그의 콩키스타도르들은 유카탄반도의 동안에 상륙하여 지금의 멕시코시티에 위치한 아즈텍 제국의 수도 테노치티틀란으로 행군하였다. 원정군은 숫적으로 훨씬 많은 아즈텍 제국군에 밀려 병력의 3분의 1을 잃었다. 퇴각할 수밖에 없었던 콩키스타도르들은 아즈텍 제국군이 자신들에게 무자비한 최후의 공격을 가하여 자신들을 완전히 몰살시켜 버릴 것이라 생각했다. 그러나 아즈텍의 공격이 없었다. 8월 21일 스페인 콩키스타도르들은 테노치티틀란을 급습했다. 그러나 이미 공포의 군단 천연두가 도시를 함락시킨 다음이었다. 집과 창고에는 시체들이 나뒹굴고 있었으며, 거리와 광장도 마찬가지였다. 죽은 원주민들의 시신을 건드리지 않고는 움직일 수가 없을 지경이었다. 그 시체 썩는 악취는 코를 찔렀다. 사실 천연두가 콩키스타도르들보다 한발 앞서 아즈텍에 상륙해 있었다. 1520년 스페인령 쿠바에서 파견된 원정대원들 중 천연두에 감염된 노예가 있었기 때문이다. 천연두는 유카탄반도의 촌락들을 휩쓸었다. 전에 노출된 적이 없었던 병원균이 닥치는 대로 사람들을 희생시켰기 때문에 농사를 지을 농민도, 도시를 지킬 군인도 씨가 말랐다. 굶주림과 대환란이 이어졌다. 천연두로 인해 사회가 완전히 마비되었기 때문에 아즈텍인들은 사기가 떨어진 콩키스타도르들을 추격하여 섬멸할 수가 없었다. 그 틈을 타서 스페인인들은 휴식을 취하고 군세를 규합하였으며, 아즈텍에 반감을 품고 있던 현지 주민들을 포섭하였다. 아즈텍인들에게는 천연두가 전혀 공평하지 않았다. 사망한 것은 아즈텍인들뿐이었고, 스페인인들은 무사했다. 그리하여 간신히 살아남은 아즈텍인들은, 스페인인들이 테오틀(Teōtl; 신)의 축복으로 그 병에 걸리지 않는다는 사실을 통감하고 좌절했다. 아즈텍인들과 다른 중미 원주민들이 기독교로 개종하게 된 것은 스페인인들의 테오틀이 그들에게 베풀었던 신의 가호를 직접 목격했기 때문인지도 모른다. 더 이상의 저항도 없이 유카탄반도의 원주민들은 무릎을 꿇었다. 코르테스와 콩키스타도르들이 유카탄반도를 정복하는 과정에서, 아즈텍의 전체 인구 중 3분의 1에 달하는 3백만 명이 천연두로 사망하였다.

천연두는 유카탄반도뿐만 아니라 남미대륙에서도 스페인 편에 섰다. 천연두는 1526년 페루에 당도하여 황제를 포함한 잉카인들을 무수히 쓰러뜨렸다. 잉카 제국에서는 천연두로 황제가 희생된 후 제위를 두고 내전이 일어났고, 아타후알파의 군대는 사분오열된 상태였다. 콩키스타도르들보다 한발 앞서 들어온 천연두가 잉카 제국을 공격하여 약화시켜 놓았던 것이다. 이런 상황에서 1531년 또 다른 스페인 콩키스타도르인 프란시스코 피사로가 남아메리카 대륙에 상륙하여 페루의 국경을 밟았을 때, 이미 잉카 제국의 운명은 정해진 것이나 다름없었다. 1532년 11월, 피사로는 겨우 168명의 병력으로 잉카 제국의 황제인 아타후알파를 생포하여 8개월간 감금한 채, 지금 수감된 방을 가득 채울 정도의 황금을 내놓을 것을 요구하였다. 이후 원하는 양의 금이 모이자 피사로는 아타후알파를 살해하였다. 이처럼, 스페인의 중남미 정복의 일등 공신은 다름 아닌 천연두였다.

아프리카 대륙에 천연두가 퍼진 경로는 다양하다. 우선, 8세기경 이슬람의 침략으로 북서부 마그레브 지역에 상륙하여, 무역로를 따라 사하라 사막을 넘어서 11~12세기에 서아프리카로 퍼졌다. 1490년에 포르투갈 상인들에 의해 아프리카 대륙 서안으로 들어와서 점점 더 남쪽으로 천연두가 퍼지게 되고, 여기서 다시 노예 무역을 통해 아메리카 대륙으로 확산된다. 그리고 1713년에는 인도에서 아마포를 싣고 온 선박에 의해 남아프리카의 케이프타운에서 천연두가 발발하게 된다. 아프리카 대륙의 내륙 지방은 19세기까지 천연두가 없었다.

아메리카에는 1518년 히스파놀라섬으로 아프리카 출신 노예들과 함께 바이러스가 들어오면서 천연두가 시작되었다. 히스파놀라섬과 다른 지역에서도 원주민들이 천연두로 무수히 죽어 나갔다. 프란시스코 피사로의 정복이 이루어질 시점에는 20만 명이 사망하였다. 원주민들이 너무 많이 죽어 버렸기 때문에 서인도 제도, 도미니카, 쿠바 등지에서 은 채굴과 식민 농장에서 일할 노동력이 부족해졌다. 이렇게 되자, 서아프리카로부터 중남미로의 노예 무역이 활발해졌다.

천연두는 역사상 최초로 기록된 생물병기이기도 하다. 북미 식민지의 관할권을 두고 벌어진 1763년의 영국-프랑스 전쟁에서 영국측 총사령관이었던 제프리 암허스트 휘하의 영국군은 어떻게든 자신들에게 적대적인 원주민들의 힘을 빼려고 했다. 그래서 어떻게 하면 원주민 부족에게 의심을 사지 않으면서 천연두를 옮길 수 있겠는지를 고민하고 있었다. 당시 펜실베이니아 변경의 영국군 고위 장교였던 헨리 부케 대령은 "놈들에게 천연두 고름이 묻은 담요를 전달해 준다면 의심을 사지 않고 그들에게 천연두를 옮길 수 있을 것입니다."라고 답하였다. 곧 천연두 환자의 고름딱지가 배어들어 간 담요가 원주민들에게 전달되었고, 천연두에 대한 저항력이 거의 없었던 원주민들 사이에 천연두가 유행하게 되었다. 원주민들이 무수히 쓰러져 갔다.

마마님의 정체

천연두의 원인은 천연두 바이러스라고 불리는 매우 거대한 바이러스다. 이 바이러스는 최적의 조건에서는 광학현미경으로도 볼 수 있을 정도로 크다. 그러나 그 세부 구조를 보려면 전자현미경이 필요하다. 천연두 바이러스의 외피는 벽돌과 같이 생겼으며 내부의 아령 모양의 핵은 이중 나선 DNA를 함유하고 있다. 바이러스에는 200개의 유전자가 들어 있고, 그 중 35개의 유전자가 독성과 연관이 있다.

일반적으로 천연두 바이러스는 비말 흡인을 통해 체내로 들어간다. 그러나 환자와의 직접 접촉이나 옷가지, 침구, 먼지와 같이 환자의 체액이 묻은 물체로 전파될 수도 있다. 천연두 바이러스가 들어 있는 농포가 떨어져 나오면, 이 농포 부스러기는 몇 달 동안 바이러스를 전파시킬 수 있다. 이 바이러스는 입과 코의 점막 내에서 증식한다. 처음 1주간은 잠복기로 존재하지만, 그동안에도 기침이나 콧속에서 분비되는 점액에 의해 전파될 수 있다. 바이러스는 림프절로 이동한 뒤 혈류를 통해 내부 장기로 이동하고, 림프절이나 다른 장기에서 증식한 후 다시 혈류에 합류한다. 9일 후부터 두통, 발열, 오한, 메스꺼움, 근육통이 발생하며 경련이 발생하기도 한다. 그리고 극심한 불편감을 호소하게 된다. 며칠 뒤면 특징적인 발진이 나타난다. 천연두 환자는 발진이 나타나기 하루 전부터 딱지가 전부 떨어져 나갈 때까지 다른 사람을 감염시킬 수 있다. 발진이 일어나면 단 며칠에서 1주일 이내에 많은 사람이 죽는다. 피부의 기름샘까지 깊이 손상되기 때문에 생존자들의 피부에는 소위 곰보 또는 마마자국이라 불리는, 분화구 모양의 흉터가 영구적으로 남는다.

천연두 바이러스는 그 유전형질에 따라 대두창 바이러스와 소두창 바이러스로 나뉘어진다. 그 중 대두창 바이러스가 더 중증의 천연두를 야기시키며, 대개는 최대 25%의 치사율을 보인다. 아메리카 대륙의 원주민과 같이 저항력이 없는 인구집단에서는 50%까지의 치사율을 보이기도 했다. 소두창 바이러스는 약 2%의 치사율을 보이며, 17세기에 아메리카 대륙의 스페인 식민지로부터 더 치명률이 높은 돌연변이형이 역수입되기 전까지 유럽에 흔한 아형이었다. 17세기가 되면서 유럽에서는 천연두가 가장 흔하면서도 무서운 질병이 되어 매년 40만 명의 인명을 살상하였다. 모든 실명의 3분의 1은 천연두에 의한 것이었다. 18세기가 시작될 무렵에는 세계 인구의 10%가 천연두로 인해 사망하거나 장애인이 되었고, 살아남은 사람들도 얼굴이 얽어 있는 상태였다. 천연두를 앓은 사람들이 너무나 흔해서 18세기 유럽은 화장과 첩포의 시대라고 불렸다. 당시 유럽에서 그려진 초상화들을 보면 애교점이라고 부르는, 마마 자국이 있는 부위에 흉터를 가릴 목적으로 검은 비단 조각을 오려 붙인 것을 볼 수 있다. 검은 비단조각으로 인해 주위 피부가 더 돋보이게 되었기 때문에, 흉터 없이도 일부러 애교점을 얼굴에 붙이는 것 또한 유행이 되었고, 얼굴의 어느 부위에 붙이는지가 남성을 향한 은밀한 메시지로 통용되기도 했다. 즉, 마마 자국이 패션에까지 영향을 주게 된 것이다.

천연두의 주기성

천연두는 사람에서 사람으로만 전염되는 질환이다. 즉, 인수공통 전염병이 아니다. 따라서 천연두 바이러스가 인구집단 내에서 살아남 으려면 천연두에 걸릴 사람이 있어야 한다. 그러기 위해서는 적어도 인구집단의 크기가 10만 명 이상이 되면서 신생아들이 계속 태어나 서 천연두에 걸릴 수 있는 사람의 비율이 일정 수준 이상 유지되어야 한다. 천연두는 온대 지방에서는 겨울, 열대 지방에서는 건기에 더 잘 확산된다.

일단 면역이 없는 인구집단에 천연두가 유입되면 대유행이 일어난 다. 이후 많은 사람들은 회복하여 면역을 얻지만, 일부는 회복하지 못 하고 사망한다. 그렇게 바이러스가 거의 모든 사람을 건드리고 나면 유행은 사그라든다. 바이러스는 몇 안 남은 면역이 없는 사람들 틈에 서 살아남으면서 산발적으로 질병을 일으킨다. 유행이 지나간 후 세 월이 흐르면서 아기가 새로 태어난다든지 혹은 다른 지역에서 새로 이주해 온다든지 하여 면역이 없는 사람들이 충분히 많이 누적되면 천연두는 다시 유행한다. 결국 반복적인 천연두 유행을 통해 주로 면 역력을 갖추지 못한 유소아들이 천연두에 감염된다. 이렇게 하여 천 연두는 홍역, 수두, 볼거리, 백일해, 디프테리아처럼 소아 질환이 되 고, 완전히 박멸되지 않은 채 낮은 수준으로 유지된다. 천연두에 면역 이 없는 사람들이 충분히 많이 축적되기까지는 5~15년이 걸리기 때문에 천연두가 5~15년 주기로 대유행을 하는 것이다.

인두법에 의한 통제, 그리고 예방접종에 의한 박멸

오늘날의 천연두 예방법은 역사적으로 에드워드 제너와 관계가 있다. 그러나 에드워드 제너 이전에도 천연두에 안 걸리게 하거나 약하게 앓고 지나가게 하는 방법은 개발되어 있었다. 식자들은 이러한 방법을 천연두를 앓았다가 회복된 사람의 몸에서 천연두 딱지를 떼어내어 다른 사람에게 심어 넣는다는 점에서, 라틴어로 옮겨심기를 뜻하는 단어인 inoculare에 착안하여 inoculation(접종법)이라고 불렀다. 다른 말로는, 라틴어로 여드름을 뜻하는 단어인 varus에서 온 천연두의 학술적 명칭인 variola에 착안하여 variolation(인두법)이라고도 불렀다. 인두법은 여러 가지 방법으로 이루어졌다. 중국인들은 천연두 환자와의 직접 접촉을 피하고, 회복기 환자로부터 얻은 딱지를 가루로 만들어서 솜에 묻혀 콧구멍에 쑤셔 넣는 방법을 사용했다. 중근동 및 아프리카 지역에서는 피부에 상처를 내어 천연두 고름을 비비는 방법을 사용했다.

영국에 인두법을 도입한 사람은 메리 워틀리 몽태규라는 귀족 여성이다. 그녀는 1715년 26세의 나이로 천연두에 감염되었고, 이후 회복되었지만 얼굴이 얽으면서 속눈썹을 완전히 잃고 얼굴이 손상되고 말았다. 22세의 동생은 더 운이 없어서 천연두에 걸려 사망하고 말았다. 이후 메리 몽태규의 남편이 오스만 투르크의 대사로 임명되어 임지로 남편을 따라가게 되었고, 그곳에서 행해지는 인두법을 접하게 되었다. 자신의 아들이 인두법을 접종받은 후 천연두에 걸리지 않는 것을 보고 크게 감명받은 몽태규는 1718년 영국으로 돌아와서 네 살 난 딸에게 인두법을 시행하고, 인두법을 널리 선전하였다. 캐롤라인 왕세자빈(이후 조지 2세의 황후)에게도 자녀들에게 인두법을 시행하라고 권하였다. 그렇지만 왕족에게 이러한 새로운 시술을 검증도 하지 않고 시행할 수는 없는 일이었다. 그래서 왕실은 1721년에 사형을 선고받고 교수형에 처해질 사형수 6명에 대해, 살아나면 무죄로 방면해 주는 대가로 인두법을 시험하였다. 사형수들은 아무도 부작용을 겪지 않고 회복되어 모두 석방되었다. 더 많은 증거를 원한 왕실은 세인트제임스 교구의 모든 고아들이 인두법을 시행받아야 한다고 주장하였다. 결국 6명의 고아들이 인두 접종으로 모두 효과를 보았다. 비로소 납득한 왕세자빈은 아멜리아와 캐롤라인이라는 두 자녀에게 인두법을 시행하였다. 두 자녀에 대한 시술은 모두 성공적이었다. 그러나 어떤 일이든 새로운 시도에는 늘 반대하는 사람이 있는 법이다. 성직자들은 천연두는 신이 내려주신 것이니 인간이 막아서는 안된다고 비난하였다. 의사들도 인두법을 시행받은 사람들에게 천연두가 생길 위험이 있다고 인두법을 반대했다. 의사들의 우려는 근거가 있었다. 전에 몽태규의 두 자녀에게 인두법을 시술한 의사의 하인 중 여섯 명에게 천연두가 감염되었다. 비록 그들 모두 천연두에서 회복이 되긴 하였지만, 어쨌든 인두법 시술 과정에서 국지적인 천연두 유행이 발발했던 것이다.

　인두법은 북미 식민지에서도 별개로 시행되었다. 보스턴의 성직자이자 학자인 코튼 마터는 영국 왕립학회의 회원이었다. 그는 이미 터키 의사 엠마누엘 티모니의 인두법에 대한 글을 읽었지만, 인두법에 대해 아프리카 출신 노예 오네시무스로부터 배웠다고 학회에 투고하였다. 1721년 4월에 보스턴에서 천연두가 발생하였다. 주민의 절반이 천연두에 걸렸으며, 사망률은 15%였다. 천연두가 유행하는 동안 코튼 마터는 보스턴의 의사들로 하여금 시민들에게 인두법을 시술하도록 독려했다. 자브디엘 보일스턴만이 여기에 대해 긍정적인 응답을 보내왔다. 6월 26일, 보일스턴은 자신의 여섯 살 난 아들과, 노예 한 사람과 그 노예의 세 살 난 아들에게 인두법을 시행했다. 1722년에 마터와 보일스톤은 242명의 보스턴 시민들에게 인두법을 시행하여 그들을 천연두로부터 보호했다. 그의 데이터에 따르면 천연두로 인한 사망률이 인두법을 시술받지 않은 사람들에서는 15~20%인 데 반해, 인두법을 시술받은 사람들에서는 2.5%였다. 그러나 인두법에 가장 반대했던 사람들은 성직자가 아닌 의료인들이었다.

1980년 5월 8일 세계보건기구는 천연두의 박멸을 선포하였다. 그러나 천연두의 박멸은 인두법이 아닌, 우두법에 의해서 이루어졌다. 영국의 의사 에드워드 제너(1749~1823)가 우두법을 개발한 덕분이었다. 에드워드 제너는 천연두가 어떻게 발생하고 면역계통이 바이러스에 대해 어떻게 작용하는지 알지 못하였다. 그럼에도 불구하고 살인 바이러스의 공격으로부터 사람의 몸을 지키는 면역 보호 작용을 유도하는 실용적인 방법을 만들어 내었다. 사실은 그 자신이 거주하는 지역사회의 지혜를 활용하여 천연두의 창궐을 막을 수 있는 효과적이고 실용적인 기법을 고안한 것이다.

　글로스터셔의 농부들은 우두에 걸린 사람은 천연두에 걸리지 않는 다는 것을 알고 있었다. 우두는 소의 유방 근처에 물집이 생겼다가 금 방 낫는 소의 전염병이다. 1774년 벤자민 제스티라는 축산업자가 우 두를 앓고 있는 소에 접촉함으로써 천연두에 대한 면역을 얻었고, 자 신의 아내와 두 자식들에게도 같은 조치를 취했다. 15년 뒤에 천연두 에 고의로 노출된 후에도 그는 천연두에 걸리지 않았다. 그러나 이러 한 민간 전승을 25년 동안이나 실험을 통해 체계적으로 시험하고 정 리하여 우두법을 검증한 사람은 벤자민 제스티가 아닌 에드워드 제 너이며, 그래서 우리가 에드워드 제너의 이름을 기억하고 있는 것이 다. 에드워드 제너는 다음과 같이 기록하고 있다. "가장 세심하게 주 의를 기울이고 최대한의 정확성을 기함으로써, 천연두에 걸리게 되는 어떠한 방법으로도 천연두에 걸리지 않았다는 것을 확인해야만 했다. 만일 대도시와 같은 인구 밀집 지역에서 이 실험이 이루어졌다면, 기 존에 천연두를 앓았던 사람들이 실험에 포함되었을 수 있기에 의심 의 여지가 있었을 것이다. 그러나 이 곳은 사람 수가 적은 농촌이었 다. 어느 집의 누가 천연두를 앓은 적이 있었는지 동네 사람들의 기억 을 통해 확실하게 알 수 있었다. 그래서 기존에 천연두를 앓은 사람과 그렇지 않은 사람을 정확하게 구분할 수 있었다." 전술한 인두법의 시 험이 사형수에게 강제적으로 행해졌던 것과는 달리, 제너의 경우는 자신의 병원에 찾아오는 모든 환자들이 자신과 자녀들에게 우두법 을 시행해 줄 것을 자발적으로 요청하였다. 하지만 그렇다 하더라도, 전에 영국 왕실이 인두법을 시험했을 때와 같이 제너가 아무런 거리

낌이 없이 사람을 상대로 우두법을 시술한 것은, 지금의 시각으로 보면 무모한 면이 없지 않았다. 성공으로 끝나서 다행이긴 했지만 말이다. 1796년 5월 14일, 그는 사라 넬름스라는 우두를 앓고 있는 여성의 손에서 채취한 고름을 바늘로 찍어서 제임스 핍스라는 소년의 피부에 긁어서 접종했다. 여섯 주 뒤 제너는 천연두 환자로부터 얻은 고름을 제임스 핍스에게 접종하였고, 핍스는 천연두에 걸리지 않았다. 이렇게 하여 에드워드 제너는 vacca(라틴어로 소)에서 얻은 물질의 효능을 입증하였다. 즉, 소년은 천연두에 대한 면역을 얻은 것이다. 이후에도 제임스 핍스에게 열두 차례나 천연두를 더 접종했지만, 핍스는 끝내 천연두에 걸리지 않았다. 에드워드 제너는 왕립학회에 이 발견을 투고하였고, 실망스럽게도 게재가 거부되었다. 아마도 에드워드 제너가 과학계의 알려진 대가가 아니라 시골의 개업의였기 때문일 것이다. 이후 1798년 그는 몇 년간의 시험을 더 거쳐서 70쪽짜리 소책자인 「천연두 백신의 인과 관계에 대한 연구」를 발표하였다. 이 책자에서 에드워드 제너는, 우두 고름을 접종하면 천연두를 아주 약하게 앓고 지나가게 됨으로써 인두법에서 그랬던 것처럼 천연두에 걸리지 않게 된다고 보고하였다. 그는 예방접종을 하면 증상이 약하고 다른 사람에게 감염시키지 못하는 가벼운 질병을 앓고 지나간다는 점을 정확하게 짚어 내었다. 이는 실로 엄청난 의미를 지닌다.

초기에는 많은 의료인들이 제너의 방법을 받아들이지 않았다. 그러나 몇 년에 걸쳐 유명한 의사들이 제너법이라는 이름의 우두법을 사용하여 성공을 거두는 일이 많아졌다. 18세기 말에서 19세기 초,

우두법의 효과가 명백해져서 에드워드 제너도 유명해졌다. 1802년 영국 의회는 제너에게 1만 파운드의 상금을 내렸고, 1807년에는 2만 파운드의 상금을 별도로 더 내렸다. 프랑스의 나폴레옹 황제는 그에게 훈장을 수여하였고, 세계 각국의 다른 정부에서도 훈장을 수여하여 그의 공적을 기렸다. 1801년 말에는 우두법이 전 세계에서 사용되기에 이른다. 그러나 충분한 양의 두묘를 모으는 것도, 약효가 유지되는 상태로 두묘를 먼 곳까지 운송하는 것도 어려웠다. 결국 영국은 송아지에 우두를 감염시키고 두묘를 채집하기 위한 기관을 설립하기에 이른다. 처음에는 두묘의 품질이 일정하지 않았지만, 글리세린을 첨가하면 품질이 오랫동안 일정하게 유지되는 것이 밝혀졌고, 이후 표준화된 생산 방식이 확립되어 1895년 글리세린 두묘가 최초로 보급되었다. 영국은 에드워드 제너의 연구 결과를 기려서 런던의 성 조지 병원 도서관 벽에 그가 두묘를 얻는 데 사용한 암소 블로섬의 가죽을 유리 상자에 담아 전시하였고, 지금도 남아 있다.

예방접종의 원리

천연두 감염에서 회복되면 천연두 바이러스가 다시 침입해도 병에 걸리지 않는다. 인두법이나 우두법을 접종받은 사람도 그렇다. 어떻게 해서 이런 일이 생길까? 그 이유는 면역계통의 작용으로 당사자의 몸에 면역이 유도되었기 때문이다. 면역이 유도되었다는 것은 이

전에 노출된 이물질에 특이적으로 반응할 수 있다는 뜻이다. 예방접종이 효과가 있는 이유는 같은 이물질에 두 번째로 노출되었을 때는 첫 번째로 노출되었을 때보다 더 빠른 반응을 보이기 때문이다. 면역계통은 다음과 같은 특징이 있다. 첫째, 자기 자신과 이물질을 구별할 수 있다. 둘째, 이전에 접한 이물질을 기억하고, 이것에 대해서는 더욱 빠르게 반응한다. 셋째, 필요할 때에만 작동한다. 마지막으로, 해당 이물질에만 특이적으로 반응한다. 이렇게 해서 면역계통이 외부 이물질로부터 우리의 몸을 보호할 수 있는 것이다.

1890년 베를린에서 로베르트 코흐의 조수로 일하던 에밀 폰 베링(1854~1917)과 키타사토 시바사부로(1852~1931)는, 토끼에게 소량의 파상풍 독소를 주사하면 나중에 치사량의 파상풍 독소를 주사하더라도 파상풍에 걸리지 않게 해 주는 물질이 혈액에 나타나게 된다고 보고하였다. 이렇게 독소를 무력화시킬 수 있는 물질이 포함된 혈청을 면역 혈청이라 부른다. 즉, 파상풍 독소를 사전에 접종받으면 차후에 파상풍으로부터 보호받을 수 있는 것이다. 또한 항독소를 갖는 동물의 혈청을 다른 동물에 옮겨 주면 그 동물도 면역을 갖게 된다는 것도 확인하였다. 수동 면역이 이루어진 것이다. 이미 면역이 유도된 동물의 혈청을 수혈함으로써 다른 동물도 해당 이물질에 대해서 수동적으로 면역을 갖게 된다는 뜻이다. 수동면역이란, 다른 개체에 벌, 거미, 뱀 등의 독을 주사하여 그 개체에 생긴 항독소를 채취하여, 실제로 그러한 독에 노출된 환자에 대한 독소의 악영향을 무력화시키는 도구로 사용하는 것을 말한다. 코흐 연구소의 폰 베링과 그 동료들에게 면역 혈청의 의미는 실로 엄청났다. 그 혈청에 무엇이 들어 있는지를 규명할 것도 없이, 유용성을 깨달은 독일 정부는 다양한 종류의 독소에 대응할 수 있도록 여러 가지 면역 혈청을 만들 수 있는 공장을 지어 주었다.

폰 베링과 키타사토 시바사부로는 면역 혈청에 함유된, 독소를 무력화시키는 것으로 생각되는 물질을 독소에 대항하는 물질이라는 의미로 항독소라고 명명했다. 항독소는 토끼, 말, 닭, 생쥐, 기니피그, 원숭이, 시궁쥐, 사람에게 특정한 이물질을 투여한 후에 그 동물의 혈청에 생성된, 해당 이물질에 특이적으로 반응하는 항체를 말한다. 즉, 항독소는 특정 독소에 반응하는 항체를 임상적으로 따로 부르는 이름이다.

파울 에를리히(1854~1915)는 베를린의 코흐 연구소에 합류한 뒤 면역학을 연구하기 시작하였다. 그는 독소와 항독소의 양 사이에는 1:1의 직접적 상관 관계가 있음을 확인하였다. 혈청 중에 존재하는 항체의 농도는 흔히 역가로 기술된다. 역가는 항원과 항체가 1:1 결합 양상을 보이기 위한 최대 희석비율을 말한다. 즉, 높은 역가는 항체의 농도가 높다는 뜻이며, 항체 역가가 높은 혈청은 대량으로 희석되더라도 항체 역가가 낮은 혈청과 같은 효과를 기대할 수 있다는 뜻이다. 에를리히가 주장한 역가 개념은 단순히 이론적으로 항체의 양을 기술하는 것을 떠나서, 폰 베링이 개발한 항독소를 표준화된 품질과 일정한 양으로 보급하는 방향으로도 응용되었다. 에를리히는 파상풍 독소나 디프테리아 독소를 오랫동안 저장하면 독성 자체는 상실되지만 면역원성(면역을 유발하는 성질)은 유지된다는 사실도 발견하였다. 이렇게 독성만 상실되고 면역원성은 유지된 독소를 유독소라고 부르며, 지금도 예방접종에 사용된다.

　파울 에를리히는 연구를 계속하여, 하나의 독소에 의해 만들어진 항독소는 다른 독소에 대해서는 효과가 없다는 사실을 알아냈다. 즉, 항독소는 특이성을 갖는다는 점을 알아낸 것이다. 이러한 특이성은 거의 모든 이물질에 대해 적용되었기 때문에, 에를리히는 자신이 만들어 낸 모든 항체에 대해 특이성이 적용된다고 결론을 내렸다. 독소처럼 항체의 생성을 유도하는 물질을 항원이라고 한다. 항원은 이종 단백질, 핵산, 다당류와 같이 원래 인체에는 없었던 물질, 세균이나 세균의 독소, 천연두 바이러스와 같은 각종 바이러스, 생물체의 일부분 등등의 외부 이물질을 말한다.

　에를리히는 항체와 항원이 어떻게 상호작용하는지에 대한 이론을 창안하였다. 열쇠의 삽입부는 항체, 자물쇠의 열쇠 구멍은 항원에 비유하는 열쇠-자물쇠 이론이다. 익히 알고 있듯이 하나의 열쇠는 그 짝이 맞는 자물쇠만을 열 수 있다. 또 다른 관점으로, 항체를 손에 비유하고 항원을 손을 본떠서 만든 맞춤 장갑에 비유할 수 있다. 분명히 그 장갑은 장갑의 주인만이 편하게 착용할 수 있으며, 다른 사람은 사용하기 어려울 것이다. 비슷하게, 특정 물질에 결합하는 항체는 다른 항원에는 결합하지 않을 것이다. 일반적으로 항원은 거대한 분자지만, 실제로 항원-항체 결합을 결정하는 부위는 그 표면의 극히 일부로서 항원의 항체 결합 부위를 항원결정기라고 부른다.

우두법은 우두 바이러스에 의해 생산된 항체가 천연두 바이러스도 공격할 수 있기 때문에 천연두에 대한 예방접종의 효과를 갖는다. 즉, 우두 바이러스의 항원결정기는 천연두 바이러스의 그것과 매우 비슷하여, 우두 바이러스에 대응하는 항체가 천연두 바이러스도 공격할 수 있는 것이다. 이렇게 똑같지는 않아도 비슷한 항원에 결합할 수 있는 항체의 성질을 교차 반응성이라 부르며, 이 교차 반응을 통해 우두법을 시술받은 사람의 체내에서 천연두 바이러스가 맥을 못추게 되는 것이다.

면역학적 기억과 작동의 원리

혈액은 적혈구, 백혈구와 같은 세포 성분인 혈구와, 단백질과 전해질을 포함하는 액체 성분인 혈장으로 이루어진다. 혈장에서 혈액 응고 과정을 통해 응고인자가 제거된 액체 성분을 혈청이라 부른다. 적혈구는 면역에는 관여하지 않고, 산소와 이산화탄소를 운반하는 역할을 한다. 림프구, 단핵구, 큰포식세포와 같은 백혈구는 면역계통을 구성하는 세포가 된다. 그 중에서 항체를 생성하는 세포는 B림프구 또는 B세포라고 불리는 특정한 림프구이다. B세포는 특정한 이물질에 대응하는 수용체 역할을 하는, IgD 계열의 항체를 표면에 갖고 있다. 일단 B세포에 항원이 결합하면 그때부터 해당 B세포는 형질모세포로 전환되고, 하나의 세포가 분열하여 만들어진 클론이라는 세포집단을 형성한다. 이런 집단의 구성원을 형질세포라 부른다. 한 번의 분열에 열 시간 정도의 시간이 걸리므로 적절한 수의 형질세포가 만들어지기 위해서는 며칠이 걸린다. 형질세포는 대량의 특이 항체를 생성하여 혈중으로 분비하는 공장 역할을 수행한다. 하나의 형질세포는 1초에 2천 개, 또는 한 시간에 백만 개의 항체를 만들어 낼 수 있다. B세포가 골수에서 생성되는 과정에서 일어나는 유전자 재배열에 의해 B세포가 만들어 낼 수 있는 항체의 다양성은 최대 1천조(10^{15}) 가지에 육박한다. 그 B세포 각각이 고유한 항원-항체 특이성을 가지기 때문에, 자신에게 대응하는 항원이 체내로 유입되면 그에 대응하는 B세포가 분화하여 형질세포를 만든다. 우리 몸이 수많은 종류의 미생물이나 그 외 이물질에 모두 대항할 수 있는 이유는 이것이다. 이렇게 만들어진 항체는 항원의 기능을 억제하거나, 병원체를 응집시키거나, 바이러스나 세균에 감염된 세포를 파괴하거나, 바이러스가 세포 내로 들어가지 못하게 하거나, 호중구 및 큰포식세포가 항원을 더 잘 탐식하여 제거할 수 있도록 한다. 형질모세포 중 일부는 형질세포로 분화되지 않고 기억세포로 남는다. 이후 동일한 항원을 다시 만날 경우 기억세포는 폭발적으로 분열하여 이전보다 더 많은 형질세포를 만들어서 더 많은 항체를 형성하게 된다. 이것은 과거에 같은 항원에 노출되었을 때의 기억에 기반한 것이다. 대부분의 예방접종이 적어도 2~3회에 걸쳐 이루어지는 것은 기억세포가 해당 병원체에 이런 폭발적이고도 신속한 반응이 이루어질 수 있도록 하기 위한 것이다.

B세포에 의한 면역은 혈액이나 타액, 소화액 등 체액에서 B세포가

분비한 항체에 의해서 이루어지는 면역이기 때문에 체액성 면역이라고 부른다. 이와는 별개로, T림프구 또는 T세포라고 불리는 일련의 다른 림프구들이 세포-세포 상호작용을 통해서 방어하는 면역 작용이 있는데, 우리는 그것을 세포성 면역이라고 부른다. 1960년대에 포유류에서 골수와 가슴샘이 면역기능을 주관한다는 것이 밝혀졌다. 골수에서는 여러 가지 혈구와 면역세포가 만들어진다. 골수의 조혈모세포(줄기세포)는 이런 세포들을 만들기 위한 세포로, 산소 운반이나 면역기능과 같은 특별한 기능을 하지 않고, 분열하여 다른 세포를 만들어 내는 역할을 한다. 하나의 줄기세포가 분열하면 두 개의 딸세포가 만들어지는데, 그 중 하나는 원래의 줄기세포로 남고 나머지 하나는 특정한 기능을 수행하는 세포로 분화한다. 이렇게 줄기세포는 그 개수를 일정한 수준으로 유지하면서, B세포나 T세포와 같은 특정한 기능을 가지는 세포를 만들어 낸다. 골수에서 만들어진 T세포는 가슴샘으로 이동한다.

가슴샘은 심장 위에 있는, 림프 조직으로 이루어진 것이다. 가슴샘은 소아기에는 크기가 제법 큰데, 어른이 되면서 점점 위축되고 쪼그라든다. 가슴샘은 골수에서 만들어진 T세포가 이동해 와서 성숙하고 증식하는 장소이다. 면역세포가 가슴샘 안에서 성숙하고 증식한다고 해서 thymus(가슴샘)의 머릿글자인 T를 따서 T세포라고 부른다. 여기에서 일부 세포는 도움 T세포가 되고, 일부는 세포독성 T세포(살해 T세포)가 된다. 그들 중 대부분은 자가 항원에 대해 반응하는 것들이기 때문에 제거되며, 그렇지 않은 T세포는 가슴샘을 떠나 혈액순환에 합류하여 이후 지라, 편도선, 림프절과 같은 여러 림프 장기에 도달하거나 그대로 혈류 내에 머문다.

세포 내에 숨어 있는 바이러스나 리케치아 등의 병원체는 항체가 직접 공격하지 못한다. 항체가 접근하지 못하는 세포 안에 숨어 있는 병원체는 세포 자체를 죽여서 제거하는 방법밖에 없다. 이렇게 병원체를 갖고 있는 세포를 파괴하여 병원체도 같이 제거하는 것이 세포독성 T세포의 일이다. 이 세포들의 임무는 체내에서 순환하다가 이상이 생긴 세포, 즉 면역학적으로 자기 자신으로 인식되지 않는 세포를 찾아서 공격하고 파괴하는 것이다. 이상이 생긴 세포는 원래는 우리 몸에 있는 세포이기 때문에 자기 자신으로 인식되었지만, 병원체가 세포 안으로 들어가면서 그 신호가 세포 표면에 드러나서 세포독성 T세포에 의해서 이물질로 인식된다. 세포독성 T세포는 이렇게 바이러스의 단백질이 세포막에 발현된 세포를 죽이는 방식으로 바이러스를 제거한다. 세포독성 T세포가 세포를 파괴하는 방식은 두 가지가 있다. 첫 번째로, 세포독성 T세포가 해당 세포에 결합하여 종양괴사인자 같은 분자에 의해 매개되는 세포자살 유도 신호를 내보내는 것이다. 이렇게 해서 병원체에 감염된 세포를 죽게 만든다. 또 다른 방법으로, 세포독성 T세포가 바이러스 등에 감염된 세포의 세포막에 퍼포린이라는 단백질을 심어 구멍을 뚫고, 그 구멍으로 그랜자임을 비롯한 각종 효소를 쏟아부어 세포를 죽인다. 세포독성 T세포의 반응은 항원에 노출된 후 5일경부터 강력해져서, 7~10일경에 최고조에 이르고 이후에는 줄어든다. 항체가 만들어지는 것은 세포독성 T세포 반응이 나타나는 것보다 느리다.

그렇다면 도움 T세포는 어떻게 감염을 막을까? 세포성 면역의 제1 저지선은 큰포식세포이다. 면역체계에서 큰포식세포는 척후병에 해당하며, 마치 진공청소기와도 같이 항원을 먹어 치워서 처리한 후 다른 면역계통에 정보를 제공한다. 큰포식세포는 바이러스나 세균과 같은 병원체, 그리고 병원체에 감염된 세포까지 먹어 치운 다음 그 잔해를 세포 표면에 드러낸다. 이 과정에서 세포 표면에 있는 주 조직적합성 복합체(MHC) II라는 거대 분자가 항원의 잔해를 집어서 보여 주는 역할을 한다. 도움 T세포는 CD4 수용체를 가지고 있어서, 이 수용체가 이물질을 탐식한 큰포식세포의 MHC II-항원 복합체와 결합하면 이후 증식하여 클론을 형성한다. 이때 결합하는 도움 T세포는 체액성 면역에서 항원-항체 특이성을 보이는 것과 같이 특정한 항원에 특이적으로 반응하는 T세포이다. 결합한 도움 T세포는 림포카인이라 불리는 화학적 신호전달물질을 외부로 분비하여 다른 T세포와 큰포식세포를 활성화하거나, 역시 MHC II를 가지고 있는 B세포들을 활성화하여 항체를 만들어 내도록 한다. B세포와 마찬가지로 T세포의 일부도 기억세포로 남아 있다가, 나중에 같은 항원이 다시 들어오면 폭발적이고 특이적인 이차 반응을 나타낸다. 이렇게 도움 T세포는 체액성 면역과 세포성 면역을 연결하는 중요한 위치에 있다. 즉, 항체를 만드는 세포를 활성화하여 외부에서 유입된 이물질을 요격하게 하고, 세포성 면역을 수행하는 세포를 활성화하여 감염된 세포나 외부에서 들어온 세포를 파괴하게 한다.

MHC II는 면역에 관계되는 세포의 표면에만 있는 반면, MHC I이라고 하는 별도의 주 조직적합성 복합체는 면역세포를 포함한 모든 유핵세포의 표면에 있다. 유핵세포가 병원체에 감염되었을 때 면역계통이 보이는 반응은 이렇다. 즉, 우리 몸의 어떤 세포라도 리케치아나 바이러스와 같은 세포 내 병원체에 감염되면, 감염된 세포는 그 이물질이 갖고 있는 항원의 일부를 MHC I에 얹어서 제시한다. 적군을 포획하고 있다는 신호를 보내는 것이다. 이렇게 제시된 비자기 항원은 세포독성 T세포에 의해 인식되고, 앞에서 말한 세포자살 경로를 통해 감염된 세포에게 자결 명령이 내려진다. 반면에 큰포식세포와 같은 면역계통의 세포가 이물질을 제시할 때는 MHC II에 항원이 얹혀져 있기 때문에 세포독성 T세포의 인식 경로가 아니어서 자결 명령을 받지 않는 것이다. 대신 이러한 MHC II-항원 복합체는 도움 T세포에 의해 인식되고, 항원을 인식한 도움 T세포는 앞에서 말한대로 림포카인을 분비하는 등의 경로로 면역계통의 다른 세포를 활성화하여 방어 체계가 작동된다.

약독화 백신의 개발

1875년 루이 파스퇴르는 콜레라 백신을 개발했다. 코흐의 공리대로, 그는 닭에게 감염시켜 닭을 죽게 한 콜레라균을 연구소 내에서 배양할 수 있었고, 건강한 닭에 순수 배양된 콜레라균을 주입하여 질병을 일으킬 수 있었다. 이후 그는 콜레라균이 든 배양액을 연구소의 선반에 그냥 둔 채로 며칠간 여름 휴가를 떠났다. 콜레라균은 그동안 공기 중에 노출되어 있었다. 이후 연구팀은 일부러 그런 것은 아니지만 오랫동안 방치되었던 균을 건강한 닭에게 주사했다. 그 닭은 콜레라에는 걸렸지만 죽지는 않았다. 이후 파스퇴르는 콜레라균을 새로 배양하고 닭에 주입하는 실험을 계속했다. 그러다 마침 닭이 부족하여 전에 묵은 콜레라균을 주사 맞고 살아난 닭을 부득이하게 실험에 포함시켰다. 놀라운 일이 벌어졌다. 묵은 콜레라균에 노출되었던 닭이 콜레라에 걸리지 않았던 것이다. 파스퇴르는, 방치되었던 콜레라균이 공기와 고온에 노출되어 독력을 잃었을 것이다, 독력이 약화된 균에 감염된 닭은 방어 능력을 얻었을 것이다, 이렇게 적절히 처리하여 독력을 약화시키면 질병 보호에 이용할 수 있을 것이다라고 생각하였다. 백여 년 전 에드워드 제너가 vacca를 이용하여 달성한 업적을 기려서 이러한 약독화된 균주에 대해 파스퇴르는 vaccine이라는 이름을 붙였다(123쪽 참조). 다른 질병에도 이러한 원리를 적용시켜서 1881년에 양을 보호할 수 있는 탄저병 백신을 만들었다. 1885년에는 광견병에 걸린 동물의 척수를 건조시켜 만든 백신을 광견병에 걸린 개에 물려서 온 조셉 마이스터라는 소년에게 접종하였다. 마이스터는 살아남아서 광견병 예방주사의 효과를 입증하였다. 이후 비슷한 방법이 BCG라고 불리는 약독화 결핵 백신의 개발에도 사용되었다 (237~238쪽 참조). BCG 균은 13년에 걸쳐 매 3주마다 소의 담즙을 함유한 배지에서 231대의 계대배양을 거쳐 약독화시킨 우결핵균이다.

물론 이러한 약독화 전략에도 문제가 있다. 약독화시킨 병원체가 다시 독력을 회복하여 질병을 일으키지 않는다고 어떻게 확신할 수 있단 말인가?

가장 많은 사람을 살린 발명품, 그 이름은 예방 백신

깨끗한 물을 제외하면 가장 많은 사람을 살린 것은 항생제도, 항암제도 아닌 예방 백신이다. 파상풍, 콜레라, 황열병, 소아마비, 인플루엔자, B형 간염, 세균성 폐렴, 광견병뿐만 아니라 디프테리아, 백일해, 홍역, 볼거리, 풍진, 천연두에 대한 소아기 예방접종이 아니었으면 유아기 사망률은 20~50%에 육박했을 것이다. 실제로, 예방접종이 이루어지지 않는 나라에서의 영유아 사망률은 현재도 그 정도가 된다.

파스퇴르가 표준화된 일정한 품질의 백신을 만든 후, 1886년 미국에서 중요한 진보가 이루어졌다. 테오발드 스미스와 에드문드 살몽은 가열하여 콜레라균을 완전히 죽여서 만든 사백신이 비둘기에서 실제로 유효했다고 보고했다. 1887년 파스퇴르 연구소의 루와 샹베를랑도 비슷한 연구 결과를 발표했다. 스미스와 살몽은 자신들이 첫 번째로 사백신을 개발했다는 것에 대한 우선권을 주장했고, 실제로도 이들의 연구가 파스퇴르 연구소보다 16개월 앞섰다. 하지만 파스퇴르 연구소가 워낙 명성이 높았기 때문에 이들의 주장이 파스퇴르 연구소에서 일하던 사람들 내에서는 별 힘을 얻지 못했다. 어쨌든 1870년

부터 1890년까지 장티프스, 흑사병, 콜레라에 대한 사백신이 만들어
져서, 20세기로 접어들 무렵에 인류는 두 가지의 생백신(천연두, 광견
병)과 위의 세 가지 병원체에 대한 사백신을 가지게 되었다. 1923년
디프테리아 독소를 포르말린으로 처리한 디프테리아 유독소 백신이
만들어졌고, 1927년 BCG 백신이 개발되었다. 하지만 백신 개발의
황금기는 이때까지도 시작되지 않았다. 1949년 인간기반 세포주 및
부화 중인 계란을 사용한 바이러스 배양이 가능해지면서 비로소 백
신 개발의 황금기가 시작된다. 1950년 최초의 소아마비 백신(포르말
린 불활성화 소크 백신)이 개발되었고, 일본뇌염, 홍역, 풍진에 대한 생
백신, 그리고 광견병 사백신이 만들어진다. 1970~1980년대에는 폐
렴균, 수막알균, 헤모필루스균의 다당체 항원을 이용한 백신이 개발
된다. 현대에는 첨단 기술을 토대로 하여 DNA 백신, 정제단백질과
다당체를 이용한 아단위 백신, 유전공학적으로 만든 바이러스 항원
백신 등이 계속 개발되고 있다. 부화 중인 계란을 이용한 인플루엔자
백신 제조와 같은 고전적 방법이 여전히 사용되고 있지만, 새로운 백
신 제조 기술이 실용화된다면 백신의 황금기가 한층 더 진보할 것이
다. 이 모든 것은 세심한 관찰력을 가진 의료인 에드워드 제너가 주먹
구구식으로 전수되던 민간요법에 가까운 이야기를 실증적인 방법으
로 정리하여 체계화함으로써 시작된 것이다.

05

흑사병

05

흑사병

봄이 오면서 흑사병의 공포는 그 증상과 함께 똑똑히 드러나기 시작했다. (…) 코피가 났다는 것은 피할 수 없는 죽음이 임박했음을 뜻했다. (…) 그러나 계란만큼 커진 가래톳으로 인해 코피 같은 문제는 간과되었다. (…) 겨드랑이나 사타구니에 나타난 가래톳은 몸 곳곳으로 퍼져 나갔으며, 이후 시커먼 점으로 바뀌었다. 팔과 넙다리에 시커먼 점들이 나타나 하나로 합쳐지고 커지면서 거의 3일 이내에 전부 죽어 나갔다. 도시를 치우는 오물 제거반을 투입하고, 병자들의 유입을 거부하고, 건강을 유지하기 위하여 최대한의 주의를 기울이고 하는 노력은 하나도 소용이 없었다. 신에 대한 부질없는 탄원이나 군중과 신도들의 끊임없는 행진도 다 소용이 없었다. 이른 봄, 전염병의 비극적인 결과는 그 기이해 보이는 증상을 통해 무서울 정도로 명백하게 드러났다. (…) 병자와 관련된 어떤 것과도 접촉하지 않고, 자신들만이라도 기적적으로 살아남기를 바라면서, (…) 그들은 병자들을 만날 수 없는 곳에서 자기들끼리만 외부와 분리된 삶을 살았다. 그들은 다른 사람들과는 말조차 섞지 않고 가장 좋은 포도주를 먹고 마시며, (…) 그들의 마음을 음악이나 다른 즐거움으로 채웠다.

지오바니 보카치오(1313~1375)는 1350년경에 저술한 자신의 저서 『데카메론』에서 위와 같이 이탈리아 피렌체에 흑사병이 닥쳐왔을 때를 이야기하고 있다. 그는 다행스럽게도 유럽과 중동의 인구를 1억 명에서 8천만 명으로 줄인 이 전염병, 바로 흑사병에서 살아남았다. 보카치오가 데카메론에 기록하였던 흑사병은 1346년부터 1352년까지 유럽, 근동, 아프리카를 휩쓸었던 역사상 가장 악명 높은 보건학적 대재앙 중 하나이다. 결국 기원전 5000년부터 시작되었던 인구의 증가는 중단되어, 150년이 지나고 나서야 유럽의 인구가 이전과 같은 수준으로 회복되었다. 어떤 사람들은 멜서스의 이론(63쪽 참조)이 흑사병을 통해 현실화되었다고 주장한다. 그렇지만 역사학자 데이비드 헐리히는 흑사병의 발생은 전쟁이나 질병, 기근과 같이 인구론적 교착 상태를 유지시키는 인구 상한선 제한이 아닌, 교착 상태의 평형을 이동시키는 외생적 조절 인자라고 주장한다. 그 이유는 인구 규모가 크게 줄어들었음에도 불구하고 유산 상속 관행의 변화, 만혼, 산아 제한 등 인구 증가를 억제하는 조치로 인해 왼쪽으로 기울어진 새로운 평형이 만들어졌기 때문이다. 흑사병은 인구론적 교착 상태를 해소했을 뿐만 아니라, 기존의 유럽 사회를 붕괴시켜 새로운 방식으로 사회가 재구성되도록 하였고, 질병의 확산을 막기 위한 공중보건 조치를 수립하도록 하였다.

교회는 질병이 신이 내린 최후의 심판이라고 규정하였다. 마침내 심판의 날이 온 것이다. 죄지은 자들의 고통을 덜어 주기 위해 할 수 있는 것은 없었다. 흑사병은 마지막 성사를 주었던 사제들도 가리지 않고 살상하였다. 사제들이 질병의 확산과 죽음을 막기 위해 할 수 있는 것이 없었기 때문에 사람들은 신앙을 잃어 갔다. 사람들에게 안식을 주는 교회의 권능은 땅에 떨어졌다. 사람들은 고통을 알아주고 질병을 치료하는 권능을 가진 성 로코나 성 세바스찬과 같은 수호성인들에게 매달리게 되었다.

　의학과 교육도 영향을 받았다. 지금까지 저명한 대학에서 책임자로 군림해 왔던 교수들조차 줄줄이 사망했기 때문에, 후학들은 그들의 영향에서 벗어나 새로운 길을 개척할 수 있게 되었다. 길쭉한 부리가면을 쓰고, 부리 속에 향신료와 향수를 채우고, 방수천으로 만들어진 망토와 보안경에 향료통이 든 지팡이를 들고 환자들을 돌보아 주었던 부리가면의사들은 다른 사람들보다 더 높은 사망률로 죽어 갔다. 부리가면의사들은 흑사병의 치료에 기여한 바가 거의 없었다. 결국 그 빈 자리를 이발사들이 채우게 되었다. 피를 뽑고 칼을 드는 것은 수염을 깎고 머리카락을 다듬는 것 이상으로 이발사들에게 중요한 일이 되었다. 결국 의학에서 건강과 질병에 대한 해부학적 기반을 강조하게 되었고, 전염병의 전파에 대해 설명하지 못하는 갈레노스(129~216) 철학은 중요성을 잃어 갔다.

　사망자가 증가함에 따라서 식자층의 수도 감소하기에 이른다. 이것은 법조인이나 의사, 사제를 양성하는 대학 교육에도 영향을 미쳤다. 학생들이 교육을 받기 위해 멀리 떨어진 대학에까지 가서 입학하는 것을 막기 위해 지역거점 대학들이 설립되었다. 즉, 공부를 하기 위해 멀리 볼로냐와 파리까지 유학할 필요가 없어진 것이다. 특정한 교육기관들만 독점하고 있던 지식은 더 많은 사람들의 손에 쥐어지게 되었다. 교수들은 더 이상 라틴어나 그리스어가 아닌, 자국의 언어로 학생들을 가르치기 시작했다.

　부역하는 대가로 금전을 지불하는 관행이 자리 잡아 가면서, 토지를 소유한 영주와 그 영주에게 세금과 부역을 지불하는 농노 기반의 봉건제도가 해체되었다. 도시에서도 상황은 마찬가지였다. 노동자의 수가 줄어듦에 따라 노동자를 고용하기 위해서는 더 많은 임금을 지불해야 해서 노동자의 생활 수준도 향상되었다. 흑사병으로 인한 또 다른 결과는 해상 운송에서 규모의 경제가 실현되었다는 점이다. 적은 수의 선원을 더 큰 선박에 배치하면 선박은 더 오래 항해할 수 있었지만, 이를 위해서는 조선술과 항해술이 개선되어야 했고, 해상보험과 같이 화물과 여객과 승조원을 보호하기 위한 새로운 사업 모델이 필요하게 되었다. 결국 상공인들의 힘이 강해지게 된 것이다. 새롭게 나타난 경제 분야는 더욱 다양하게 나뉘어지고, 자본이 집약되고, 기술 혁신이 일어나고, 부의 재분배가 더욱 큰 규모로 일어나게 되었다.

흑사병의 원인

　흑사병이 중세 유럽을 휩쓸고 지나가면서 흑사병에 전염성이 있다는 것이 점점 더 분명해졌다. 흑사병은 악취나는 공기(장기)를 흡입해서 생기는가? 아니면 오염된 물을 섭취해서 생기는가? 흑사병의 원인에 대해 납득할 만한 설명을 제시한 최초의 의사 중 한 사람은 지롤라모 프라카스토로(1478~1533)였다. 그는 흑사병이 흑사병의 씨앗이라는 눈에 보이지 않는 작은 물질에 의해 옮겨질 것이라고 『전염과 전염병에 대하여』에 기술하였다. 그는 교황 바오로 3세의 주치의였으므로, 교황에게 자신의 이론에 따라 흑사병을 피하여 트렌트 공의회를 볼로냐로 이전할 것을 권고하였다. 다른 의사들은 프라카스토로의 이론을 받아들이지 않아서, 설사제, 사혈, 훈증, 소변 입욕, 기도와 같은 잘못된 처방을 내렸다. 그러나 당시의 지식인들이 프라카스토로의 흑사병의 씨앗 이론에 호의적이었다 해도 흑사병의 원인이나 전염 경로를 정확하게 규명할 수는 없었을 것이다. 흑사병의 씨앗을 확인하기 위해서는 감염성 질환에 대한 개념의 전환이 필요했고, 기술의 발전이 뒤따라야 했다. 말하자면, 질병은 병균이라고 불리는 미세한 기생성 생명체가 신체를 침범해서 생긴다는 새로운 개념에 따라, 그 질병의 씨앗을 시각적으로 확인할 수 있게 해 줄 기술의 발전이 필요했다는 말이다. 그래서 흑사병의 원인이 밝혀지기까지는 유행이 시작된 후로 5백 년이라는 시간이 필요했다. 19세기 중반에 이르러서야 비로소 세균 병인론이 공식화되었다. 이 시기에 두 개의 학파, 즉 프랑스의 루이 파스퇴르 학파와 독일의 로베르트 코흐 학파가 이 특정한 질병을 야기하는 미생물을 규명하는 데 기여했다.

　1850년대에 코흐와 파스퇴르, 그리고 그들의 미생물 원정대는 병인론과 향상된 성능의 현미경을 갖추고 흑사병 범유행의 원인 규명에 착수했다. 1860년대에 그들은 기회를 포착하였다. 내전으로 파괴된 중국 윈난성에서 흑사병이 발생하였고, 이후 증기선과 철도를 통해 남부 해안 지역으로 빠르게 번져 나간 것이다. 1894년 흑사병이 홍콩까지 전파되었을 때, 파스퇴르는 스위스 태생의 프랑스 식민지 주둔군 군의관 알렉상드르 예르생을 급파하여 흑사병의 원인균을 동정하게 하였다. 예르생은 흑사병이 한창 맹위를 떨치고 있을 때 홍콩에 도착하였다. 처음에는 영안실에 접근하는 것이 허용되지 않았지만 적당한 뇌물로 영안실에 들어갈 수 있었다. 예르생은 흑사병으로 사망한 군인의 사타구니에 있는 가래톳을 멸균된 침으로 천자하여 가래톳에서 액체를 얻어 낸 후, 액체를 현미경으로 검사하고 그 일부는 몇 마리의 기니피그에 접종하였다. 남은 액체는 파리의 파스퇴르 연구소로 보냈다. 1894년 6월 24일, 예르생은 파스퇴르에게 가래톳에서 얻은 액체에 그람음성 세균이 우글거렸다고 보고하였다. 그람염색은 크리스탈 바이올렛을 이용한 세균 염색법이다. 세균을 죽인 후 크리스탈 바이올렛으로 염색을 하면 세균의 세포벽이 보라색으로 물든다. 이후 탈색제로 세척하면 어떤 세균에서는 크리스탈 바이올렛이 씻겨 나가고, 어떤 세균에서는 씻겨 나가지 않는다. 전자를 그람음성 세균, 후자를 그람양성 세균이라 한다. (이후 사프라닌이라는 적색 염료로 대조염색을 수행한다. 원래의 크리스탈 바이올렛이 남은 그람양성 세균은 보라색으로 보이고, 사프라닌으로 염색된 그람음성 세균은 빨갛게 보인다. 역자 주) 예르생은 "의심의 여지가 없이 이 세균이 흑사병의 원인균이다."라고 기술하였다. 며칠 뒤, 가래톳의 액체가 접종된 기니피그들이 죽었고, 그 사체에서 가래톳에서 나온 세균과 같은 세균이 득실거리고 있음이 확인되었다. 예르생은 홍콩의 병원 복도와 영안실뿐만 아니라, 거리에 널부러져 있는 많은 수의 시궁쥐 사체에도 흥미를 느꼈다. 시궁쥐의 사체를 부검해 보았는데, 그 사체에서도 역시 같은 세균이 검출되었다. 예르생은 흑사병은 사람과 시궁쥐 모두에게 전염된다고 올바르게 결론을 내렸다. 코흐 또한 미생물이 흑사병을 일으켰음을 확신하여, 조수인 키타사토 시바사부로와 그의 동료들을 유행 지역으로 급파시켰다. 키타사토 시바사부로는 전염병으로 사망한 선원의 손에서 세균을 얻었지만 그 세균은 그람양성균이었고, 해당 균이 사람이나 다른 동물에게서 흑사병을 일으키는지를 확인하는 것도 실패하였다. 흑사병은 그 발견자인 예르생의 이름을 딴 *Yersinia pestis*(1896년 *Pasteurella pestis*라고 명명되었다가 1944년 *Yersinia pestis*로 바뀌었다. 역자 주)라는 세균에 의해 발병한다.

　예르생은 일단 병원체를 찾아내는 것에는 성공했다. 그러나 시궁쥐와 사람 사이에서 어떻게 흑사병이 전파되는지는 알아내지 못했다. 흑사병이 공기로 전파되는지, 아니면 오로지 시궁쥐에 의해서만 전파되는지 하는 의문은 시몽에 의해서 풀리게 되었다. 파스퇴르는 베트남과 인도에 육군 군의관 폴 루이 시몽(1858~1947)을 파견하였다. 시몽은 거리와 건물에 널려 있는 많은 시궁쥐의 사체와 흑사병에 걸린 시궁쥐에 주목했을 뿐만 아니라, 죽은 쥐를 치웠던 양모 공장 노동자 20명도 흑사병에 걸려 사망했음에 주목했다. 쥐를 건드리지 않은 다른 노동자들은 아무도 흑사병에 걸리지 않았다. 죽은 쥐와 사람 사이에 중간 매개체가 있음을 시사하는 것이었다. 시몽은, 건강한 쥐는 털을 계속 고르기 때문에 벼룩이 많이 없지만, 흑사병에 걸린 쥐는 털을 고르지 못하기 때문에 벼룩이 들끓고, 또 쥐가 죽고 나면 벼룩이 다른 쥐나 사람에게 옮아간 것을 확인하였다. 시몽은 흡혈 벼룩이 흑사병을 옮긴다는 가설을 세웠다. 시몽은 길쭉한 병을 준비하여 병의 중간에 철망을 두고, 아래쪽에는 흑사병에 걸린 시궁쥐를 두고 위쪽에는 건강한 시궁쥐를 두었다. 건강한 쥐와 흑사병에 걸린 쥐가 직접 접촉할 수는 없었지만, 벼룩은 10cm 높이를 문제 없이 뛰어올라 철망을 통과하여 건강한 쥐를 물 수 있었다. 대조군으로서는 흑사병에 걸린 시궁쥐에서 벼룩을 모조리 제거하여 같은 방법을 적용했다. 결과는 명백했다. 대조군에서는 건강한 쥐가 흑사병에 걸리는 일이 없었지만, 실험군의 건강한 쥐는 모조리 흑사병에 걸렸다. 대조군의 실험통에 벼룩을 넣었을 때도 가설을 입증하는 결과를 얻었다. 1898년 6월 2일, 시몽은 파스퇴르에게 흑사병이 전염되는 경로를 규명했다고 보고하였다.

격리를 통한 전염병의 제어

세균 병인론이나 현미경 같은 도구가 존재하기 훨씬 전이었던 지금부터 2천년 전에도, 히포크라테스나 페르가몬의 갈레노스는 흑사병 같은 몇몇 질환에 대해 병자와 가까이 하는 것은 위험하다고 경고했다. 기원후 549년 콘스탄티노플에서 흑사병이 돌 때, 유스티아누스 황제는 역병이 도는 곳에서 온 사람들을 무조건 격리하여 며칠간 질병이 있는지 관찰해야 한다는 법률을 제정했다. 미생물이 질병을 일으킨다는 인식이 없었던 때에도, 흑사병으로 고통 받던 중세 유럽인들은 자신들이 직면한 그 괴질이 전염성이 있고, 공중보건을 유지하기 위해서는 환자들을 완전히 격리시켜야 한다는 것을 경험적으로 인식했던 것이다. 1347년 유럽에 흑사병이 상륙했을 때, 아드리아해와 지중해의 항구 도시들은 투르크, 중동, 아프리카 등 역병이 도는 지역에서 항해해 온 선박들의 입항을 거부하였다. 1348년, 흑사병이 가장 창궐했던 도시 중 하나이자 데카메론의 무대가 되었던 도시 피렌체는 인원과 물자의 유통을 일정 기간 동안 제한하는 조치인 검역을 시행했다. 검역을 뜻하는 영어 단어 quarantine은 이탈리아어로 40일을 일컫는 quaranta giorni에서 유래한 말이다. 당시 이탈리아의 항구 도시들이 입항하고자 하는 선박들로 하여금 화물을 하역하거나 승객 및 승조원이 상륙하기 전에 40일 동안 대기하도록 조치했기 때문이다. 베네치아 공화국은 1348년에 감염이 의심되는 선박에 대해 공식적으로 입항을 거부하였고, 1377년 두브로브니크에서 최초로 공식적인 검역을 실시하였다. 입항을 원하는 선박은 30일간 인근 섬에서 대기하면서, 승조원과 승객에게 건강상 아무 문제가 없다는 것을 증명해야 했다. 이후 다른 항구 도시에서는 해안 및 인근 도서에 검역소를 설치했다. 그러나 검역을 시행했음에도 불구하고 90%의 승조원과 승객들은 선상에서 사망했고, 거주민들의 상당수도 흑사병으로 사망했다. 후대에 가서야 예르생과 시몽의 연구를 통해 그 이유를 알게 되었다. 감염된 시궁쥐가 검역소에서 배의 삭구를 타고 도망쳐서 도시에 질병을 퍼뜨린 것이다. 때로 도시 내에서도 검역이 이루어졌다. 이때에는 병자와 가족들을 통째로 집에 가두고 문에 못질을 하여 굶어 죽을 때까지 방치하는 조치가 행해졌다. 이탈리아의 도시들은 이러한 극단적인 방법을 취했지만, 이 또한 질병의 확산을 완벽하게 막지는 못했고, 오히려 가족들까지 죽어 나감에 따라 사망률이 높아졌다.

세 번의 대유행

역사적으로 지금까지 세 번의 흑사병 대유행이 있었다. 흑사병 대유행은 무력 분쟁이나 다른 전염병과는 차원이 다른 사회적, 경제적 후유증을 남겼다. 유스티아누스 흑사병이라 불리는 첫 번째 흑사병의 대유행은 인도 북동부에서 시작되어 지중해 또는 중앙아프리카를 거쳐 동로마 제국으로 유입되었다. 유스티아누스 흑사병은 들쥐나 저빌(사막쥐)과 같은 자연숙주의 서식 양상이 달라져서 번진 것이다. 당시의 날씨는 매우 서늘하고 습했는데, 이로 인해 들쥐와 저빌의 수가 크게 늘어났다. 결국 많은 들쥐와 저빌이 초원지대를 넘어 사람이 사는 도시나 촌락까지 밀고 들어왔다. 이들 설치류에 기생하는 외부 기생충 열대쥐벼룩(*Xenopsylla cheopis*)은 사람에게 흑사병을 전염시켰다. 들쥐와 저빌이 사람의 집 근처에 거주하는 시궁쥐와 섞이면서 열대

쥐벼룩이 시궁쥐에 옮겨졌고 흑사병이 사람에게까지 옮겨진 것이다. 흑사병은 기원후 540년에 이집트 남부의 도시인 펠루시움에 상륙한다. 이후 이집트 북부의 알렉산드리아까지 전파되어 선박을 통해 동로마 제국의 수도인 콘스탄티노플(지금의 이스탄불)에 상륙한다. 당시의 역사가인 카에사에리아의 프로코피우스는 "역병이 온 세상을 휩쓸어 모든 사람들의 목숨을 앗아 갔다. (…) 큰 종창이 겨드랑이와 사타구니에 나타났고, (…) 섬망과 발작, 불안이 뒤를 이었으며, 몇몇 사람들은 혼수 상태에 빠졌다. 종창이 터지면 살 가능성도 있지만 대개는 5일 내에 사망한다. 역병은 동로마 제국의 수도 콘스탄티노플을 휩쓸어, 몇 달 동안 죽은 사람이 너무 많아서 완성되지 않은 성벽의 성탑 내에 시신을 채워 넣을 지경이 되었다."라고 기록했다. 결국 흑사병 때문에 벨리사리우스 장군은 로마 제국의 영광을 되찾고자 했던 유스티아누스 황제의 목표를 이루어 줄 수 없게 되었다. 동로마 제국의 군사력이 약화되어 동로마 제국과 페르시아 제국의 연합군은 기원후 634년 피라즈에서 이슬람 세력에게 패배하게 된다. 이후 수십 년 동안 3~4년마다 흑사병이 유행하여 기원후 7세기 내내 흑사병이 이어졌다. 기원후 600년경에는 유스티아누스 흑사병으로 인해 당시 서유럽 인구의 50%에 해당하는 1억 명까지 인구 수가 줄어들고 만다.

『전염병과 인류의 역사』를 저술한 역사가 윌리엄 맥닐은 유스티아누스 흑사병이 지나가면서 "지중해는 더 이상 유럽의 중심지가 아니며, 유럽 대륙의 북쪽으로 유럽의 중심지가 이동되었음"을 기술하였다. 2세기 이상 지속된 흑사병은 고대 그리스-로마 문명의 시대를 끝내고 이른바 암흑 시대를 열었다. 지중해 연안의 무역이 위축되고 대부분의 국가가 물물교환 시대로 퇴행하였다. 도시는 몰락하고 봉건제도가 자리를 잡았으며, 종교는 운명론으로 기울어지게 되었고, 유럽은 침잠하기에 이르렀다.

유스티아누스 흑사병의 병원체는 동쪽으로 전파되어 현재 투르케스탄에 해당하는 중앙아시아 평원의 대형 설치류 마못에 토착화되었다. 이 병원체가 뒤늦게 보카치오가 데카메론에서 묘사한 2차 흑사병 대유행을 유발하였다. 사냥꾼들은 흑사병에 걸려서 죽어 가는 마못을 보면 주저하지 않고 잡아서 털가죽을 벗겨서 모았다. 이렇게 수집된 털가죽은 서쪽으로 팔려 갔으며, 아스트라칸과 사라이 사이의 비단길을 따라 이동하였다. 털가죽 사이에 숨어 있던 굶주린 벼룩들은 비단길을 따라 이동하다가 다른 짐승이 보일 때마다 뛰쳐나가 흡혈을 시작했다. 흑사병은 아스트라칸과 사라이에서 시작하여 돈강을 따라 카파로 이동하였다. 카파는 크림반도 동안에 위치한 러시아 남부의 항구 도시이다. 여느 도시와 같이 시궁쥐들이 들끓는 카파는 흑사병균이 세를 불릴 완벽한 터전이 되었다. 카파의 범선에도 흑사병균의 숙주인 시궁쥐들이 많았다. 저녁이 되어 승조원들이 잠들어 있을 때 시궁쥐들은 배 위로 기어나와서 삭구를 따라 뛰어다녔다. 감염된 시궁쥐들은 범선에 실려서 다른 곳으로 이동하면서 지중해의 항구 도시에 전염병을 옮기는 효과적인 매개체가 되었다. 카파와 유럽을 잇는 주요 항구는 두 곳이 있었는데, 하나는 콘스탄티노플이었고 나머지 하나는 시칠리아섬의 메시나였다. 두 도시 모두가 흑사병의 주요한 허브가 되었다. 1347년 메시나에서 흑사병이 발생하여 아프리카 북부의 튀니지로 전파되었고, 다시 사르데냐를 거쳐 스페인까지 전파되었다. 흑사병이 스페인에 전파되었을 때는 이미 제노바, 마르세유, 피사와 같은 유럽의 주요 도시들에도 흑사병이 전파된 후였다. 곧 영국에까지 퍼졌고, 런던에서 출발한 배는 승조원과 양모와 쥐를 싣고 1349년 스칸디나비아반도의 베르겐에 기항하였다. 1351년에는 폴란드까지 흑사병이 전파된 상태였고, 1352년에 러시아에까지 도달하여 결국 유럽 전역을 휩쓸기에 이르렀다. 이렇게 유럽 전 지역이 죽음의 올가미에 단단히 옭아 매이게 되었다.

　감염된 쥐들은 항구와 항구, 국가와 국가 사이를 이동하여, 혼잡하고 더럽고 쥐가 들끓는 도시에 거주하는 인류에게 흑사병을 퍼뜨렸다. 의심의 여지가 없이 흑사병은 그때까지 서유럽을 강타한 가장 악명 높은 전염병이었으며, 오랫동안 사라지지도 않았다. 1347년부터 1722년까지, 아시아에서 온 상인들과는 무관하게 흑사병이 간헐적으로 발생하였다. 잉글랜드에서는 1361년부터 1480년까지 2~5년 간격으로 흑사병이 유행했다. 사무엘 핍스의 1655년 흑사병 대유행에 대한 기록과 그를 기반으로 한 다니엘 디포의 소설 『전염병 연대기』에는, 45만 명의 런던 시민 중 7만 명이 사망했다는 기록이 있다.

　흑사병의 세 번째 대유행은 1860년대에 중국에서 발발하였다. 이 3차 유행은 철도와 기선이라는 더욱 빠른 매개체에 의해 중세의 2차 흑사병 대유행 때보다 더 빠르게 전 세계로 확산되었고, 오늘날까지 완벽하게 근절되지 않았다. 현재 사람에게 감염되는 흑사병의 유형은 가래톳 흑사병으로 흑사병균을 가지고 있는 쥐를 물었던 벼룩이 다시 사람을 물어서 걸리는 형태이다. 사람의 손과 발, 팔다리(주로 벼룩에 물리는 부위)가 벼룩에 물리면 환부로부터 림프액을 받아들이는 겨드랑이나 사타구니의 림프절로 세균이 퍼진다. 림프절이 부어오르면 압통이 생기게 되는데, 이것을 흔히 가래톳이라고 부른다. 가래톳이 나타난 지 3일 뒤면 고열과 섬망이 나타나고 피부의 내출혈로 인해 검은색의 반점이 나타나게 된다. 흑사병이라는 이름은 피부에 검은 반점이 나타나기 때문에 붙여졌다는 견해도 있고, 검은색이라는 명칭이 그저 무서운 병이라는 뜻의 라틴어 pestis atra를 잘못 옮겨서 붙은 명칭이라는 견해도 있다.

　가래톳은 부풀어 올라 때로는 계란만해지고, 터지면 극심한 통증을 유발한다. 증상이 나타나면 2~4일 뒤에 사망한다. 그러나 어떤 경우에는 혈류로 흑사병균이 침입하게 된다. 흑사병균이 혈류로 침범하면 가래톳 없이 발열, 오한, 두통, 권태, 과다 출혈이 나타나 사망으로 이어질 수 있으며, 이러한 형태의 흑사병을 패혈성 흑사병이라 부른다. 패혈성 흑사병은 가래톳 흑사병보다 사망률이 더 높다. 흑사병균은 심지어 혈류를 타고 폐로 이동하여 폐렴 흑사병을 유발하기도 한다. 폐렴 흑사병은 사람에서 사람으로 전파될 수 있는 유일한 형태로, 묽고 피가 섞인 가래가 나온다. 이 가래에는 살아 있는 흑사병균이 들어 있다. 환자가 기침을 하거나 침을 뱉으면 감염성이 높은 흑사병균이 든 비말이 생성되며, 이 비말을 흡인하면 흑사병에 감염된다. 폐렴 흑사병은 급성의 치명적인 경과를 보여 감염 후 24시간 안에 사망한다. 사람을 무는 벼룩인 *Pulex irritans*에 의한 전파 외에도, 이러한 공기를 통한 전파가 흑사병의 급속한 확산을 일으켰을 것이다. 폐렴 흑사병은 매우 전염성이 높고 사망률 또한 높기 때문에 자주 공포와 공황을 야기한다. 만주에서 1910년에서 1911년 동안 6만 건의 폐렴 흑사병이 발생하였고, 1920년부터 1921년까지 다시 1만 건의 흑사병이 발생하였다. 흑사병에 감염된 사람들은 거의 모두가 사망하였다. 1994년에는 인도의 수라트에서 폐렴 흑사병이 발생하여 14,000명이 사망했다. 의료인들은 "지금 우리가 할 수 있는 것은 없다."라고 선언하고 도시에서 도망쳤다. 인도에서 출발하는 항공편과 인도산 수출품의 선적이 모두 취소되어, 경제적 피해는 30~40억 달러에 육박한 것으로 추정되었다. 2005년 콩고 민주공화국에서 흑사병으로 보이는 질병이 유행하였을 때는 수천 명의 사람들이 질병에 쫓겨 고향을 떠나 다른 나라로 이주하였다.

흑사병균은 가장 맹독성인 세균으로, 한 마리의 세균에만 노출되어도 실험용 생쥐의 50%가 사망할 정도이다. 보통 흑사병균은 벼룩에 의해 설치류 사이에서 옮겨지지만, 부패 중인 사체 내에서도 며칠 동안 살아 있을 수 있고, 얼어붙은 사체 내에서도 몇 년 동안 병원성을 유지할 수 있다. 흑사병균이 이렇게 맹독성을 띠는 이유는 아직도 알 수 없으나, 몇 가지 독성 인자가 확인되었다. 하나의 세균 염색체와, 그와는 별개로 존재하는 고리 모양의 DNA인 세 개의 플라스미드에서 질병과 관련된 여러 가지 단백질을 만든다. 그런 단백질 중 하나가 예르시니아균 외단백질로, 세균이 숙주의 큰포식세포에 잡아먹히

는 것을 막아 면역체계의 감시를 피한다. 다른 단백질 독소는 주위의
세포를 죽이고 피덩이 중에 존재하는 혈액 응고의 최종 산물인 피브
린을 파괴하여 세균이 벼룩에 물려서 생긴 상처를 뚫고 전신으로 자
유롭게 퍼질 수 있도록 한다.

　사람에서 흑사병이 다양한 양상으로 나타나듯, 벼룩에서도 다양한
양상으로 나타난다. 약 80여 종의 벼룩이 흑사병을 옮기는 것으로 알
려져 있다. 벼룩은 흡혈성 곤충으로, 벼룩이 균혈증이나 패혈증 상태
의 흑사병에 감염된 숙주를 물면 숙주의 혈액 안에 있던 흑사병균이
벼룩에게 들어오게 된다. 흑사병균은 벼룩 전위(전장)의 피덩이 안에
서 증식한다. 이렇게 세균이 든 피덩이가 벼룩의 소화기관을 막아 버
리면 벼룩은 혈액을 중장으로 보낼 수 없게 된다. 결국 벼룩은 허기져
서 숙주를 마구 물어뜯기 시작하며, 숙주를 물어뜯을 때마다 피덩이
속의 흑사병균이 상처를 통해 숙주에게 역류하여 들어가게 된다. 이
렇게 하여 벼룩이 흑사병을 옮기는 것이다. 흑사병균은 결국 벼룩의
전장을 막아 굶어 죽게 만들기 때문에 벼룩에게도 해로운 균이다. 포
유류 숙주가 죽으면 벼룩은 떨어져 나와서 주위의 다른 온혈동물 숙
주를 찾아간다. 사람은 본래 벼룩이 좋아하는 숙주가 아니다. 그러나
설치류가 줄어들면 벼룩은 사람에게 달려들게 되고, 흑사병의 대유행
이 시작된다.

　흑사병균의 혈청형은 안티카, 메디발리스, 오리엔탈리스가 있다.
역학 및 역사 기록을 토대로 추정해 보면, 현재 아프리카의 풍토병으
로 존재하는 흑사병의 혈청형인 안티카는 유스티아누스 흑사병균에

서 유래한 것이며, 중앙아시아에 존재하는 메디발리스는 중세의 흑사병균에서 유래한 것이다. 백여 년 전에 중국에서 시작되어 지금도 전 세계에 존재하는 흑사병균은 오리엔탈리스이다. 흑사병균은 농업이 시작되고 인구가 증가하기 시작한 1,500~20,000년 전에 경제적, 사회적 요소의 변동으로 인해 급속히 진화했을 것이다. 농업이 시작되면서 정착 생활도 시작되었다. 하지만 이것은 설치류에게도 횡재나 마찬가지였고, 사람이 거주하는 곳에는 설치류도 집단적으로 무리를 지어 살기 시작했다. 예르시니아 중에서 *Yersinia pseudotuberculosis*는 원래 설치류의 장내에 서식하고 있고, 사람에게는 독성이 약하여 기껏해야 겨울철 식중독이나 일으키는 세균이다. 이 세균이 진화하여 맹독성의 흑사병균이 되었다. 진화 과정은 세균의 몇 가지 유전적 변동에 의해 이루어졌다. 헤민의 저장에 관여하는 단백질을 만드는 유전자로 인해 흑사병균이 든 혈액을 흡혈한 벼룩은 전위가 막히고, 위에서 설명한 것처럼 벼룩으로 인한 전염이 촉진되었다. 그리고 인지질 분해 효소인 포스포라이페이스 D와 플라스미노젠 활성화단백과 같은 단백질 생성 유전자에 의해서 여러 종류의 포유류 숙주에서 급속히 퍼져 나갈 수 있게 되었다.

근년의 사례들

현재 흑사병은 아프리카, 과거 소련을 구성했던 국가들, 그리고 미주 지역에서 유행하고 있다. 2003년 세계보건기구는 2,118건의 흑사병례와 182건의 사망례를 보고하였다. 그 중 2,025건의 흑사병례와 177건의 사망례는 마다가스카르와 콩고 민주공화국에서 보고된 것이다. 어느 나라나 흑사병의 발생에 대해 자세히 밝히고 싶어 하지 않는다. 또 임상 경과가 전형적이지 않고 검사실 진단법도 없었다. 그래서 세계보건기구는 당시 실제 발생 건수가 보고된 것보다 훨씬 많았을 것으로 추정하였다. 2004년 12월 콩고 민주공화국의 다이아몬드 광산 노동자들 사이에서 폐렴 흑사병이 발생하여, 이듬해 3월 유행이 통제될 때까지 130명이 감염되어 57명이 사망하였다. 2005년에는 마못 고기를 먹어서 흑사병에 걸린 티베트인 다섯 명 중 두 명이 숨졌다.

전 세계적으로 최근 50년 동안 연간 약 2천 건의 흑사병이 보고되고 있다. 선진국에서 발병하는 예는 드물다. 미국에서는 매년 12건이 발생하며, 대부분 뉴멕시코 동부, 애리조나 북부, 콜로라도 남부, 캘리포니아, 오레곤 남부, 네바다 서부와 같은 초원의 건조지대에서 발생한다. 1924년부터 1925년까지의 일 이후로는 미국의 대도시에서 흑사병이 유행한 적은 없었다.

대부분의 선진국에서 흑사병이 발생하게 된다면, 그것은 사악한 목적을 가지고 흑사병균을 의도적으로 살포한 생물 테러일 가능성이 높다. 흑사병은 과거에도 생물병기로 사용된 적이 있다. 몽골 제국이 발트해 연안의 도시 카파를 공격할 때이다. 목격자 가브리엘 드 무시스에 따르면, 몇 년에 걸쳐 카파에 대한 공성전이 이어졌다. 몽골 제국군 사이에서 흑사병이 유행하자 몽골군은 투석기를 이용하여 흑사병으로 죽은 장병의 시신을 성 안으로 던져 넣었다. 병사자의 시신이 카파로 피난해 온 제노바의 상인들을 감염시킬 것이라고 여긴 것이었다. 상인들은 시신을 황급히 바다로 던졌지만, 그로 인해 카파의 시민들은 흑사병에 감염되어 버렸다. 몽골 제국이 포위를 풀자 제노바 상인들은 카파를 떠날 수 있었다. 1347년 제노바 상인들이 다시 이탈리아로 돌아왔지만, 돌아온 것은 그들만이 아니었다. 흑사병에 걸린 쥐들을 대동하고 돌아온 것이다. 그들이 가장 먼저 도달한 도시 메시나는 지중해 연안의 도시에 흑사병이 침입해 들어가는 관문이 되어, 결국 수많은 시민들이 흑사병으로 쓰러지기 시작하였다.

1930년대에 만주를 점령한 일본군은 중국 본토에 흑사병에 감염된 벼룩을 비행기로 투하하는 전략을 시도했다. 벼룩에 물리면 일차적으로 가래톳 흑사병에 걸린다. 가래톳 흑사병은 대개는 그 사람만 감염되는 것으로 끝나고, 다른 사람에게 전파되지는 않는다. 그러나 전체 환자의 12% 정도에서 세균이 혈류를 통하여 폐로 들어가서 이차성 폐렴 흑사병을 앓게 된다. 폐렴 흑사병 환자는 기침을 하거나 침을 뱉거나 할 때 다른 사람에게 세균을 전파하여 일차적으로 폐렴 흑사병을 일으킨다. 그러면 그 사람도 또 다른 사람에게 폐렴 흑사병을 옮길 수 있다. 이렇게 폐렴 흑사병은 설치류나 벼룩 없이도 사람에서 사람으로 전염된다. 1990년대에 구 소련은 생물병기로 사용할 흑사병균 에어로졸을 제조하였다고 하는데, 그때 만들어진 에어로졸이 어떻게 되었는지는 아무도 모른다.

　　이 에어로졸이 테러 조직의 손에 떨어지고 수천 명이 운집한 야구 월드시리즈 경기장에 살포되었다고 가정한다면 어떤 일이 일어날 것인가? 「당신의 도시에 퍼진 전염병」이라는 가상 시나리오를 통해 공중보건 부서와 행정부의 고위 관료들이 모의 연습을 실시하였다. 에어로졸이 살포되고 하루 뒤, 지방자치단체의 보건국은 갑자기 많은 사람들이 기침과 발열을 호소하면서 지역 병원으로 내원했음을 보고받았다. 처음에는 독감이 돌고 있는 것으로 생각하였다. 그날 저녁까지 5백 명 이상의 사람들이 이상 소견을 보이고, 24시간 후 25명이 사망하였다. 병자들로부터 채취한 검체를 조지아주 애틀랜타시의 질병관리본부로 보냈다. 독감이 아니라 흑사병임을 확인한 질병관리본부와 보건국은 긴급 대응팀을 현지에 파견하였다. 먼저 공중보건 비상사태가 선포되었다. 전날까지도 독감에 대비하고 있던 병원에서 직원을 긴급히 재소집하고 응급 상황과 치료에 대한 계획을 통보하였다. 둘째 날 오후에는 병원 직원들이 흑사병으로 일을 할 수 없게 되었고, 기계환기장비와 항생제가 부족해졌다. 주지사는 도시 전체를 통째로 격리한다는 내용의 시행령을 선포하였다. 항생제 또한 흑사병 치료용으로 징발되었다. 그리고 대중에게는 생물 테러 공격으로 인해 흑사병이 발생했으니, 흑사병 환자와 접촉했거나 의심 증상이 있으면 즉시 치료를 받을 것을 공표하였다. 항생제를 요구하며 보건의료시설로 몰려든 사람들이 공포에 빠져 폭동을 일으키기 시작했다. 사람들은 되도록이면 실내에 머무르고, 사람이 많이 모이는 장소를 피하고, 외출할 때는 반드시 마스크를 쓰라는 지시가 내려졌다. 셋째 날에는 1,800명의 환자가 발생하였다. 대부분의 환자는 미국에서 생겼지만, 런던과 도쿄에서도 환자가 발생하였다. 감염자들 중 400명이 사망하였다. 병원은 환자의 유입으로 인해 마비될 지경에 이르렀다. 통상적인 의료 서비스는 중단되었다. 필요한 곳에 항생제를 보내는 것도 어려웠다. 자원 분배 계획은 아직 수립되지도 못하고 있었다. 질병 확산을 막기 위해 주 경계선에 검문소를 설치하였다. 사람들은 도시에 생필품과 식료품이 도착할 수 있을지 걱정하기 시작했다. 주 경계를 넘는 이동이 금지되었다. 3,000건의 폐렴 흑사병이 보고되었고, 800명이 사망했다. 4일째에는 누적해서 4,000건의 증례와 1,000건의 사망례가 보고되었다. 일단 이 시점에서 모의 연습을 끝내고 평가회의를 시작했다.

이 연습을 통해서, 집단 발생한 흑사병을 통제하기 위해서는 합리적인 원칙과 함께 단호한 리더십, 희소자원 분배의 우선순위 확립, 양질의 보건의료시설 확보가 절대적으로 필요한 것으로 나타났다. 이 모의 연습을 통해 얻은 교훈은 분명하다. 모든 공공기관과 공중보건 부서의 신속하고 효과적인 계획과 대비만이 흑사병의 재유행을 막을 수 있으리라는 사실이다.

다가올 흑사병에 잘 대처해야

흑사병의 사망률과 이환율은 21세기 들어 크게 감소하였다. 그러나 사람만이 유일한 숙주여서 쉽게 박멸된 천연두와는 달리 이 질병은 아직 근절되지 않았고, 아프리카, 아시아, 아메리카 대륙에서 여전히 풍토병으로 남아 있다. 세계보건기구에 따르면, 1983년부터 1997년까지 24개 국가에서 28,570건의 환례가 보고되었고, 2,331명이 사망하였다. 1997년에는 14개 국가에서 5,419건의 환례, 274건의 사망이 보고되었다. 1991년과 1997년에는 마다가스카르, 1994년에는 말라위, 짐바브웨, 인도, 1996년에는 잠비아와 중국에서 흑사병이 발생했다. 미국에서는 극히 적어서 1997년의 경우, 전체 환례는 4건에 불과했고 사망은 그 중 한 건이었다.

흑사병균의 주요 숙주는 다람쥐, 프레리도그(개쥐), 토끼, 들쥐, 코요테, 고양이와 같이 도시 및 삼림지대에 사는 소형 포유류이다. 베트남 전쟁 중에 고엽제 등으로 인해 숲이 파괴되어 삼림지대에 살던 숙주가 인간이 거주하거나 전투했던 곳으로 이동함으로써 당시 베트남에서 흑사병이 증가했다. 미국에서는 프레리도그, 청설모, 생쥐, 집쥐와 같은 설치류가 흑사병에 감염된 채로 교외 지역 주택에 침범하여 흑사병이 발생하였다. 프레리도그와 접촉한 개나 고양이 등 애완동물들도 감염에서 예외가 아니라서, 드물게 벼룩을 통해 사람에게 가래톳 흑사병을 전염시키거나, 혹은 더 드물게는 일차적으로 폐렴 흑사병을 전염시킬 수도 있다. 특히 수의사는 설치류를 잡아먹고 감염된 고양이에 노출될 위험이 크다. 미국에서는 이들 수의사에서 폐렴 흑사병이 증가하고 있다.

흑사병의 발생과 유행에 대비하기 위해서는 여러 가지 조치가 필요하다. 우리는 야생동물, 특히 집단적으로 죽은 설치류를 잘 감시하고, 흑사병 위험 지역을 대중에게 알려야 한다. 사람의 주거 지역에 설치류가 들어올 수 없게 하고, 설치류의 서식지에 카바릴과 같은 살충제를 살포하거나 독먹이를 설치하여 벼룩을 제거해야 한다. 필요하다면 살서제를 사용한다. 그러나 이런 조치를 취한다고 해도 흑사병을 완전히 박멸할 수는 없다. 천연두와는 달리 흑사병균은 사람뿐만 아니라 다른 동물도 숙주로 삼기 때문이다.

비록 지금은 흑사병이 드물어졌지만, 흑사병 유행 지역에서 설치류와 접촉하거나 벼룩에 물린 사람이 열이 나면 흑사병에 걸렸는지 의심해야 한다. 폐렴 흑사병의 전파 위험은 특히 항공 여행으로 인해 증가되었다. 흑사병 유행 지역에서 출발한 승객이 발열, 기침, 오한을 보이면 격리하고 치료해야 한다. 흑사병의 진단은 예르생 시대에 사용되었던 가래톳 흡인물의 그람염색과 배양이 아직도 사용되고 있다. 흑사병균은 혈액 우무배지나 매콩키 우무배지에서 잘 자란다.

흑사병 환자를 치료하지 않으면 상태가 급속히 나빠져 3~5일 내에 사망하고, 사망률은 50%에 달한다. 폐렴 흑사병의 치료에는 스트렙토마이신, 겐타마이신, 테트라사이클린, 클로람페니콜 등의 항생제가 사용될 수 있으나, 극히 일부에서 항생제 내성이 보고되었다. 흑사병 유행 지역을 여행하는 사람에게는 예방적으로 테트라사이클린이나 독시사이클린과 같은 항생제를 처방한다. 곤충 기피제를 사용하는 것도 권장된다.

대부분의 선진국에서는 산발적으로 발생하는 자연적 흑사병은 크게 문제가 되지 않는다. 그러나 생물 공격을 위해 흑사병균을 살포한다면 이야기는 달라진다. 인간에 의한 것이든 다른 원인에 의한 것이든 흑사병은 그 접촉 경로에 놓인 사람과의 친밀한 접촉 없이는 전파되지 않는다. 전파 경로로는 쥐를 문 벼룩이 사람을 무는 것, 벼룩이 여러 사람에게서 흡혈을 하여 흑사병균을 전파시키는 것, 사람이 흑사병에 감염된 상태로 돌아다녀서 공기 중에 비말을 방출하는 것 등이 있다. 전염병이 무서운 위력을 보이는 이유는 그 전파력 때문이다. 즉, 전파 경로를 차단하면 유행을 멈출 수 있다. 지오바니 보카치오 시대 이후로, 흑사병의 대유행을 포함하여 모든 전염병의 대유행에 대처하는 가장 효과적인 방법은 신속한 격리임을 우리는 잘 알고 있다. 이러한 격리와 더불어 주의 깊은 감시, 마스크 사용, 항생제 보급 등을 통해 유행을 막을 수 있다. 새로운 전염병이 창궐할지라도, 검역 앞에서 맹위를 떨칠 전염병은 없음을 알아야 한다. 과거에는 검역이 공포에서 유래하였다. 르네상스 시대에는 이탈리아반도의 도시국가들이 궁여지책으로 행했던 극단적인 봉쇄를 통해, 고립된 자택에서 사람들이 굶어 죽거나 흑사병으로 죽을 수밖에 없었다. 그러나 오늘날 사람들은 질병이 발생하면 공공 장소에서 신속히 대피하여, 가능하면 자택에 머무르면서 어떻게 행동하는 것이 현명한 일인지 잘 생각해야 한다. 밖에 잠깐 나갈 일이 있다면 마스크를 써야 한다. 식량, 식수의 공급과 의료 서비스도 잘 제공되어야 할 것이다. 이들 중 쉽게 준비할 수 있는 것은 없다. 그러나 공포와 도주는 묵시록의 첫 번째 기수의 충실한 시종이었음을 기억해 두어야 한다. 사람들은 더 안전한 국가, 더 안전한 고지대나 삼림, 하다못해 다른 도시로 피난하려고 하는 본능을 가지고 있다. 그러나 흑사병은 환경 따위는 상관하지 않고 인간 사회로 침투해 왔음을 유념하라. 첫 번째 기수는 몸소 자신을 드러내기에 앞서서, 사람들을 공포에 질리게 하는 권능을 발휘할 것이다. 도망치는 것은 아무 의미도 없다. 많은 사람과 접촉하는 것을 피하고, 굳이 필요할 때는 호흡기 감염을 차단하기 위해 마스크를 착용하고, 의료 전문가의 지시대로 행동해야만 한다. 그것만이 유일한 답이다.

TWELVE
DISEASES

06

매독

THAT

CHANGED

OUR

WORLD

06

매독

때는 1748년, 런던은 세계의 중심이었다. (…) 그들은 (…) 프랑스의 작가 볼테르, 판사 블랙스톤, 가구제조공 치펀데일에 대해 이야기했다. 사무엘 존슨은 정신의 영구적이면서도 확실한 특징에 대해 기술했다. 매독은 성행위를 통해 전파된다. 운이 없다면 매독은 남성의 성기를 좀 먹을 것이다. 어떤 사람들은 매독은 하나의 질병이라고 주장하였으며, 다른 사람들은 비슷한 두 가지 질병을 같은 이름으로 부르는 것이라고 주장하였다. 존 헌터는 (…) 이것이 나쁜 공기로 전염되는 질병은 아니라고 생각했다. 분명히 매독은 (…) 일종의 부패한 액체에 의해 발병할 것이다. 존 헌터는 모든 형태의 매독을 잘 알고 있었다. 그는 매독이 두 가지 형태로 나타난다고 했다. 음경의 구진으로 시작되었다면 단일한 특정 경과를 거친다. 그가 관찰한 다른 형태는 (…) 요도의 아래쪽이 영향을 받고 (…) 액상의 분비물이 분비된다. 그의 앞에 서 있는 매독 환자의 (…) 음경 끝에는 적은 양의 누런 액체가 맺혀 있었으며 (…) 이것은 전형적인 매독의 임상 예였다. 매독이 단일 질병임을 실증하기 위해서는 습성 성병 환자의 고름이 다른 사람의 음경에서 건성 성병, 즉 경성하감을 일으킬 수 있다는 것을 보이기만 하면 되었다. 존 헌터가 쉽사리 접근할 수 있는 건강한 음경은 다름 아닌 자신의 것뿐이었으므로 그는 자신의 음경을 사용하기로 했다. 자기 앞에 서 있는 환자의 음경에서 란셋으로 누런 액체를 긁어 자신의 음경 귀두에 옮긴 것이다. 그 누런 액체가 묻은 음경 귀두를 란셋으로 계속 찔러 자신의 음경에 상처를 내었다. 그리고 그 상처를 손으로 잡아 열어 환자의 고름이 상처 속으로 들어가게 했다. 존 헌터는 환자에게는 사타구니에 펴 바를 소량의 수은을 처방하였다. 그 주 일요일, 그의 음경이 쑤셔오기 시작했음을 공책에 기록하였다. 란셋에 찔렸던 부위가 벌겋게 되었다. 화요일이 되자, 구진 모양의 경성하감이 두 개 돋아났다. 습성 성병 환자로부터 얻은 고름이 건성 성병을 일으킨 것이다. 즉, 두 질환은 서로 다른 질환이 아니며, 매독이라는 하나의 질환이었던 것이다. 그는 사타구니에 수은을 펴 발랐고 경성하감은 사라졌다. 석 달 뒤 피부에 발진이 나타났다. 그는 허벅지에 대량의 수은을 펴 발랐으며, 그 증상은 다행히 사라졌다고 공책에 기록했다. 하지만 일이 잘못되고 말았다. 1793년, 피할 수 없는 일이 닥쳐왔다. 존 헌터는 자신의 손으로 감염시킨 매독에 의해 사망한 것이다.

영국의 외과 의사 존 헌터(1728~1793)의 시대에는 매독의 기원에 대한 설이 분분했다. 가장 일반적으로 믿어지는 가설 중 하나는 크리스토퍼 콜롬버스(1451~1506)가 이끌었던 44명의 탐험대가 신대륙에 체류하는 동안 원주민들과 접촉하면서 감염되었고, 이들이 유럽으로 질병을 전파시켰다는 것이다. 1493년 매독이 스페인에 전파되었고, 감염자들 중 일부가 샤를 8세의 프랑스군에 합류하여 1494년 이탈리아를 침공하고 1495년 나폴리 공성전에 참여하였다. 공성전 도중에 프랑스군 사이에서 매독이 유행해서 결국 프랑스군은 철수해야 했다. 나폴리 홍등가의 여성들로부터 매독이 옮은 샤를 8세의 병력이 해산되어 이곳저곳으로 흩어지면서 매독은 유럽 전역으로 빠르게 확산되었다. 1496년 봄 용병들 중 일부가 스코틀랜드의 퍼킨 워백의 군대에 합류하였고, 당시 스코틀랜드의 왕 제임스 4세의 지원 하에 잉글랜드로 쳐들어갔다. 그 침략군들 사이에서 매독이 유행했다. 유럽에 전파된 지 5년 만에 매독은 유럽 전역에서 대유행하게 된다. 1497년에는 헝가리와 러시아, 그로부터 1년 내에는 아프리카와 중동에까지 매독이 전파되었다. 실제로 가장 먼저 감염되었을 포르투갈인들은 1498년 바스코 다 가마가 희망봉을 돌아 인도로 항해할 때에도 매독을 보균한 채로 항해하여 인도에 도착했을 것이다. 결국 매독은 중국에는 1505년, 오스트레일리아에는 1515년, 일본에는 1569년에 전파되었다. 끝내 매독은 사람이 사는 모든 대륙에 전파되고 만다.

프랑스인들은 매독을 이탈리아인들이 전파시켰다고 비난하여 매독을 나폴리병이라고 불렀다. 이탈리아인들은 이 질병을 프랑스병이라고 불렀다. 이런 이름들이 나오게 된 이유는 샤를 8세의 오합지졸 군대가 나폴리에서 퇴각하면서 매독을 유럽 전역 자신들의 고향에 전파시켰기 때문이다. 오래지 않아 사람들은 매독을 자신들이 불결하게 여기고 혐오하는 국가의 이름으로 부르게 된다. 러시아인들은 폴란드병이라고 불렀으며, 일본인들은 당창(중국병)이라고 불렀고, 잉글랜드인들은 스페인병이라고 불렀다.

매독의 희생자들은 발열, 낫지 않는 부스럼, 흉측한 흉터, 관절을 못쓰게 만드는 관절통으로 고생하다가 끔찍하게 죽었다. 독일의 요세프 그룬벡(1473~1532)은 15세기 말에 다음과 같이 기록했다. "최근 들어 나는 이 세상 방방곡곡의 사람들이 무시무시한 천벌, 고통, 병약에 시달리는 것을 보았다. 이 세상에 지금까지 알려진 모든 질병 중에서 이 질병만큼이나 잔인무도하고 고통스러우며 끔찍하고 역겨운 질병은 아마 없을 것이다."

매독의 병원체는 5세기 동안이나 알려져 있지 않았으므로 그 기원에 대해 추측할 시간은 넘쳤다. 몇몇 사람들은 점성술을 기반으로 1484년 화성, 목성, 토성이 성적 행위와 가장 연관성이 있는 별자리인 전갈자리와 합을 이룬 것이 매독과 관련이 있다고 주장했다. 어떤 사람들은 인간의 성적인 방종에 대해 신이 내린 징벌이라고 믿었다. 결국 공중목욕탕이 폐쇄되었고, 성매매도 줄어들었으며, 친구와 연인들 사이에도 불신이 싹텄다. 가발이나 장갑을 착용하는 것이 유행이 된 것도 매독과 연관이 있을 것이라는 주장이 제기되었다. 매독으로 인한 상처와 흉터를 감추어야 했기 때문이다. 1530년 지롤라모 프라카스토로는 이 질병을 태양신 아폴론을 저주하였다가 신의 분노로 괴질을 앓게 된 그리스 신화의 양치기 시필루스의 이름을 따서 syphilis라고 명명하였다. 프라카스토로는 매독을 역병의 씨앗에 의해 야기되는 감염성 질환이라고 주장했지만, 이 주장은 그 당시의 지식 수준으로는 지지받기 어려웠다. 역병의 씨앗은 오감으로 확인할 수 있는 것이 아니었기 때문에 그의 주장은 그 시대 사람들로부터 조롱의 대상이 되었다. 그러나 3백 년 후, 프라카스토로가 주장한 그 역병의 씨앗이 발견되었다.

1905년 독일의 프리츠 샤우딘(1871~1906)과 에릭 호프만(1868~1959)은 높은 배율의 광학현미경을 사용하여 매독 환자의 경성하감에서 얻은 액체에서 세균을 확인하였다. 이 세균은 타래송곳과도 같은 나선형의 모양을 보였다. 샤우딘과 호프만은 이 세균을 라틴어의 타래송곳을 뜻하는 어근 trep과 실을 뜻하는 어근 nema를 따서 속명을 *Treponema*라 명명하였고, 알려진 염색법으로 염색이 잘 되지 않아서 창백하다는 뜻의 pallid를 따서 종명을 *pallidum*이라 명명하였다. 1913년 일본의 세균학자인 노구치 히데요(1876~1928)는 말기 매독으로 인해 마비와 정신 이상을 보였던 환자의 뇌에서 *Treponema pallidum*을 찾아 내었으며, 이로써 매독의 모든 임상 양상이 단일 병원체인 *T. pallidum*에 의해 야기된다는 것이 분명해졌다. 사람에게서 트레파노마속 세균들이 일으키는 감염증은 매독 말고도 몇 가지가 더 있다. 딸기종(요우스), 열대백반피부염(핀타), 풍토성매독(베젤)이 그것이다. 현미경에서 매독균을 포함한 트레포네마속 세균들은 모두 똑같이 보인다. 딸기종은 온난 습윤 기후대의 질환으로, 위생이 열악한 지역에서 잘 생긴다. 딸기종은 주로 소아에게 피부 접촉을 통해 전염되며, 혈행을 따라 전신으로 전파되어 얼굴과 뼈대의 변형을 일으키는 악성 질환이다. 열대백반피부염은 피부에 국한되는 질환으로, 피부의 색소 침착 양상을 바꾸고, 피부의 상처를 통해 사람에서 사람으로 전파된다. 풍토성매독은 키스 등에 의해서 직접 전파되거나, 주방용품,

물통 등 타액에 오염된 물체를 통해서 간접적으로 전파되며, 감염 후에 피부나 뼈대와 같은 조직을 파괴한다.

1998년 매독균의 유전체가 전부 해독되었다. 이 세균의 유전체는 매우 원시적이어서 단 1천 개(사람의 유전자는 2만 5천 개)의 유전자만 가지며, 많은 중요한 대사물질을 합성하는 능력이 결핍되어 있다. 그래서 18가지 특수한 수송체를 통해 숙주로부터 당, 아미노산, 핵산 전구체 등 생존에 필요한 요소들을 얻어 내야 한다. 이 세균의 병원성 인자에는 숙주의 세포에 구멍을 뚫기 위한 단백질을 만드는 유전자와, 세균이 점막에 부착할 수 있도록 하는 점성 물질이 있다. 또한 유전자 중복에 의해 표면단백질의 변동이 일어나서 숙주의 면역반응을 피할 수 있게 된다. 딸기종(병원균 *T. pallidum* subsp. *pertenue*), 열대백반피부염(병원균 *T. carateum*), 풍토성매독(병원균 *T. pallidum* subsp. *endemicum*)을 일으키는 세균과 매독(병원균 *T. pallidum* subsp. *pallidum*) 원인균의 유전체는 95% 이상 일치하며, 단 하나의 유전자 *tpp15*만 다르다. 이 유전자는 성병을 일으키는 매독균의 유전적 지표이다. 매독균과 그 근연종인 트레포네마속의 세균은 열충격단백질을 만드는 유전자가 없으므로 고온에 매우 취약하다. 활성 산소를 처리하는 효소를 만드는 유전자도 없기 때문에 저산소 상태에서만 살아남을 수 있다. 또한 탈수에도 민감해서 습윤한 환경에서만 살아남는다.

매독, 너는 어디에서 왔느냐

매독의 기원은 수백 년간 논란의 대상이었다. 다수설로 믿어지고 있는 콜롬버스설에 따르면, 매독은 콜롬버스 탐험대가 신대륙으로부터 구대륙으로 전파시킨 질병이다. 이 이론은 콜롬버스와 그 탐험대가 신대륙을 탐험하고 돌아온 시점부터 매독이 유럽에 유행하였고, 대원들에게 매독 소견이 있었다는 주장 때문에 나오게 되었다. 그 중 가장 강력한 증거는 뼈대에 남은 흔적이었다. 매독에서 나타나는 특징적인 뼈대 변형은 다리의 정강뼈가 마치 장식 무늬를 새긴 것 같은 모양과 기마병의 칼처럼 휜 모양(칼 정강뼈)이다. 이런 변형은 아메리카에서는 서기 1500년 이전의 원주민 유골에서 발견되었지만, 유럽이나 중국에서 출토된 그 시기의 유골에서는 전혀 발견되지 않았다. 그러나 최근의 연구로 콜롬버스설에 반론이 제기되고 있다. 콜롬버스의 탐험대원들과 원주민들에게는 질병이 없었다는 여러 건의 보고서들이 있다. 그리고 원주민의 유골에서 발견되었다는 뼈대의 소견들이 매독에서만 나타나는 것이 아니라, 딸기종 등 다른 트레포네마속 세균의 감염으로도 나타나기 때문이다. 사실 콜롬버스의 아메리카 대륙 발견 이전에 출토된 아메리카 원주민들의 머리뼈에서는 말기 매독에서 보이는 건성우식(우식은 충치같이 치아나 뼈가 좀먹은 것처럼 썩어 들어간 것. 역자 주)이 나타나지 않았다. 구대륙에서 1495년 이전에 사망한 것으로 확인된 유골들이 최근 몇 년 사이에 발굴되었는데, 이들에게서 건성우식이 확인되었다. 2000년 영국 헐의 블랙프라이어스라는 중세 수도원 터에서 발굴된 245구의 유골 중 8구에서 건성우식 소견이 보였다. 뼈대의 탄소 연대 측정으로 이들의 사망연도가 1300~1420년 사이, 즉 콜롬버스의 신대륙 항해로부터 70년이나 빠른 시기로 밝혀졌다. 1994년 헨네베르그 부부는 이탈리아 메타폰토의 그리스 식민지에서 발굴된 기원전 600년경의 것으로 추정되는 47구의 유해에서 건성우식을 발견하였다. 프랑스의 리지외에서 발견된 4세기의 유골에서는 건성우식과 칼 정강뼈의 소견을 보였다. 그리고 비슷한 소견을 보이는 유골이 15세기 중엽 이전의 잉글랜드의 리벤홀, 글로스터의 수도사 묘지, 노리치 등지에서 4구가 발견되었다. 중국 송대(960~1279)의 푸저우에서 발굴되었던 유골 또한 건성우식 소견이 있었다. 이런 증거를 기반으로 콜롬버스설이 틀렸다고 주장하는 사람들은 매독과 유사한 질병이 수천 년간 유럽과 아시아에 존재했다고 주장한다.

매독의 기원은 어디일까? 아마도 사하라 이남 아프리카의 동물로부터 트레포네마속의 세균이 처음으로 인간에게 감염되었을 것으로 추정된다. 처음에는 인간의 트레포네마증이 오늘날 바분원숭이에서 나타나는 질병과 유사했고, 피부 접촉을 통해 전파되었을 것이다. 백만 년 전, 열대백반피부염을 일으켰을 트레포네마속의 세균 중 일부가 돌연변이를 일으켜 딸기종을 일으키는 세균으로 진화했다. 실제로 아프리카에서 발견된 160만 년 전의 원시인인 호모 에렉투스의 골격에서도 딸기종의 소견이 발견된다. 원래 딸기종은 온난 습윤한 아프리카 대륙의 열대 기후대 근방에 국한된 풍토병으로, 피부 접촉으로 소아들에게 전파되었다. 호모 에렉투스 집단이 아프리카를 떠나 빙하기 동안 베링 지협을 건너갈 때에 딸기종 또한 호모 에렉투스의 체내에 숨어서 베링 지협을 건너갔다. 이후 딸기종은 습도가 높고 위생이 불결한 아메리카 대륙의 열대 지방에 토착화되기에 이른다. (훨씬 나중에, 딸기종은 노예 무역을 통해 아프리카에서 아메리카로 다시 전파되게 된다.) 인류가 습도가 낮은 온대 기후대로 이주함에 따라 선선한 기후에 노출된 인류는 의복을 착용하게 되었고, 이 환경에서 트레포네마속의 세균은 다시 돌연변이를 일으켰을 것이다. 그래서 세균은 구인두부를 침범할 수 있게 되었고, 풍토성매독에서와 같은 피부병터를 생성하게 되었을 것이다. 풍토성매독의 전파는 키스와 같이 직접적으로, 혹은 물병이나 주방용품처럼 타액에 오염된 도구에 의해서 간접적으로 이루어진다. 딸기종이나 풍토성매독에 의해서 일차 감염된 병터는 사슬알균에 의한 고름딱지증이나 헤르페스 바이러스에 의한 입술헤르페스 병터와 비슷하나, 상기 두 질병과는 다르게 피부뿐만 아니라 뼈대 조직까지 파괴한다.

16세기 이전에는 딸기종이나 풍토성매독과 유사한 트레포네마 감염증이 전 세계적으로 낮은 수준으로 존재하였으며, 대부분은 성적 접촉 이외의 방법으로 전파되었다. 아마 어린 시절의 트레포네마 감염증이 나중에 다른 트레포네마 감염증에 부분면역을 제공하기도 했을 것이다. 그래서 트레포네마속의 세균 중 하나가 성적 접촉으로 전파되는 방식으로 돌연변이가 일어났다고 해도, 성인 인구집단이 감염에 내성을 보였을 것이기 때문에 진화론적으로는 이득이 되지 않았다. 또 전파라는 측면에서 볼 때도 당시의 이동 수단으로 먼 곳까지 확산되는 것은 불가능했다. 즉, 16세기 이전에는 성적 접촉에 의해서 전파되는 방식으로 변화 혹은 진화된 세균은 생존과 번식에 불리했던 것이다. 성적 접촉 이외의 방법으로 전파되던 질병이 성적 접촉으로 전파되는 질병으로 바뀌고, 게다가 광범위한 지역에까지 전파될 수 있으려면 숙주인 인간 집단의 생활 양식이 크게 바뀌어야 했다. 드디어 때가 왔다. 15~16세기 유럽의 생활 환경은 크게 바뀌었고, 이로써 트레포네마속의 세균 중에서 퍼지기에 매우 불리한 변종, 즉 성적 접촉을 통해서 전염될 수 있는 한 변종에게 마침내 절호의 기회가 다가왔다. 당시의 왕실은 성적으로 방종했으며, 붐비는 도시 곳곳에 공중목욕탕이나 그 외 불결하고 비위생적인 시설들이 많았다. 그리고 성매매업이 성장하고 있었다. 과거라면 매독 환자들도 싸잡혀서 같이 수용되고 매장되었을 나환자촌이 교황령에 의해 폐쇄되어 매독 환자들이 공동체 안에서 같이 생활하게 되었다. 1492년 이슬람령 그라나다가 함락되어 무슬림과 유대인들이 이베리아반도에서 축출되면서 다른 민족들, 다른 집단들 사이의 접촉이 늘어났다. 전쟁과 대규모 무역 또한 전파를 부채질했다. 군대와 용병은 낮에는 살육의 전장을, 밤에는 음욕의 전장을 배회하면서 이 돌연변이 트레포네마의 전파를 부채질한 것이다. 이러한 상황에 비추어 보면 콜롬버스의 승조원들의 위치는 명백하다. 알려진 것처럼 매독의 근원이 아니라, 매독의 매개체가 된 것이다. 그 결과 중세 후기와 르네상스 시대 초기에 유럽에서 매독이 발발하고 성행한다.

　매독은 인구 밀도가 높아지고 사회적 관습이 바뀌면서 생긴 질병으로, 도시화의 산물이다. 의복 착용과 개인 식기의 사용 등으로 과거에 직간접적인 접촉으로 전파되던 트레포네마 감염증은 줄어들었다. 반면, 성병으로 진화된 독성 높은 감염증, 즉 매독이 활발한 성적 접촉으로 인해서 성행하게 된 것이다. 지금까지 축적된 증거로 미루어 보면, 구대륙에도 1493년 이전까지 성적 접촉 이외의 방법으로 전파되는 트레포네마증이 있었음이 분명하고, 더욱 강력하고 빠르게 확산되는 트레포네마증, 즉 매독은 그 후에 나타났다. 이러한 주장에 힘을 실어 주는 것은 증상이 매우 위중하다는 것이다. 즉, 원래부터 존재했던 질병은 아니라는 뜻이다. 1494년부터 1516년까지, 매독이라는 질환의 첫 번째 징후는 발진에 뒤따르는 성기 궤양으로 기술되어 있었다. 이어서 전신에 퍼져 잇몸, 입천장, 목젖, 턱, 편도를 훼손하고 파괴하기에 이른다. 이후 환자는 근육통에 시달리다가 금방 사망한다. 이는 질병이 매우 빠르게 진행됨을 시사한다. 1516년부터 1526년에는 골염과 경성 농포라는 두 가지 소견이 추가로 보고되었다. 1526년부터 1560년에는 심각한 증상의 보고가 줄어들었고 사망례도 줄었지만, 1560년부터 1610년까지는 귀울음이라는 다른 증상이 보고되었다. 1600년대의 매독은 여전히 극도로 위험한 감염성 질환이었지만, 1500년대의 폭발적인 전파만큼 위험하지는 않았다. 그 이유는 인구집단이 내성을 가지게 되었기 때문일 수 있다. 또는 병원체의 독성이 줄어들었기 때문일 수도 있다. 그래서 매독은 쉽게 전파되는 대신 독력이 약해졌고, 정체 불명의 급성 질환이 아닌 서서히 사람을 좀먹는 만성 질환으로 진화했다.

매독의 임상 징후

매독은 아주 다양한 증상을 보이기 때문에 천의 얼굴을 가진 질병
이라고 불린다. 매독의 감염은 크게 세 단계로 분류된다. 가장 먼저
나타나는 소견은 경성하감이다. 처음 인체에 접촉하면 매독균은 점막
이나 미세한 상처가 있는 피부 속으로 빠르게 파고든다. 몇 시간 뒤면
림프 및 혈행에 합류하여, 다른 증상이 나타나기 오래 전부터 이미 전
신에 감염된다. 감염된 후 3~90일경(대략 21일)에 통증이 없는 완두콩
크기의 궤양인 경성하감이 생긴다. 경성하감은 국소 조직 반응으로,
균이 침입한 부위인 입술, 손가락, 성기에 나타난다. 30%의 환자에서
는 여러 개의 병터가 나타난다. 치료하지 않고 두어도 4~8주 내에 경
성하감은 저절로 사라지며, 작고 눈에 띄지 않는 흉터가 남는다. 비록
림프절병증이 있을 수 있으나 아프지는 않다. 그렇기 때문에 환자는
경성하감이나 흉터를 인식하지 못하는 경우가 많다. 경성하감은 당시
알려진 대표적인 피부병인 천연두의 병터보다는 크기가 컸기 때문에
매독을 great pox(천연두는 smallpox)라 부른 것이다. 이것을 1기 매독
이라고 부른다. 매독은 입술, 성기, 유방 등에 경성하감이 있는 사람
과 키스, 애무, 성교와 같은 접촉을 함으로써 감염되거나, 환자의 모
유를 섭취함으로써 감염된다.

2기 매독(파종 매독)은 대개 경성하감이 생긴 후 2~12주경(평균 6
주)에 나타나지만, 1년을 넘기고 나서 생길 수도 있다. 이 단계가 되면
트레포네마는 모든 조직에 존재하며, 혈중에 매독 항원이 높은 농도

로 존재한다. 이때에 와서만 검사, VDRL 검사, RPR 검사와 같은 비특이 항원 검사가 양성이 된다. 이때부터 두통, 인후통, 발열, 그리고 대부분의 환자에서 피부 발진(90%)과 같은 전신 반응이 나타난다. 매독의 피부 발적은 홍역, 천연두, 수두 또는 다른 피부 질환으로 오진되는 경우가 많다. 전체 환자의 40%에서는 중추신경계 또한 침범되어 있다. 전염성이 매우 큰 2기 매독은 그리 오래 지속되지 않는다. 이후 잠재 증상이 없는 잠복매독의 시기가 뒤따른다. 잠복매독은 자각 증상과 임상 소견이 나타나지 않는다. 사실 가장 위험한 시기는 초기 잠복매독이라서, 증상이 없는 것처럼 보이는 동안에도 다른 사람에게 매독을 전파할 수 있다. 매독균은 외부에서는 혈액과 같은 가장 유리한 조건에서도 24~48시간 이상 생존하지 못하기에 수혈로 감염되는 예는 드물다.

감염은 계속 진행되며, 2년 후에는 3기 매독으로 악화된다. 그러나 치료받지 않은 환자에서도 70% 정도는 임상적으로 분명한 3기 매독이 나타나지 않을 수 있음을 유념해야 한다. 3기 매독 때에도 트레포네마는 체내에 존재하지만, 최초 감염 후 4년이 지나면 성적 접촉을 통해서는 다른 사람에게 감염되지 않는다. 치료하지 않고 방치할 경우 15~40%의 환자에서 3기 매독이 발생한다. 이때는 피부, 근육, 간, 폐, 눈 등에서 괴사성의 궤양(고무종)이 발생하게 되며, 심장이 손상되고 대동맥에서 염증이 발생한다. 심할 경우에는 존 헌터와 같이 대동맥 파열로 사망하기까지 한다. 척수와 뇌에도 매독균이 침범할 수 있으며, 이렇게 되면 불완전 마비, 완전 마비, 정신 이상, 두통, 관절통,

발기 부전, 발작 등이 생길 수 있다. 일단 마비와 정신 이상의 소견이
나타나면 5년 내에 죽게 된다.

매독의 감염 경과는 잘 알려져 있다. 오슬로 연구에서 1890년부
터 1910년까지 1,404건의 치료받지 못한 환자를 관찰하였다. 이 중
에서 부검된 환자는 24%였으며, 부검례의 28%에서 3기 매독의 징
후가 나타났다. 증상이 있는 신경 매독은 남성 환자의 10%, 여성 환
자의 5%에서 확인되었고, 전체 환자의 13%는 심장혈관계통이 침범
되어 있었다. 그리고 남성 환자의 17%, 여성 환자의 8%는 매독 자체
로 사망하였다. 로잔은 1917년부터 1941년까지 예일대학교 의과대
학에서 부검 연구를 수행했다. 4천 건의 부검을 수행하였는데 그 중
10%에서 매독 소견이 나타났다. 치료되지 않은 매독 환자 77명 중
83%는 심장혈관계통의 질환을 앓았고, 20%는 매독의 합병증으로
사망하였으며, 9%는 신경과적 합병증이 있었다.

1932년부터 1972년까지 매독 유병률이 36%나 되는 앨러배마주
메이쿤 카운티에서, 치료되지 않은 매독의 자연 경과를 관찰하는 반
인륜적인 터스커기 매독 연구가 진행되었다. 미국 공중보건국은 메이
쿤 카운티의 잠복매독 환자 399명을 실험에 등록시켰다. 그들은 모
두 아프리카계 미국인 소작농들로, 무료 검진 혜택과, 부검에 동의한
사람들에게는 무료 장례 서비스와 같은 재정 지원을 제공한다고 하
여 협력을 구하였다. 피험자와 가족들은 매독에 대해서는 일언반구도
듣지 못했다. 그저 악혈이라는 병에 걸렸다는 거짓말만을 들었을 뿐
이다. 심지어 1947년 페니실린이 매독 치료에 실용화된 이후에도 이

들은 매독 치료를 받을 수 없었다. 3기 매독에 유린되어 심신이 황폐해져 가는 채로 방치된 것이다. 대상자들에게는 강장제나 아스피린 같은 전혀 도움이 되지 않는 약물만 제공했다. 그리고 매년 정부에서 온 의사들은 혈압을 측정하고 심장음을 청취하고 혈액 검체를 채취한 후, 식단을 개선하면 악혈이 나을 수 있다는 거짓말만 반복하였다. 내부 고발자 제임스 존스의 저서 『악혈: 터스커기 매독 실험』과, 그를 토대로 쓰여진 희곡 「미스 에버스 보이」를 통해 이 반인륜적인 실험이 대중에게 알려졌다. 그러나 그때는 이미 28명이 매독으로 사망하고, 100명은 합병증으로 사망한 뒤였다. 또 피험자의 아내들 중 40명 이상이 남편으로부터 매독에 감염되었고, 그들의 자녀 중 19명은 선천매독 감염으로 고통 받았다.

  그 이전에 행해진 부검 연구와 비교해 보면, 이전과 이후의 모든 반인륜적인 연구가 그러하였듯이 터스커기 연구에서 새로이 알아낸 것은 전혀 없었다. 전체 매독 감염자의 46%는 심장혈관계통 질환이 있었고 24%는 대동맥염을 앓고 있었다. 대조군에서는 심장혈관계통 질환의 비율이 24%였고 대동맥염은 5%에서만 있었다. 골격 질환은 매독 환자의 13%, 대조군의 5%에서 나타났다. 가장 큰 차이는 중추신경계통의 이상이다. 매독 환자의 8%는 중추신경계 질환의 소견이 나타났으나, 대조군에서는 2%만이 그러한 소견이 나타났다. 12년 후 매독 환자의 사망률은 25%였으나 대조군에서는 14%였고, 20년 후에는 매독 환자의 사망률은 39%였고 대조군에서는 26%, 30년 후에는 각각 59%와 45%였다. 터스커기 매독 실험은 의학에서의 인종차별주의, 의학에서의 연구윤리 위반, 의료인의 가부장적 간섭주의, 저학력 빈곤 계층과 같은 사회적 약자에 대한 정부의 폭력을 상징하고 있다. 1997년 5월 16일에야 생존자들을 백악관에 초청한 당시의 대통령 빌 클린턴은 "미국 정부는 중대하고도 명백한 도덕적 과오를 저질렀습니다. 모든 시민의 통합과 평등을 침해하는 일이 자행된 것에 분노하는 바입니다. 저희들은 오직 여러분들께 용서를 구할 뿐입니다. (…) 여러분만이 저희들을 용서해 주실 수 있습니다."라고 사과하였다.

매독의 전파 양상 요약

1기 매독 환자의 경성하감 부위에 성기나 입술 등을 접촉하면 매독이 옮을 수 있다. 2기 매독의 피부 병터는 오래 가진 않으나, 이것 역시 병터의 접촉을 통해 다른 사람에게 매독을 옮길 수 있다. 초기 잠복매독은 임상 징후는 전혀 없지만 감염력이 있다. 매독균은 태반 혈액순환을 통해 모체로부터 태아로 전파되어 선천매독을 일으킬 수 있으며, 특히 임산부가 활동성 매독에 걸렸을 때 선천매독이 가장 잘 생길 수 있다. 태아 사망이나 유산은 임신 4개월이 될 때까지는 발생하지 않는다. 임신 4개월 이후에 반복 유산이 있으면 매독을 의심할 수는 있지만 그 자체로 매독 감염을 시사하는 것은 아니다. 매독에 걸린 채로 태어난 신생아는 어른과 같은 증상을 앓거나 기형과 청각 장애, 시각 장애에 시달린다. 특히 선천매독에 걸린 일부 신생아들은 청각신경 손상, 시각 이상, 그리고 치아 가운데에 홈이 파져서 전체적인 치열이 마치 톱니 모양으로 보이게 되는 치아 이상의 세 가지 소견이 나타날 수 있다. 이 세 가지 소견을 1861년 런던의 의사 조너선 허친슨이 최초로 보고하였기에 이를 허친슨 삼징후라고 부르기도 한다. 임신 초기 4개월 이내에 임산부를 치료하면 태아는 안전하다.

시행착오 끝에 얻은 매독의 화학요법

시대의 발전에 따라 다양한 방법으로 매독의 치료가 이루어졌다. 이탈리아 베로나의 조지 솜리바는 이른바 프랑스병의 치료에 수은을 사용했다. 1497년까지 수은은 삼출성 궤양의 치료에 도포제로 사용되거나 내용약으로 사용되었다. 수은 중독을 일으킬 정도로 다량의 수은염을 섭취하면 대량의 타액이 분비되므로 이 치료법은 salivation이라 일컬어졌다. 다른 치료 방법으로는 서인도 제도와 남아메리카에 자생하는 나무 유창목(*Guaiacum officinale*)과 바하마유창목(*G. sanctum*)의 수지를 사용하는 것이었다. 물론 유창목의 수지를 사용하는 것은 효험이 없었지만, 나무의 원산지인 아메리카에서 매독이 기원했다는 콜롬버스 가설로 인해 대중화되었다. 그러나 사실 매독의 서인도 제도 기원설이 처음 언급되기 10년 전인 1508년에 이미 유창목의 수지가 매독의 치료에 사용되었기 때문에 유창목 수지와 콜롬버스 가설은 관련이 없다.

　　19세기 말에는 유럽 인구의 10%가 매독에 걸린 것으로 추정되었으며, 20세기 초에는 정신질환 치료 시설에 수용된 환자의 3분의 1에서 매독의 신경학적 증상이 보일 정도가 되었다. 이런 상황에서 1909년 화학자이자 면역학자인 파울 에를리히(1854~1915)가 매독의 증상을 경감시키는 약물을 개발하였다. 에를리히가 매독 치료약을 개발하여 화학요법의 시대를 열었고, 이것이 페니실린과 같은 항생제의 발견에까지 이어진 것은 독일 염료 산업의 발달과 관련이 있다. 1800년대 초가 되면 독일에서는 가스등에 사용되는 조명용 가스 에틸렌을 상업적으로 대규모로 제조할 수 있게 되었고, 그 부산물로 염료의 합성에 필요한 원재료를 쉽게 얻을 수 있게 되었다. 그리고 영국에서는 석탄을 건류하여 조명용 가스를 제조했지만, 가스는 부산물이었으며 실제로 제조하고자 한 것은 타르였다. 타르를 공급하던 북아메리카 식민지가 미국으로 독립하여 나간 후 영국 해군은 타르를 공급받기가 어려워졌다. 영국은 더 이상 미국에 경제적으로 휘둘리지 않고자, 석탄을 건류하여 타르를 자급자족하려고 했다. 석탄 가스는 석탄 건류 과정에서 얻어지는 부산물로서 처음에는 가치가 없었다. 그러나 1812년 이후로는 석탄 가스가 타르보다 더 귀중해졌다. 조명용 가스로 활용하게 된 것이다. 화학자들은 가스의 생산이 증대됨에 따라 부산물로 생성된 막대한 타르를 활용할 방법을 찾기 시작했다. 타르를 가열 증류하면 크레오소트라는 낮은 밀도의 기름과 피치라는 높은 밀도의 기름이 생긴다. 크레오소트는 목재가 썩지 않도록 처리하는 용도로 쓰였고, 피치는 아스팔트를 제조하기 위해 쓰였다. 독일의 젊고 영민한 화학자 아우구스트 호프만이 크레오소트에 벤젠과 아닐린이 함유되어 있다는 것을 발견하였다. 이후 호프만은 아닐린으로부터 다양한 염료를 만들어 내었고, 1850년경에는 호프만과 그 제자들의 노력에 의해 독일이 온갖 색의 염료를 생산해 내는, 유럽 염료 산업의 중심지가 되기에 이른다. 다른 독일인 과학자 파울 에를리히가 이 염료와 그 용도에 대해 관심을 갖게 되었다.

에를리히는 다양한 종류의 염료를 이용한 실험에 몰두한 발데이어의 지도로 스트라스부르대학에서 수학하면서 비만세포라는 세포를 발견했다. 나중에 비만세포가 히스타민이라는 물질을 분비하여 주위 모세혈관의 누출을 증가시키고, 일부에서는 알레르기 반응을 촉발한다는 것이 밝혀졌다. 항히스타민제는 비만세포에서 분비된 히스타민의 작용을 억제한다. 에를리히는 메틸렌 블루나 뉴트럴 레드와 같은 염료가 살아 있는 세포에 의해 탐식된다는 것을 알아내어, 「아닐린 염료를 통한 조직염색 기법의 가치와 의의」라는 박사 논문으로 24세에 박사 학위를 취득했다. 특정한 염료는 특정한 유형의 조직만을 염색시킨다는 점은, 염료와 매질 사이의 결합이 화학적 특이성을 나타낸다는 점을 시사한다. 이러한 화학적 결합의 특이성은 파울 에를리히의 중요한 연구 주제가 되었고, 기생충(이 장에서 나오는 기생충이란 용어는 말라리아와 같은 현대적 의미의 기생충이 아니라, 주로 매독균 혹은 세균을 의미한다. 역자 주)에만 특이적으로 결합하여 살상하는 마탄(마법의 탄환)을 찾고자 하는 동기가 되었다.

에를리히는 1883년 베를린의 로베르트 코흐 연구소에서 에밀 폰 베링과 협력하여 독소와 항독소 간의 상호작용에 대해 연구하였다. 특히 디프테리아 독소의 표준화를 달성하여 디프테리아의 치료에 디프테리아 항독소를 사용할 수 있게 하였다. 이러한 연구 결과를 바탕으로 1899년 독일 정부는 항독소와 백신을 국민들에게 공급하기 위해 왕립 실험치료요법연구소(나중에 파울에를리히 연구소가 됨)를 설립하였다. 에를리히는 이 연구소의 초대 연구소장이 되었다. 에를리히는 또 체액성 면역에 대한 연구를 통해 항체와 항원은 마치 특정한 자물쇠만을 열 수 있는 열쇠와 같이 특이적으로 반응한다고 주장하였다. 프랑크푸르트 근방에 있는 회흐스트사를 시찰하면서 에를리히는 각종 합성 진통제, 해열제, 마취제를 제조하고 있는 독일의 염료 산업 현장을 직접 대면하게 되었다. 이러한 의약품의 성분들은 마치 특정한 염료가 특정한 조직만을 염색시키는 것과 같은 효과를 보였다. 그리고, 면역요법에서는 동물에 의해 만들어지는 불안정한 고분자 단백질이 주된 역할을 수행하지만, 약물 치료에서는 실험실에서 합성된 안정한 저분자 물질이 주된 역할을 하는 것 또한 관찰하였다. 에를리히는 백신을 통한 면역유도는 인체의 방어 메커니즘을 향상시키는 것이지만, 약물 치료는 기생충을 직접 공격하는 것임을 인지하였다. 그래서 에를리히는 인체 조직에는 작용하지 않고 기생충에만 작용하는 저분자 물질을 찾기로 결심하게 된다.

에를리히는 신약의 후보 물질이 가져야 할 특성으로, 질병을 일으키는 병원체를 직접 파괴할 수 있어야 하며, 엉뚱한 곳에서 작용을 일으켜서는 안되고, 기생충의 내부로 침투한 다음에야 작용을 일으켜야 한다고 기술하였다. 특정 화학물질이 기생충에 대해 친화성을 가지며 그 물질이 기생충에 포집되어야만 비로소 그 물질이 기생충을 죽일 수 있다는 뜻이다. 기생충에만 강력하고 파괴적인 살상 작용을 수행하고, 인체 장기에는 최소한의 피해 및 살상 작용을 일으키는 화학물질을 탐색해야만 하기 때문에 이것은 매우 어려운 일이다. 그래서 여기에는 이미 알려진 활성을 보이는 화학물질로부터 출발하여 유도체를 제조하고, 일련의 유도체에 대해 그 활성 및 효과를 검증하기 위해 한 가지씩 시험해 나가는 과정인 계획적 화학합성이 필요하다. 이렇게 화학물질을 사용하여 각종 병원체를 제거하는 치료법을 화학요법이라 한다. 파울 에를리히의 첫 번째 시도는 1904년에 아프리카 수면병을 일으키는 파동편모충에 감염된 생쥐에 대한 화학요법 치료였다. 트리판 레드라는 물질을 생쥐에 주사하여 수면병을 치료할 수 있었던 것이다. 이것이 최초의 인공 화학요법제였다. 처음에는 트리판 레드가 관심을 불러일으켰다. 그렇지만 이 물질은 사람의 아프리카 수면병에는 도움이 되지 않았다. 파울 에를리히는 유기 비소 화합물로 관심을 돌렸다. 처음에 수면병의 치료에 효과가 있을 것으로 믿었던 비소 화합물 아톡실을 시도했지만 효과가 없었고, 오히려 시신경을 파괴하여 환자에게 시각 장애만을 안겨 주었다. 1906년 에를리히는 파동편모충을 살상하는 418호 화합물 비소화페닐글라이신을 제조하고, 이후 606호 화합물인 디옥시디아미노비소화벤젠(아스펜아민)을 합성하였다. 606호 화합물은 동물에서 파동편모충을 살상하였지만 시험관 내에서는 그렇지 못했다. 에를리히의 반대자들은 이 발견은 약물이 기생충을 직접 살상한 것이 아니라, 그저 숙주의 면역반응을 자극하여 기생충이 제거된 것이라고 폄하했다.

대부분의 동시대인들은 에를리히를 환상술사라고 조롱하면서, 그의 염료 기반 연구를 하찮고 쓸모없는 일로 여겼다. 사실 5년 동안 파울 에를리히는 사람에게 사용되는 의약품을 전혀 만들어 내지 못했다. 그러나 1905년, 모든 것은 바뀌었다. 그 해에 전술한 샤후딘과 호프만이 매독의 병원체를 발견하였고, 이후 도쿄의 키타사토 전염병연구소에서 근무하던 하타 사하치로가 토끼에서 매독의 발병을 재현하였다. 에를리히가 비소 화합물이 파동편모충을 살상할 것이라고 믿은 것은 논리보다는 직감에 의한 것이었다. 그 이유는, 파동편모충이나 트레포네마 모두 체액 속에서 활동적으로 유영할 것이므로 대사율이 매우 높아서 비소 화합물을 투여하면 기생충이 에너지 고갈로 굶어 죽을 것이라고 생각한 것이다. 이제 하타 사하치로가 매독 감염 토끼 모델을 개발함으로써 에를리히는 자신이 개발한 화학요법제의 효능을 시험할 수 있게 되었다. 1909년 봄, 일본의 키타사토 시바사부로는 제자 하타 사하치로를 에를리히에게 파견하였고, 에를리히 연구팀은 1년 후 606호 화합물로 토끼의 매독 치료에 성공하였다. 1912년, 606호 화합물의 합성이 보고되고, 회흐스트사가 특허를 등록하여 살바르산이라는 명칭으로 판매하였다. 매독의 치료제가 개발되었다는 소식은 신문으로 보도되었고, 하루 만에 에를리히는 전 세계 유명인사가 되었다. 살바르산의 제조는 매우 위험한 일이었다. 조제 과정에서 사용된 에테르 증기는 불안정하고 인화성과 폭발성이 있었기 때문이다. 즉, 공기의 조성이 조금만 바뀌어도 약독성의 비소 화합물인 살바르산은 옥소페나르사민이라는 맹독이 되기 일쑤였다. 나중에 옥소페나르사민이 더 선택적이고 바람직한 약물임이 알려져서 결국 살바르산을 대체하긴 하였지만 말이다. 살바르산은 산화가 되지 않도록 산소가 차단된 밀폐 용기에 단일 투여량으로 제공되어야 했다. 또한 멸균 지침에 따라 약물을 개봉한 후 지체 없이 정맥주입을 해야 했다. 그러나 이러한 지침이 이행되지 않는 경우가 종종 있어서 그로 인한 사망 사고로 인해 살바르산의 인기는 점차 떨어졌다. 부작용 문제와 함께 장기간 투여해야 하는 문제도 제기되었다. 살바르산 단회 투여로는 효과가 없어서 몇 달에 걸쳐 투여되어야만 했다. 그 때문에 실제로는 전체 환자의 25%만이 치료를 끝까지 마칠 수 있었다. 또 때로 너무 오래 진행된 매독은 살바르산으로 완치되지 않았다. 그럼에도 불구하고 살바르산과 그 유도체인 네오아스펜아민(914호 화합물. 606호의 수용성 유도체)은 40년간 매독 치료에 최적의 약물로 사용되었다. 파울 에를리히는 폰 베링과 함께 면역학에 대한 연구로 1908년 노벨상을 수상했다. 그러나 에를리히 자신은 살바르산이라는 마탄의 개발을 자신의 가장 큰 업적이라고 생각했다. 수상식에서 파울 에를리히는 "동료들이여, 7년의 불행 끝에 나는 행운의 순간을 누리게 되었소."라고 겸손하게 말했다.

화학요법의 시대는 프랑크푸르트의 연구소에서 파울 에를리히가 문을 열었으며, 지금까지도 계속되고 있다. 실험실에서의 화학합성법이 아닌 다른 미생물에 의해 만들어진 물질을 사용하는 것은 그 후 런던 성모병원의 알렉산더 플레밍(1881~1955)이 우연한 발견을 한 것에서부터 시작되었다. 알렉산더 플레밍은 1929년 사슬알균을 배양하던 접시에 페니실리움속의 푸른곰팡이가 슬어 있었고 곰팡이 주위로는 사슬알균이 자라지 못하는 것을 발견하였다. 플레밍은 이러한 현상을 다른 생명체에 대항한다는 의미로 항생 작용이라고 불렀고, 세균 번식을 억제하는 현상에 대해 푸른곰팡이의 즙액을 이용한 연구를 수행하였다. 그러나 신통한 결과가 나오지 않아서 연구를 보류하였다. 10년 후, 오스트레일리아의 하워드 플로리가 이끄는 옥스포드대학의 영국 병리학자들과 유대인으로서 영국으로 망명해 온 에른스트 체인이 항생 작용에 대한 연구에 착수하였다. 제2차세계대전 중 장비와 지원이 부족한 상황에서도 작업을 계속한 결과 페니실린이라는 이름의 항생물질을 정제할 수 있게 되었다. 치사량의 고름사슬알균을 감염시킨 생쥐에 페니실린을 주사하자 수 시간 만에 살아났지만, 페니실린을 주사하지 않은 쥐는 그대로 죽었음을 확인하였다. 이 기적과 같은 약의 잠재력은 말할 것도 없이 명백했다. 1943년 말에는 미국 전쟁부(국방부의 전신)가 페니실린의 생산 우선순위를 군수물자 생산 2순위로 놓기에 이른다. 영국 의학연구위원회는 의약품에 특허를 거는 것을 비윤리적으로 간주했기 때문에 특허 등록을 하지 않았고, 대신 미국의 기업들이 자신들이 개발한 페니실린 생산 기법에 특허를 등록하였다. 이후 알렉산더 플레밍, 하워드 플로리, 에른스트 체인은 페니실린을 발견한 공로로 1945년 노벨상을 공동 수상한다. 1940년대 후반에는 페니실린을 질병 치료에 사용할 수 있을 정도로 대량 생산할 수 있게 되었고, 페니실린은 매독 및 기타 세균 감염성 질병의 치료에 대해 일차적으로 선택되는 약물이 되었다. 페니실린이 세균의 세포벽이 만들어지는 것을 막아서 세균을 살상한다는 것은 나중에 알게 되었다.

산 것은 살 길을 찾는다

인류만이 외부 환경이 바뀌었을 때 살 길을 찾는 것은 아니다. 다른 생명체도 그렇게 살 길을 모색하여 약물이 존재하는 상황에서도 살아남을 수 있게 된다. 이러한 현상을 약제 내성이라 부른다. 어떻게 해서 약제 내성을 획득하게 되는가? 약물이 있는 상황에서도 자신이 생존할 수 있도록 하는 돌연변이가 세균에서 생겨나게 되고, 이러한 형질은 자손에게 유전된다. 결국 환경에 가장 잘 맞는 존재만이 살아남는다. 약물의 존재는 돌과 모래를 거르는 체와도 같다. 항생물질에 감수성을 갖는 세균은 모두 죽고, 내성을 갖는 세균만이 살아남아 수를 불리는 것이다. 미생물이나 기타 곤충과 같은 생명체가 약제 내성을 획득하는 기본적인 세 가지 원리는 다음과 같다.

1. 약물이 세포 내에서 독성을 일으키는 수준에 도달하지 않도록 약물을 투과시키지 않거나, 들어온 약물을 세포 바깥으로 배출시킨다. 이것은 파울 에를리히가 파동편모충에 대해 실

험하는 과정에서, 트리판 레드에 의해 죽지 않은 개체들은 트리판 레드를 섭취하지 않았고, 트리판 레드를 섭취한 개체들만이 사멸되었음을 관찰하여 처음 알려졌다. 이 관측 결과는 약물이 기생충에 작용하기 위해서 기생충에 화학적으로 결합해야 한다는 에를리히의 원리 또한 뒷받침한다.

2. 약물에 대해 친화도가 떨어지는 변종 효소를 만들어 낸다.

3. 유전자 증폭 현상을 통해 약물의 농도를 물량으로 이겨낼 수 있을 정도로 많은 효소를 만들어 낸다.

약제 내성은 약물에 노출되지 않고 자연적으로 획득될 수도 있다. 그러나 일단 약물에 노출되면 약물에 감수성을 갖는 개체들은 전부 사멸하여, 약제 내성을 갖는 개체만 선택적으로 살아남는다. 약제 내성은 병원체에 대항하는 인류의 능력을 무디게 할 뿐만 아니라, 병원체 자체의 독력을 증강시킬 수도 있다. 그러나 모든 미생물이 약제 내성을 가지는 것은 아니다. 매독균의 유전체는 상당히 안정적으로 일정하게 유지된다. 그래서 매독균은 사실상 페니실린이 도입된 이후로 지금까지 페니실린에 대해 내성을 획득하지 못한 유일한 병원체로 남아 있다. 대신 매독균은 사람 몸 안에서 살아남는 재주가 있다. 사람의 세포막과 매우 비슷한 매독균의 지질 외막과 *tpp15*에 의해 만들어진 막단백질이 사람의 면역계통을 회피할 수가 있는 것이다. 이렇게 하여 매독은 사람에서 만성 감염을 일으킨다.

매독, 그리고 도덕주의와 실용주의

페니실린이 개발됨으로써 매독의 유병률은 크게 줄어들었지만 매독이 박멸된 것은 아니다. 매독의 박멸이 성공적이지 못했던 큰 이유는 매독이 성전파성 질환이기도 했지만, 일반 대중이 매독에 대해 가지는 사회적 인식 탓도 있었다. 1900년대 초 도입된 살바르산 치료법은 사회개혁가들의 집중 공격 대상이 되었다. (마치 훗날 등장한 사후피임약 미페프리스톤이 사회적으로 엄청난 논란을 불러일으킨 것과 비슷하다고 할 수 있다. 역자 주) 매독은 가정과 도덕과 혼전 순결이라는 가치가 무너진 징표이며, 난교와 성매매와 이민으로 인한 질병이라고 생각하였기 때문이다. 이들은 이 사회에서 매독과 그 보균자를 박멸하기 위한 대책을 시행해야 한다고 주장하였다.

사회개혁가들은 성전파성 질환이 감염자, 즉 배우자에게 충실해야 할 의무를 저버리고 매춘부나 평판이 나쁜 사람들과 외도한 자에게 미치는 영향에 대해 주목하였다. 감염된 사람들은 무고한 배우자와 자녀들도 감염시켰다. 빅토리아 시대의 도덕률에서는 오직 결혼한 배우자와의 성행위만 용납되었으며, 따라서 매독은 외도를 저지른 데 대한 죄값이자 자업자득이었다. 이 질병은 문란한 성생활에 대한 처벌로 간주되었다. 오늘날 HIV도 무고하게 감염된 임산부로부터 수직감염되거나 보균자로부터 수혈로 감염되는 수도 있지만, 대부분 문란한 성행위로 감염되기 때문에 에이즈는 죄값을 치르는 것이라고 하는 인식과도 같다. 이러한 생각을 불식시키고자 함인지 공중보건 당국은

1900년대 초 물컵의 공유, 문고리, 연필, 펜과 같은 일용품의 접촉이나 변기 시트 접촉과 같은 단순한 접촉으로도 매독에 감염될 수 있다는 인식을 퍼뜨리게 된다. 물론 매독균은 매우 연약하여 체외에서 생존하지 못하고, 그러한 접촉으로 전파되지 않는다. 그렇지만 말하자면 성적 방종과 무관한 전파가 가능하다는 인식을 퍼뜨려서 실제로 매독에 감염되었다 해도 성적으로 방종하다는 주홍글씨가 새겨지지 않게 한 것이다. 또한 정치인들은 성매매뿐만 아니라 다른 신체 접촉을 통해서도 매독을 전파시킨다고 하면서 이민자가 미국으로 입국하는 것을 통제하려고 이러한 거짓 정보들을 한층 더 활용하였다.

제1차세계대전 시기까지 매독에 대한 공포는 전례가 없는 수준에 도달했다. 징병 검사를 받은 사람들 중 13%가 매독이나 임질에 걸려 있었고 이로써 성병 예방 캠페인이 가열차게 일어났다. 이 캠페인의 주 대상은 군인들에게 성병을 전파시킨다고 여겨진 성매매 종사자들이었다. 당시 어느 연방 공무원이 발언한 바와 같이 "홍등가를 뿌리 뽑아 매독과 임질의 소굴을 박멸하는 것은 모기가 알을 까는 늪지대를 메워서 말라리아와 황열병의 소굴을 박멸하는 것과 같다."라는 생각에서 기인한 것이다. 결국 전쟁 기간 동안 훈련소 근처에 거주하던 여성 수천 명이 격리당했다.

성병 예방 캠페인을 주도한 사람들은 성병의 전파를 막는 것뿐만 아니라 성적 행동과 사회적 행동까지 바꾸고자 했다. 감염된 병사들은 매독을 치료해야 한다느니, 성행위 의사와 관계없이 매독 예방책을 마련해야 한다느니 하는 정도로는 충분하지 않았다. 그들은 무슨 일이 있어도 혼외정사를 피하고 혼전순결을 지켜야 한다고 주장했으며, 그렇게 해야만 성전파성 질환을 예방할 수 있다고 주장했다. 라텍스 콘돔이 이미 나와 있었지만, 군부에서는 도덕적 타락과 성적 방종을 조장한다는 허울좋은 이유를 들어 장병들에게 라텍스 콘돔 보급을 거부했다. 매독의 치료는 매우 고통스러운 과정이었기 때문에, 그 고통이 질병에 걸리지 않도록 조심하게 하는 유인 동기가 될 것이라고 생각했다. 미 육군에서는 성전파성 질환에 감염되는 것을 비전투 손실로 간주하여 감염자들에게는 봉급을 주지 않았다. 또한 그들에게 성병에 다시는 걸리지 말 것에 대해 교육하고 엄하게 처벌했다. 전체적으로 징벌적인 방향으로 다스려졌던 것이다.

말할 것도 없이 이러한 성병 예방 캠페인은 대실패로 돌아갔다. 제1차세계대전 도중과 이후, 즉 성병 예방 캠페인이 널리 행해질 당시의 성전파성 질환의 유병률은 계속 높은 상태로 유지되거나 오히려 상승했다. 1930년 프랭클린 루즈벨트 대통령은 토마스 파란을 의무감으로 임명했다. 토마스 파란은 성병에 대한 교조주의적 태도를 지양하고 박멸에 대해서만 집중했다. 즉, 실현 가능하지만 그전까지는 아무도 관심을 갖지 않았던 현실적인 목표에 집중한 것이다. 토마스 파란은 스칸디나비아반도에서 행해진 성공적인 사례에 기반을 두어 다섯 개 항으로 이루어진 프로그램을 개발했다. (1) 사생활 보호가 이루어지면서 무료로 검사를 받을 수 있도록 진단 센터를 설립하여 숨겨진 환자를 찾는다. (2) 질병의 진행을 막고 전파를 예방하기 위해 환자를 즉시 치료한다. (3) 성행위 상대자도 함께 치료하여 감염 전파 경로를 차단한다.

(4) 매독 혈청진단법을 통해 결혼 전에 매독 감염 여부를 확인한다. (이 부분에 대해서 부연 설명을 하자면, 결혼을 하기 위해서는 매독 혈청진단에서 음성이라야 했다. 이것은 합리적인 것처럼 보이나 매독 혈청진단은 매독에 걸리지 않아도 양성이 나타나는 수가 있어서 혼전 선별검사로는 부적합했다. 또 매독에 감염되었어도 혈청진단에서 음성이 나올 수도 있다. 그뿐만 아니라 이 검사는 저위험 집단을 대상으로 행해졌고, 검사 결과가 양성으로 나타났을 경우 결혼하려던 사람이 결혼을 하지 않을 것이라고 가정하였으며, 결혼 후에는 매독에 걸리지 않을 것이라고 가정했다는 문제가 있었다. 결국 1980년대에는 의무적인 혼전 매독 혈청검사는 이루어지지 않게 되었다.) (5) 대중이 질병에 대해서 감염 경로, 증상, 치료법에 대해 바로 알 수 있도록 교육한다. 이 새로운 캠페인의 핵심은 정보 제공이었다. 즉, 무엇을 해야 하고 무엇을 하지 말아야 하는지에 대해 설교하지도 않았고, 도덕적으로 무엇이 옳고 무엇이 그르다고 말하지도 않았다. 입바른 사람들에게 성병은 공개적으로 논의할 수 있는 소재가 아니었기 때문에 이 계획은 공공 부문과 민간 부문 모두에서 반대에 봉착했다. 실제로 1934년 토마스 파란이 CBS 라디오 방송을 통해 교육할 때에는 매독이나 임질이라는 단어를 입에 올릴 수가 없었다. 그러나 토마스 파란의 강력한 의지로 결국 1938년에 성병방지법이 국회에서 가결되었다. 미 의회는 성전파성 질환 치료소 설치와 검사에 예산을 할당하여 치료비를 부담할 수 없는 사람들에게는 무상으로 치료를 해 주었다.

제2차세계대전 시기에는 징집 장정의 5%가 매독에 감염되어 있었고, 다시 매독 퇴치를 위해 노력하게 되었다. 제1차세계대전 때와는 다르게 장병들에게 성병 예방 교육, 콘돔 보급, 신속한 치료와 같은 실질적인 조치가 행해졌다. 단, 교육을 받았음에도 불구하고 자신의 질병에 대해 사실대로 보고하지 않은 장병들은 군사 재판에 회부되었다.

사라지지 않은 매독, 그리고 오늘날의 문제

매독은 전 세계에 고르게 퍼져 있는 질환은 아니다. 2001년 세계보건기구 보고서에서는 1999년에 1,200만 명의 매독 환례가 보고되었다고 기술되어 있다. 이 환례의 대다수는 개발도상국에서 발생한 것이었다. 가장 유병률이 높은 집단의 경우 최고 10%까지의 인구가 매독에 감염되어 있었다. 사하라 이남 아프리카에서는 400만 건, 카리브해 연안 중남미에서는 300만 건, 동남아시아에서는 400만 건의 환례가 보고되었다. 매년 50만 명의 신생아가 선천매독을 가지고 태어나며, 임산부의 매독으로 인해 50만 건의 유산이 보고되었다. 제2차세계대전 이후로 서유럽에서는 매독의 발생이 줄어들었으나, 아직도 10만 명당 5명을 상회한다. 아프리카 임산부에 대한 연구에서는 카메룬에서 17%, 남아프리카 공화국에서 8.4%, 중앙아프리카 공화국에서 6.7%의 발생률을 보였다. 남태평양 도서 국가에서는 발생률이 8%이고 모로코와 수단에서는 2.4~4.0%이다. 매독의 발생률은 인간 면역결핍 바이러스(HIV)의 전파와 관련되어 있으며, 매독이 있는 경우 HIV 감염의 위험은 2~5배 정도 높아진다.

미국에서는 항생제 치료가 시작된 후 1기 및 2기 매독의 발생률이 인구 10만 명당 1940년 72명에서 1990년에는 20명으로 감소하였다. 이후 1997년에는 3.2명으로, 2004년에는 2.7명으로 지속적으로 감소하였다. 2004년, 미국의 보건당국에서는 1기 매독과 2기 매독을 통틀어 7,980건 이상의 환례가 보고되었다고 밝혔다. 이들 중 84%가 남성이었고, 353건이 선천매독이었다. 임신 중에 조기 매독을 치료하지 않으면 주산기 사망률이 40%까지 상승하며, 매독에 감염되고 4년 이내에 임신할 경우 태아가 감염될 확률은 70%에 달한다. 매독의 발생률은 미국 남부 지역에서 가장 높았고(10만 명당 3.6건), 남서부에서 가장 낮았다(10만 명당 1.6건). 2004년 미국의 3,140개 카운티 중 79%에서는 1기 매독 및 2기 매독이 보고되지 않았다. 매독의 발생률은 아프리카계 미국인에서 비히스패닉계 백인들보다 5.6배 더 높았고, 아프리카계 미국인의 경우 남성(10만 명당 14.1건)이 여성(10만 명당 4.3건)보다 더 높았다. 인구 10만 명당 히스패닉은 3.2건, 비히스패닉계 백인은 1.6건, 아시아인 및 태평양 속주 거주민은 1.2건, 아메리카와 알래스카의 원주민은 3.2명이었다. 2004년에는 신규 감염례의 60% 이상이 남성 동성애자에서 나타났다. 남성 동성애자에서 매독이 증가하는 이유는 HIV와의 중복 감염, 안전하지 못한 성행위, 메스암페타민 등의 향정신성 약물 사용과 연관이 있다.

매독의 일차 예방에는 안전한 성행위와 조기 발견, 조기 치료가 중요하다. 현재 미국의 매독 퇴치 계획에는 밀착 감시, 지역사회 참여 및 파트너십 강화, 집단 발병에 대한 신속 대응, 광범위한 임상의료

서비스와 진단검사 서비스 제공, 건강 증진 향상 등의 세부 시행사항
이 포함되어 있다.

매독의 통제

351~352쪽에 언급된 에이즈 유행에 대한 대중의 태도는 상당 부분
백여 년 전의 매독에 대한 태도를 연상케 한다. 매독과 에이즈는 많이
다르지만 중요한 공통점을 여럿 가지고 있다. 그 옛날이나 지금이나 성
전파성 질환에 대응하는 자세와 관련해 두 가지 이론이 존재한다. 도덕
주의적 접근법에서는, 사회적, 성적 윤리 의식을 고양시켜 혼절 순결을
지키게 함으로써 감염의 위험 자체를 차단해야 하고, 이는 교육과 성매
매 억제를 통해 이루어진다고 주장한다. 개인주의적 접근법에서는, 성
적 행위에 대한 판단은 개인의 몫이며, 성적 행위를 하고자 할 때는 감
염으로부터 자신을 보호할 수 있는 수단을 제공받을 수 있어야 하고,
감염자가 스스로 도움을 요청할 수 있도록 하기 위해서 징벌적인 관리
를 지양해야 한다고 주장한다.

매독은 통제될 수 있는 질병인가? 그렇다. 매독은 세균의 특성상 통
제에 쉽게 굴복할 것이며 박멸도 가능할 것이다. 이전 장의 흑사병과
달리 매독은 오직 사람에게만 감염되며, 잠복기가 9~90일로 길어서 치
료를 통해 쉽게 전파를 차단할 수 있고, 저렴하고 간편한 진단법이 존
재하기 때문이다. 또한 페니실린 G나 세프트리악손의 투여로 치료되

며, 그 흔한 약제 내성조차 보고되지 않았다. 그러나 일부 국가에서는 통제에 어려움이 남아 있다. 매독이 확산되는 것은 매독 환자가 얼마나 많은 사람과 성행위를 했는지에 달려 있다. 매독은 6개월~1년까지 지속되는 1기와 2기 매독 때에 가장 전염성이 높으며, 이때 신속히 치료하면 간단히 통제될 수 있다. 진단과 치료가 이루어지는지, 혹은 얼마나 빨리 이루어지는지 하는 문제는 개인적, 사회적, 문화적, 경제적 요소에 영향을 받는데, 늦어지면 전파는 지속된다. 매독 혈청검사는 저렴하고 효과적이지만 완벽한 것이 아니다. 거짓음성 및 거짓양성이 나올 확률이 비교적 높은 검사이며, 다른 종류의 트레포네마증이 있다면 해석이 어려워진다. 1기 매독은 통증이 없고 2기 매독은 다른 질환으로 오인되기 쉬워서, 자신이 매독에 걸렸다는 사실을 모르고 넘어가는 것도 매독이 근절되지 않는 이유 중의 하나이다. 또한 성전파성 질환의 치료를 위해 병원을 찾는 것은 개인에게 성적으로 문란하다는 오명이 씌워질 위험이 있다. 그러나 이러한 낙인 효과가 없다고 해도 적절한 의료시설이 부족할 수 있다. 현재 사용되는 페니실린은 값이 싸고 효과적이나, 보통 근육주사로 투여하고 신경매독의 경우에는 정맥주사로 투여한다. 그래서 주사 바늘에 대한 공포증이 있을 경우 치료에 대한 순응에 지장이 있을 수 있다. 또한 감염되었을 수 있는 성행위 상대방을 찾아서 신속하게 치료하는 것도 쉬운 일이 아니다. 매독으로 진단받았으나 자신과 성적 접촉을 한 사람이 누구인지 모르거나 의료인에게 밝히지 않는다면, 이것은 매독 전파 차단을 위한 토마스 파란의 다섯 개 항 중 하나에 구멍이 생긴 것이다. 질병의 전파를 막으려면 감염 의심자를 모두 찾아내고 검사하고 치료해야 하는데, 이들 중 하나의 요소라도 누락되면 제어는 불가능해진다.

문명과 도시의 사생아, 그 이름은 매독

매독은 단순히 살이 썩어 들어가는 전염병만이 아니다. 매독의 역사는 주류와 생활 양식이 다른 소수 집단, 사회의 변경에 위치한 도시빈민, 저학력자, 도시로 몰려든 이주자들, 남들과 다른 성적 취향을 가진 사람들, 제대로 된 보건서비스를 받을 수 없는 사람들에 대한 차별로 점철되어 있다. 매독의 공포에서 벗어나기 위해 사람들은 신약 개발에 몰두했다. 화학요법은 매우 성공적이었지만, 그것만으로는 매독과 같은 성전파성 질환을 박멸할 수 없었다. 공중보건 당국은 매독의 확산을 막기 위해 대중 교육과 조기 치료에 역점을 두었으며, 도덕적으로 단죄하고 낙인 찍는 방식의 예방 활동은 지양하게 되었다. 그러나 매독의 발생률은 문화적 신념과 관습, 그리고 정치적 혹은 경제적 요소와 같은 다양한 인자의 영향을 받는다. 매독을 효과적으로 통제하기 위해서는 치료뿐만이 아니라, 성전파성 질환에 대한 사회문화적 역동성에 잘 부합하는 포괄적 통제 프로그램이 필요하다.

07
국민 전염병,
결핵

07

국민 전염병, 결핵

1853년 초연된 주세페 베르디의 오페라 「라 트라비아타」의 비올레타와, 1895년 초연된 자코모 푸치니의 오페라 「라 보엠」의 미미가 가진 공통점은, 여주인공이 하얀 얼굴에 체리빛 붉은 입술과 빨간 뺨, 나이팅게일과도 같은 아름다운 목소리에 젊고 가녀린 모습을 가졌다는 것이다. 그리고 이들은 사람을 쇠약하게 하는 신비한 질병인 결핵을 앓고 있다는 또 하나의 공통점이 있다. 19세기에는 유럽인들의 예술적 재능을 흔히 결핵과 연관지었으며, 베르디와 푸치니는 이러한 연관성을 잘 알고 활용하였다. 실제로 그 당시 결핵의 독은 정신적 활동과 예술적 영감을 고양시키는 것으로 인식되었다.

결핵은 영어 단어로 tuberculosis라고 하지만, 소모를 뜻하는 consumption이라고도 한다. 라틴어로 완전히를 뜻하는 접두어 con과 소모하다, 잡아먹다를 뜻하는 sumere에서 온 말로, 몸을 완전히 소진한다는 뜻이다. 수잔 손탁은 수필 『은유로서의 질병』에서 "결핵은 여전히 황홀감, 식욕의 증가, 성욕의 고양을 부르는 마법의 말로 사용되는 듯하다. (…) 결핵에 걸리는 것은 마치 어떤 남성이라도 매혹하는 아프로디테의 허리띠를 두른 것처럼, 상상을 뛰어넘는 매력을 갖게 되는 것으로 생각되었다."라고 기술하였다. 결핵의 유행이 절정에 달했던 1800년대의 서유럽에서는 결핵에 걸린 사람은 매우 가늘고 긴 손과 목, 빛나는 눈, 하얀 피부, 붉은 뺨을 가지고 있다는 특성 때문에 아름답고 매혹적인 것으로 묘사되었다. 물론 이런 아름다움의 끝은 피를 토하면서 고통스럽게 죽는 것이다. 결핵이 만성 감염성 질환임을 알지 못했기에 그저 낭만적이고 신화적이며 고상한 품격을 가진 것으로 간주되었던 것이다.

오페라 「라 트라비아타」와 「라 보엠」은 모두 알렉상드르 뒤마의 반자전적 소설 『춘희』를 기반으로 한다. 이 작품에서 여주인공은 하얀 손수건에 빨간 피를 토한다. 이것은 흰색과 빨간색의 동백꽃, 월경으로 인한 출혈을 연상시키면서 주인공의 관능미를 나타낸다. (오페라에서는 피를 토하는 부분이 삭제되었다.) 사실 결핵이라는 질병에 대한 실질적이고 냉정한 묘사는 끊임없는 기침으로 인해 숨쉬기가 더욱 힘들고, 먹고 말하는 것조차 어렵고, 체중이 감소하여 걷는 것도 힘들고, 지독한 통증으로 인해 아편에 깡소주를 찾는 그런 환자의 모습이다. (비슷하게, 드라마 등에서 아름답게 그려지는 백혈병 또한 치료 과정에서 머리카락이 모두 빠져 버리고 피골이 상접해지는, 실제로는 전혀 아름다워 보이지 않는 모습이다. 역자 주) 결핵 환자는 뼈와 살이 맞닿을 정도로 수척해져서 마치 시신과도 같은 모습으로 사망한다. 오페라 「라 트라비아타」가 초연된 것이 결핵의 원인이 밝혀진 1882년보다 앞서기 때문에 결핵에 대해서 낭만적으로 묘사하였을 것이다. 그 이후에 「라 보엠」에서도 예술적 천재성과 관능미라는 주제가 드러난다. 결핵으로 인한 쇠약이 빈곤, 방탕하고 자유분방한 생활 양식 또는 유전적인 소인 때문에 생긴다고 믿었기 때문이다. 이러한 결핵에 대한 낭만적이고 병적인 사고는 전혀 근거가 없다. 그렇지만 질병과 창조성, 그리고 에로티시즘을 연관시키고자 하는 시도는 지금도 계속되고 있다. 1996년의 록 뮤지컬 「렌트」에서, 예전에 푸치니에 의해 창조된 사랑스럽고 병약한 여주인공과 그녀의 자유분방한 동료는 파리가 아닌 뉴욕에 살고 있으며, 결핵이 아닌 에이즈, 시궁쥐, 바퀴벌레에 시달리는 것으로 표현된다. 그렇지만 미국의 극작가 조너선 라슨은 과거 푸치니가 그러하였듯이, 그들의 희망, 절망, 빈곤, 죽음, 그리고 극적인 부활을 열정적으로 그려 내고 있다.

결핵의 기원

결핵은 유사 이래로 인류를 가장 오랫동안 괴롭힌, 고대부터 인류와 함께해 온 질병이다. 결핵은 전신을 침범하는 질환이지만, 그 중 가장 흔한 것이 폐를 침범하는 폐결핵으로, 소위 말하는 폐병쟁이라는 속어 또한 여기에서 유래하였다. 폐결핵은 경우에 따라서 매우 급성의 경과를 밟아 단 몇 개월 내에 폐 조직을 광범위하게 파괴할 수 있으며, 이렇게 순식간에 진행되는 폐결핵을 분마성 폐결핵이라 부른다. 폐결핵은 악화와 완화가 반복되고, 때로는 객혈을 동반한 만성 기관지염으로 오인되기도 한다. 1839년, 웹스터 영어사전의 저자인 노아 웹스터의 딸 해리엇 웹스터는 "기침을 하기 시작했을 때 입에서 무언가 한 움큼 튀어나왔는데 그것은 내가 뱉어낸 피였다. 나는 조용히 앉아서 될 수 있는 대로 침착하게 있으려고 했다. 두 모금의 피를 삼켰다. 내가 더 기침을 하지 않아야 다른 사람들을 방해하지 않고 아침까지 기다릴 수 있는 것이다. 날이 밝았고 컵에 든 것을 보았다. 맙소사, 올 것이 오고야 말았다." 5년 뒤 해리엇은 세상을 떠났다.

결핵은 폐 이외에도, 창자와 후두를 포함한 모든 장기를 침범할 수 있다. 목의 림프절을 침범하면 림프절들이 부어올라 피부 아래에 마치 실로 꿴 구슬들이 있는 것과 같은 모습이 되는데, 이렇게 부어오른 것을 연주창이라 한다. 결핵이 척추뼈를 침범하면 척추뼈와 그 사이의 추간판이 내려앉아 유합되고 결국에는 꼽추가 되는 척추 기형이 생긴다. 이것을 1779년 처음 기술한 퍼시벌 포트 경의 이름을 따서 포트 병(척추결핵)이라고 한다. 결핵은 피부와 콩팥을 침범하기도 한다. 결핵이 콩팥위샘 겉질을 침범하면 만성적으로 콩팥위샘이 망가져서 영국의 소설가 제인 오스틴의 생명을 앗아 간 애디슨 병을 일으킨다.

역사 시대 이전에도 결핵이 있었다는 증거가 인간의 유골에서 보인다. 기원전 3700년부터 1000년 사이에 만들어졌던 이집트의 미라에서 척추결핵이 발견된다. 1891년 테베에서 발굴된 제21왕조(기원전 1000년) 시대 한 제사장의 미라에서는 척추결핵으로 척추가 광범위하게 파괴된 것이 관찰되었다. 이상한 것은 이 시기까지의 미라에서는 폐결핵의 흔적이 관찰되지 않는다는 것이다. 람세스 2세 통치 시대의 어느 제사장의 무덤에서 폐가 잘 보존된 어린아이 미라가 발견되었는데, 이 미라에서 폐결핵의 증거가 보였다. 어린아이 미라가 묻힌 시기는 람세스 2세 통치 시대가 아닌, 기원전 1000년부터 400년 사이로 밝혀졌다. 이걸로 보면 폐결핵은 척추결핵보다 나중에 나타난 질환임을 알 수 있다. 결핵은 기원전 8000년부터 4000년 사이에 사람이 소를 길들인 후, 소의 결핵(우결핵)이 사람으로 들어온 때부터 시작되었다. 그리고 기원전 1500년경 유목 생활을 하던 아리아인들이 중부, 동부 유럽의 삼림지대를 떠나 중동, 그리스, 인도 등지로 이동하면서 확산되었다. 아시리아의 왕 아슈르바니팔(기원전 668~626) 시대의 토판에는 "환자는 자주 기침을 하며, 가래는 끈적끈적하고, 때로 피가 비친다. 환자의 숨소리는 피리 소리와 같이 쌕쌕거리며 피부는 차갑다."라고 기술되어 있다. 그리스의 의사 히포크라테스는 결핵을 phthisis라고 불렀으며 "환자는 쇠약해지고 피골이 상접하게 되며 뺨은 붉어진다. 이 병에 걸리면 큰 고통 속에 결국 죽게 된다."라고 언급했다. 히포크라테스는 이 병이 나쁜 공기로 인한 것이라고 생각하고 전염병으로 간주하지는 않았다. 아리스토텔레스(기원전 384~322)는 결핵이 호흡으로 옮기는 전염병일 것이라고 생각했다. 그 후 로마 제국 갈레노스 시대에는 결핵이 전염병임을 받아들이게 되었지만, 결핵의 병원체가 발견된 것은 훨씬 더 오랜 세월이 지난 뒤였다.

중세 시대(기원후 500~1500)에는 봉건제도가 발달하였고, 소수의 귀족들이 가신과 사회의 나머지 구성원을 다스렸다. 왕들은 자신의 통치권과 재능을 신으로부터 하사받았으며, 연주창과 같은 병을 낫게 하는 초자연적인 힘이 있음을 널리 과시했다. 사람들은 왕이나 왕비가 단순히 환자의 몸을 만지는 것만으로도 연주창이 낫는다고 믿었다. 프랑크 왕국의 클로비스 1세(재위 481~511)와 잉글랜드의 참회왕 에드워드(재위 1042~1066)는 이러한 권능을 가진 첫 번째 인물이었을 것이다. 에드워드 1세(재위 1272~1307)는 한 달에 533명의 병자들에게 손을 내밀었고, 프랑스의 필립 6세(재위 1328~1350)는 궁정 행사에서 1,500명의 병자에게 손을 내밀었다. 찰스 2세(재위 1660~1685)는 재위 기간 동안 92,102명의 병자들을 어루만져 주었으며, 1775년 6월 14일에 루이 16세는 연주창으로 고통 받고 악취를 풍기는 2,400명의 병자들을 어루만졌다. 이렇게 왕과 왕비는 병자들을 어루만져 위로하였고, 그들에게 성호를 그어 주었으며 금화를 하사하였다. 연주창으로 고통 받는 사람들을 왕이 어루만져 위로하는 것을 영국에서는 King's Evil이나 Royal Touching이라고 표현하였으며, 18세기까지 이 전통이 계속되었다. 왕의 은총을 마지막으로 받았던 연주창 병자들 중 한 사람은 영국의 작가이자 비평가, 사전편찬가인 새뮤얼 존슨이다. 그는 자신의 유모에 의해 결핵에 감염되어 두 살 때 앤 여왕(재위 1702~1714)의 손길을 받았다. 그렇지만 이러한 손길도 그를 낫게 하지는 못했다. 그렇든 말든 병자들은 자신들도 왕의 손길을 받고자 몰려들었으며, 결국 몇몇 사람들은 어전으로 밀려드는 다른 병자들에게 깔려 죽기까지 했다. 오늘날 우리는 왕의 손길과 연주창의 치료가 서로 관련이 없다는 사실을 잘 알고 있다. 어떤 경우에 질병이 자연적으로 낫는 수가 있는데, 이것이 왕의 손길 때문인 것처럼 보였을 따름이다.

Tuberculosis라는 단어는 폐 속에 tubercle(결절)이라는 작은 혹이 생긴다는 것에서 유래했다. 1650년 해부학자 프란시스쿠스 실비우스는 폐에 생긴 결절에 대해 기술하면서, 결절이 나중에 폐 궤양이라고 불리는 공동으로 변한다고 하였다. 그러나 당대 병리학의 대가들은 이 병이 비정상적인 샘 조직이나 종양으로 인한 것이지 감염으로 인한 것이 아니라고 믿었다. 결핵의 감염성에 대해 처음으로 그럴싸한 추측을 한 벤자민 마텐은 결핵이 환자가 폐에서 뱉어낸 작은 생명체나 그 씨앗이 건강한 사람의 폐 속으로 들어가서 생기는 것이라고 주장했다. 그러나 그 작은 생명체의 정체는 백 년 뒤에야 밝혀진다.

영국에서는 18세기에 결핵이 창궐하기 시작하여 1780년에 최고조에 이르렀다. 그 당시 잉글랜드와 웨일스에서의 전체 사망 건수 중 20%는 결핵이 원인이었을 것으로 추정된다. 유럽에서는 영국으로부터 확산되어 「라 트라비아타」와 「라 보엠」이 만들어진 1800년대에 절정에 이르렀다. 동유럽에서의 결핵 발생률은 1875년부터 1880년에 최고조에 달하였고, 1900년에는 마침내 북아메리카에까지 결핵이 상륙하였다. 결핵의 발생률이 높아진 이유는 이촌향도 현상과 함께, 거주지 내에서 가축을 키우기 시작했기 때문이기도 하다. 과거에는 방목하여 키우던 소를 마을 중심부에 있는 외양간에 가두어 키우기 시작한 것이다. 결국 결핵에 걸린 소들도 마을 한가운데에 있게 되면서 결핵이 소뿐만 아니라 사람으로 전염되기에 이상적인 상황이 초래되었다. 그 결과는 17세기에 결핵이 급격히 많아진 것으로 나타났다. 그 후 직조 산업 기계화로 교외 지역에서 이루어지던 면화 산업이 수력을 이용할 수 있는 강변으로 몰려 도시화가 일어나면서 결핵 전파가 빨라졌다. 영국은 큰 건물에 높은 세금을 매기면서 창문의 개수를 건물 크기의 기준으로 삼았기 때문에 도시에 지어지는 건물의 창문이 줄어들었고, 창문 없이 비좁은 건물 속에서 생활하는 사람들은 남이 내뱉은 숨을 다시 들이쉬게 되었다. 인구 밀도가 높아지면서 결핵은 공기를 타고 손쉽게 전파되었다. 이러한 상황은 피터 브뤼겔(1525~1569)과 윌리엄 호가스(1679~1764)의 그림에 생생하게 묘사되어 있다. 19세기에 이미 유행성 결핵은 2백 년 이상 맹위를 떨치고 있는 중이었다. 훗날 냉전기에 핵전쟁으로 모든 문명이 끝장날 것을 두려워했던 것처럼, 사람들은 결핵 때문에 산업화된 유럽뿐만 아니라 모든 문명이 끝날 것을 두려워했다. 20세기 초에 어느 언론인은 이렇게 말했다. "결핵은 참으로 역겨운 전염병이다. 이 병은 천천히 그리고 교활하게 온 세상에 퍼진다. 결핵의 공포는 사람들이 진취적이고도 위대한 일을 할 수 없도록 움츠러들게 한다. 런던의 '백색의 흑사병'은 그 악명으로 길이길이 기억되고 있다. 단 1년 만에 5만 명의 시민들을 학살했다. 유럽 전역에서 단 1년 만에 백만 명 이상의 사람들이 결핵으로 죽어 가고 있다. 결핵은 그 지속성과 치명성, 천천히 계속해서 죽을 때까지 괴롭힌다는 점에서 모든 역병의 왕중왕이다."

　대영제국이 전성기를 구가하고 있던 빅토리아 여왕(재위 1837~1901) 시대에는 결핵이 혐오감을 유발하지 않으면서 병약한 이미지를 연상시킨다는 점에서 낭만적이고 매력적인 질병으로 간주되었다. 결핵 환자가 가래를 뱉을 때 동반되는 객혈은 달마다 하는 월경 출혈을 연상시켰고, 병약과 사망의 이미지가 에로티시즘, 출산의 이미지와 함께 특이한 양상으로 혼합되었던 것이다. 결핵은 에로티시즘에만 연관되었던 것이 아니다. 바뤼흐 스피노자(1633-1677), 요한 볼프강 괴테(1749~1832), 프리드리히 쉴러(1759~1805), 표도르 도스토예프스키(1821~1881), 안톤 체호프(1860~1904), 월터 스콧 경(1771~1832), 데이비드 허버트 로렌스(1885~1930), 퍼시 비시 셸리(1792~1822), 존 키츠(1795~1821), 알렉산더 포프(1688~1744), 새뮤얼 존슨(1709~1784), 장 앙투안 바토(1684~1721), 로버트 루이스 스티븐슨(1850~1894), 이고르 스트라빈스키(1882~1971), 에드거 앨런 포우(1809~1861), 니콜로 파가니니(1782~1840), 엘리자베스 배럿 브라우닝(1806~1861), 프레데리크 쇼팽(1810~1849), 헨리 데이비드 소로우(1817~1862), 조지 오웰(1903~1950), 엘레노어 루스벨트(1884~1962), 프란츠 카프카(1883~1924), 아메데오 모딜리아니(1884~1962), 비비안 리(1913~1967)를 비롯한 수많은 위인들이 결핵에 시달렸다. 존 키츠는 21세의 나이로 세상을 떠났다. 에밀리와 샬럿을 포함한 브론테 목사의 여섯 자녀들과 퍼시 비시 셸리도 모두 40세가 되기 전에 분마성 폐결핵으로 사망했다. 일부 사람들은 작가, 작곡가, 예술가들 중 일부가 전술한 바와 같이 결핵으로 고생한 것을 보고, 결핵이 천재성을 촉발시킨다고 착각하였다. 아서 모리시 피시버그는 "결핵 환자들은 특히 젊고 재능있는 기린아들이다. (…) 창조성에 관련된 엄청난 지적 능력을 보여 준다. 특히 예술적 기질을 가진 사람이나 창조적인 글쓰기 재능을 가진 사람들과 결핵은 뗄 수 없는 관계에 있다. 그들은 죽음의 불안에 항상 노출되어 있지만, 그렇게 몸이 죽어 가는 와중에도 끊임없이 노력을 경주하여 역작을 만들어 내는 것이다."라고 결핵을 미화하였다. 그러나 결핵이 두뇌나 창의력에 무언가 실질적인 영향을 미친다는 증거는 희박하다.

배우 비비안 리와 영부인 엘레노어 루즈벨트 여사의 사망은 항결핵제가 개발된 이후라서 더 비극적이다. 시대를 풍미한 여배우 비비안 리는 1945년에 결핵에 걸려 잠시 입원하였다 회복된 적이 있었다. 주치의는 앞으로도 더 치료가 필요하며 입원을 더 해야 한다고 권유했다. 비비안 리는 그 조언을 거절했다. 1940년대와 1950년대에 항결핵제가 개발되어 치료에 사용되었음에도 비비안 리는 투약을 거절했던 것이다. 끝내 비비안 리는 54세를 일기로 결핵으로 쓰러졌다. 엘레노어 루즈벨트 여사는 12세 때 활동성 결핵을 앓은 적이 있었는데, 73세에 재발하여 급속도로 악화되었다. 좁쌀결핵(결핵균이 혈류를 타고 온몸에 흩뿌려져 마치 좁쌀처럼 보이는 작은 병변이 온몸에 나타난 상태)이 된 것이다. 이미 때는 늦었고, 루즈벨트 여사는 2년 후 75세의 나이로 영면한다.

결핵을 일으키는 세균은 마이코박테리아라고 불리는 일련의 세균들 중 하나이다. 자연계에 존재하는 마이코박테리아는 토양이나 물에서 질소를 고정하고 유기물을 분해하는 역할을 한다. 마이코박테리아의 세포벽은 미콜산이라는 독특한 밀랍상의 지질과, 리포아라비

노만난 및 아라비노갈락탄이라는 다당류로 이루어져 있다. 사람에게서 폐질환을 일으키는 마이코박테리아로는 결핵균(*Mycobacterium tuberculosis*)과 조류형 마이코박테리아군(*M. avium* complex)이 있다. 조류형 마이코박테리아군은 에이즈 환자와 같은 면역 저하 환자에게 기회감염을 유발하는 세균으로, 체중 감소, 발열, 오한, 야간발한, 복통, 설사, 전신 쇠약을 일으킨다(332쪽 참조). 사람의 결핵균과 근연 관계에 있는 세균으로 소의 결핵균(우결핵균)인 *M. bovis*가 있다. 사람이 우결핵균에 감염되는 경우는 흔치 않다. 우결핵균은 산소 농도가 낮은 조직에서 증식하기 때문에 사람에게 감염되어도 폐질환을 일으키지는 않는다. 우결핵균은 척추결핵을 잘 일으키는데, 림프관을 따라 척추로 전파되는 양상의 혈행 감염이다. 우결핵균은 토양 세균에서 유래한 것으로 추정되며, 과거에는 주로 감염된 소에서 얻은 우유를 통해 감염되었을 것이다. 반면에 결핵균은 사람에 특화되어 있다. 결핵균은 산소 농도가 높은 조직에서 증식하기 때문에 주로 폐에서 병을 일으키며, 타액이나 가래에서 유래한 비말핵에 의해 사람에서 사람으로 전파된다. 그렇지만 유전적으로는 결핵균과 우결핵균이 99.5% 이상 일치하므로, 이런 숙주와 전파 경로에 차이가 생기는 이유는 여전히 잘 모른다.

　일부 사람들은 천연두와 같은 다른 전염병처럼, 결핵도 구대륙의 탐험가들과 이주민들에 의해 신대륙에 전파되었다고 주장한다. 그러나 이것은 사실이 아니다. 크리스토퍼 콜럼버스 일행이 신대륙에 도달하기 7백여 년 전인 기원후 700년경에 잉카 제국에 살았던 8세 소년의 미라에서도 척추결핵의 소견과 우결핵균을 품고 있는 병터가 나타나기 때문이다. 신대륙에서는 야생의 초식동물과 가축으로 키우는 소가 결핵의 감염원이었을 것이다. 1999년에 과학자들은 와이오밍주 빅혼산맥에 있는 내추럴트랩케이브 수직동굴에서 발견된 1만 7천 년 묵은 들소 사체의 뼈대 조직에서 우결핵균을 분리해 냄으로써, 결핵은 선사 시대에도 북아메리카 대륙에 이미 있었던 질병으로서 새로운 숙주를 기다리고 있었음을 밝혀내었다. 신대륙에서도 도시화, 감염자의 유입, 높은 인구 밀도, 불량한 위생으로 결핵은 거침없이 확산되었다. 결핵의 유행은 19세기에 첫 번째로 최고조에 달했으며, 특히 미국 동부의 대서양 연안 도시에서 높은 유병률을 기록했다. 마크 칼드웰은 자신의 책 『마지막 십자군 전쟁: 결핵과의 성전』에서 "북적이는 시민들과 오염된 공기는 도시를 결핵의 도가니로 만들었다. 도시는 가난한 자들이 득실거리고, 경제 상황이 열악하고, 불결함이 오감을 괴롭히는 곳이기도 하다."라고 기술했다. 1804년 뉴욕시에서는 전체 사망자의 4분의 1이 결핵으로 사망하였으며, 1812년부터 1821년까지 보스턴에서도 비슷한 양상이 나타났다. 결핵이 미국의 모든 인종에게 동등한 피해를 준 것은 아니다. 1850년, 볼티모어시와 뉴욕시에서는 유럽계 미국인보다 아프리카계 미국인의 결핵으로 인한 사망률이 더 높았다. 볼티모어에서는 15세 이상 인구의 결핵 사망률이 남성보다 여성에서 두 배 높았지만, 뉴욕과 런던에서는 정반대였다. 그 이유는 분명하지 않다. 결핵은 도시에서만 나타나는 질병이 아니라 교외에서도 나타났다. 중요한 요소는 전체 인구의 수가 아니라 한 집에

사는 가족의 수이다. 18세기의 북아메리카 식민지에서는 도시 지역
과 교외 지역에서 모두 한 가구당 7~10명이 거주했다. 이렇게 하나
의 가구가 많은 수의 구성원으로 이루어진 상황은 질병의 전파를 부
채질했다. 당시의 가옥은 난방이 제대로 이루어지지 않았기 때문에,
겨울철에는 추위를 막기 위해 창문과 문을 꼭꼭 닫았고, 순환되지 않
는 실내 공기를 통해 결핵균의 전파가 조장되었던 것이다. 당시의 인
습도 결핵의 확산에 한몫했다. 환자와 간호사가 한 침대를 공유하기
일쑤였고, 의료인들 또한 결핵 환자가 있는 방의 창문을 열지 말 것을
권고했기 때문이다.

환기나 공조 시스템이 제대로 갖추어지지 않은 것도 도시에서의
결핵 확산에 일조했다. 19세기에 대부분의 연립 주택은 환기에 대한
고려가 없이 만들어졌다. 가난한 이민자들이 미국에 점점 더 많이 들
어와 1830~1840년대에 절정에 달했다. 이민자들은 허름한 연립 주
택에서 북적거리며 생활해야 했다. 보스턴의 연립 주택을 예로 들자
면, 1800년에는 하나의 주택에 보통 8명이 거주했지만, 1845년에는
10명 이상이 거주했다. 환기가 잘 되지 않을 뿐만 아니라 불결하기까
지 한 연립 주택은 미국에서의 결핵 발생률을 끌어올리는 핵심적인
요소가 되었다.

뉴욕과 보스턴의 도심지에서는 어리고 가난한 유대인 이민자들이
좁아터진 의류 공장에서 재봉 일을 하면서 결핵에 걸리는 사례가 속
출했기에, 결핵을 흔히 유대인병이나 직공병이라고 불렀다. 물론 결
핵이 유대인이나 직공을 선택적으로 감염시킨 것은 아니었지만, 유대

인들과 직공들에게 찍힌 폐병쟁이의 낙인은 쉽사리 지워지지 않았다. 1920년대, 미국의 국수주의자들은 앵글로색슨계 미국인의 강건하고 기운찬 기상과는 달리, 수척하고 왜소한 유대인들이 수십만 명이나 대서양 연안의 도시를 메우고 있는 것을 아니꼽게 바라보았다. 결핵에 약한 약골 유대인들은 열등한 족속들일 뿐만 아니라 사회의 짐이 될 것이라는 주장이었다. 유대인 공동체의 지도자들은 유대인들이 결핵에 취약하다는 주장을 반박하는 자료를 제시하였다. 유럽과 미국 모두에서 유대인들의 결핵 유병률이 다른 민족에 비하면 낮은 것으로 나타났다. 하지만 대중은 그러한 사실을 애써 무시했다. 결핵은 유대인을 추방하고 박해하는 반유대주의의 도구로 악용되었다.

1829년부터 1845년까지 미국의 교도소에서는 매년 10~12%의 백인 수감자가 결핵으로 사망했다. 같은 시기 동부 대서양 연안 도시에서의 연간 결핵 사망률은 0.5% 미만이었다. 교도소 수감자들은 일반 사회 구성원에 비해 주로 경제적, 사회적으로 하류 계층에 속해 있다. 따라서 신규 입소자들 사이에서 이미 결핵의 유병률이 높다. 사방 내에 여러 재소자가 모여 있기 때문에 결핵이 쉽게 전파된다. 일반 사회 구성원에 비해 재소자의 HIV 감염률도 높다. 이런 이유들 때문에 오늘날에도 교도소의 결핵 발생률이 상대적으로 높다.

1900년대의 조사에 따르면, 가난한 사람들의 결핵 사망률이 더 높았고, 연령별로는 최고 사망률을 보인 연령대가 15~45세, 그 다음이 5~10세였다. 결핵에 매우 취약한 북미 원주민들은 원주민 보호 구역으로 추방된 후 그곳에 모여 살면서 결핵에 걸려 죽어 갔다. 1911년부터 1920년까지 북미 원주민의 26~35%가 결핵으로 사망하였으며, 1920년대에 실시된 60만 명의 원주민에 대한 검사에서는 36%의 원주민이 결핵에 걸린 것으로 드러났다. 아프리카 대륙의 사하라 사막 이남에서는 유럽 출신 이민자가 거의 없었던 20세기 초까지 결핵이 거의 발견되지 않았다.

느리고 끈질긴 숨은 암살자

　1865년, 프랑스의 군의관 장 앙투앙 빌맹(1827~1892)은 토끼에 결핵을 감염시키는 것에 성공했다. 빌맹은 33시간 전에 결핵으로 사망한 환자의 폐 공동에서 뽑아낸 고름을 두 마리의 건강한 토끼에 피하 주입했다. 대조군으로 사용한 다른 두 토끼에는 화상으로 인한 수포에서 뽑아낸 진물을 주입했다. 몇 달 뒤 토끼를 부검했을 때 고름이 주입된 부위의 림프절과 폐에서 결핵의 소견이 나타났다. 장 빌맹의 실험으로 결핵의 전파 양상에 대한 검증이 충분히 이루어진 것처럼 보였으나, 콧대 높은 프랑스 의학회는 이 발표에 대해 비판적인 태도를 보였다. 가장 혹독한 검토자였던 아르망 피두는 빈곤층의 결핵은 과로, 영양 실조, 위생이 불량한 가옥, 그리고 사회적 박탈로 인한 것이라고 반론했다. 또한 부유층의 결핵은 부에 대한 탐닉, 나태, 무기력, 공명심, 사치하는 습관 때문이라고 주장했다. 아르망 피두는 생기의 고갈이 결핵의 원인이라고 주장한 것이다. 결핵이 전염병이 아니라는 억지 주장은 1882년 3월 24일 코흐가 독일 생리학회의 가장 권위 있고 회의적인 과학자들 앞에서 결핵의 원인균 발견을 보고할 때까지 계속되었다. 코흐의 이 발표는 결핵의 감염성에 대한 의문을 해결하였을 뿐만 아니라, 과학의 우위를 프랑스와 파스퇴르로부터 독일과 코흐로 가져오는 데 공헌했다. 이러한 변화에는 과학 연구 사조의 차이를 비롯한 여러 가지 이유가 있었다. 프랑스의 과학자들은 지적 추론에 의지하고 제한된 실험으로부터 일반적인 사실을 유추하려는 경향이 있었지만, 독일의 과학자들은 더욱 체계적이고 사실에 기반을 둔 접근법을 사용하였으며 반복 실험을 추구하였기 때문이다. 또한 보불 전쟁(1870~1871)에서 프랑스가 패배하고 나폴레옹 3세까지 포로로 잡힌 후, 독일의 경제와 과학은 번영하였고 프랑스의 경제와 과학은 쇠퇴하였다.

　1843년에 독일 하르츠산맥에 위치한 도시 클라우스탈에서 태어난 로베르트 코흐는 괴팅겐대학에서 의학을 전공하고, 베를린에서 병리학의 대가인 루돌프 피르효에게 사사하였다. 보불 전쟁 이후 그는 작은 농촌인 볼슈타인에 정착하여 지역 의사와 위생 공무원으로 근무했다. 당시 볼슈타인 지방에서는 주민들이 가끔 사람에게도 걸리지만 주로 양에게 걸리는 탄저병으로 골치를 썩고 있었다. 코흐는 아내로부터 생일 선물로 받은 현미경을 가지고 양의 사체를 부검하여 관찰하기 시작했다. 1881년, 오래지 않아 코흐는 탄저병의 원인이 되는 막대균을 분리하여 동정하고 이를 런던의 국제의학학술대회에서 발표하였다. 런던에서 돌아온 코흐는 결핵의 원인균을 찾아내기로 결심하여 1년이 되기 전에 성공했다. 코흐는 "이 연구의 목적은 질병의 원인이 될 것으로 추정되는, 체외로부터 침입한 기생성 생명체를 검증하는 첫걸음이 되고자 하는 것이었다. (…) 본 연구의 검체는 일반적인 병원성 세균의 검사 방법에 따라 준비되었다. (…) 진한 메틸렌 블루 용액으로 검체를 염색하고 관찰하자, (…) 도말 검체는 검푸른색으로 과도하게 염색된 것처럼 보였으며, (…) 비스마르크 브라운 염색을 수행하자 푸른색은 사라지고 검체는 희미한 갈색으로 염색되었다. 현미경으로 동물의 조직을 관찰하였을 때는, 특히 핵과 부스러기들은 갈색으로 보이지만, 결핵균은 선명한 푸른색으로 보였다."라고 기술하였다.

코흐는 자신의 이름을 딴 공리(84쪽 참조), 즉 병원체가 질병의 원인이라고 판단할 수 있는 기준을 신중하고도 정확하게 적용하였다.

"(…) 사람과 동물을 침범하는 모든 양상의 결핵에서, 본인이 결핵균이라고 가정한 막대균이 항상 관찰되었으며, 이 막대균은 다른 미생물과는 다른 특이한 성질을 가지고 있었다. 일반적으로 병원체가 질병이 진행되는 부위에서 나타나고, 그렇지 않은 부위에서는 나타나지 않는 것을 질병 연관성이라고 한다. 그 질병 연관성이 결핵과 결핵균 사이에서 무시할 수 없을 정도로 높다. 그럼에도 불구하고, 이렇게 연관성이 높다는 것만으로는 결핵 소견과 결핵균, 두 요소의 인과 관계를 단정적으로 말하기 어렵다. 결핵이 감염성 질환임을 입증하기 위해서는 코흐의 공리에 의거하여, 결핵균의 침입에 의해 결핵이 유발되고, 균의 증식과 성장에 의해 질병이 진행된다는 것을 입증해야 한다. 또 결핵균을 분

리해 내어 순수 배양함으로써 결핵균에 묻어 있을지 모를 질병으로 인
한 산물을 전부 제거해 내어야 한다. 그리고 이 순수 배양된 결핵균을
동물에 주입하여 그 동물에서 자연적으로 결핵에 걸렸을 때와 같은 질
병이 나타나야 한다."

　결핵균이 결핵의 병원체라는 것을 확인하기 위한 실험은 로베르
트 코흐의 말처럼 쉬운 일이 아니었다. 결핵균은 무색 투명한데다, 밀
랍 같은 세포벽이 있어서 염색이 잘 되지 않아 그냥은 현미경으로 관
찰하기 어렵기 때문이다. 결핵균을 관찰하려면 결핵균을 가열하면서
특수한 아닐린 염료 메틸렌 블루로 염색하는 과정이 필요했다. 이후
1882년 파울 에를리히가 코흐의 발표를 전해 듣고는 새로운 염색 기
법을 만들어 내었다. 에를리히는 푹신으로 염색을 시행하면 다른 세
균들은 산으로 세척했을 때 푹신이 모두 빠져나가 보이지 않게 되지
만 결핵균은 푹신이 산에 씻겨 내려가지 않고 남아 적색으로 보이는
것을 발견했다. 이런 특성 때문에 결핵균을 비롯한 마이코박테리아를
산에 저항한다는 의미로 항산성 세균이라고 부른다. 코흐는 영양원으
로 응고 혈청을 이용하여 시험관 내에서 세균을 배양하는 기법을 고
안하였고, 이렇게 순수 배양된 결핵균을 기니피그에 감염시키는 것에
도 성공했다. 공상적으로 접근한 프랑스인 장 빌맹의 실험은 잊혀서
어둠 속에 묻혔지만, 그 주장만은 이후 체계적으로 접근한 독일인 로
베르트 코흐에 의해 검증된 것이다. 이런 경우에 과학적인 신뢰를 얻
는 것은 검증한 사람이지 첫 번째로 주장한 사람이 아니다.

　1890년대 초, 프로이센 정부와 그 수반인 오토 폰 비스마르크의 압박을 받은 코흐는 신중한 실험 없이 성급하게, 결핵 치료제 후보 물질로 결핵균 추출물에서 정제한 투베르쿨린을 발견했다고 보고하였다. 투베르쿨린을 동물에 주입하자 동물에서 발열, 권태, 질병의 징후가 나타났다. 코흐는 동물이 투베르쿨린의 자극으로 결핵균의 항원에 반응하게 될 것이고, 결국 결핵균도 몰아낼 것이라고 생각했다. 하지만 그렇지 않다는 사실이 곧 밝혀졌다. 투베르쿨린은 치료 효과가 없었고, 오히려 생명에 위협을 가했다. 결핵균이 체내로 침입할 경우 면역계통은 결핵균의 구성 물질에 감작되는데, 이렇게 감작된 사람에게 대량의 투베르쿨린을 주입하여 제4형 과민반응(지연 과민반응)을 통해 오히려 생명을 위태롭게 한 것이었다. 이 일로 해서 코흐는 무척 곤란한 상황에 빠졌다. 그러나 투베르쿨린은 아직까지도 진단 용도로서는 제 역할을 하고 있다. 지금도 결핵균에 노출된 적이 있는지를 알기 위한 가장 유용한 방법은 투베르쿨린 검사이다. 미국에 거주하는 성인의 15%는 투베르쿨린 검사에 대해 양성 소견을 보이지만, 검사에 양성이라고 전부 활동성 결핵을 앓고 있는 것은 아니다. 결핵균에 노출된 사람 중 실제로 활동성 결핵이 발병하는 사람은 단지 10% 정도에 그친다.

　로베르트 코흐는 우결핵이 우유를 통해 사람에게 전염될 수 있음을 보여 주었다. 우결핵에 걸린 소에서 나온 우유가 사람에게 우결핵균을 옮기는 것이 알려지자, 투베르쿨린 검사는 우결핵에 걸린 소를 가려내는 수단으로 유용하게 사용되었다. 양성 소견을 보인 소는 살처분되었다. 이것은 귀중한 가축이 생산 공정에서 이탈한다는 것을 의미하며, 따라서 투베르쿨린 양성 가축이 많은 농장주에게는 치명적인 재산 손실을 가져오게 된다. 그리고 이미 저온살균법으로 우결핵의 전파를 예방하는 방법이 알려져 있어서, 우결핵에 걸린 소를 일괄적으로 살처분하는 것은 지나친 조치였다. 이러한 살처분 기반 통제는 극렬한 반대를 불러와서, 저온살균법이 적용되지 않는 교외의 농장에서는 시험을 수행하는 수의사를 보호하기 위해 민병대가 동원되기까지 했다. 1932년, 아이오와주에서 4백 명의 분노한 농장주들이 수의사의 차량을 파괴하는 아이오와 암소 전쟁이 벌어졌고, 결국 당시 주지사 댄 터너는 계엄령을 선포하고 주 방위군을 배치하여야 했다. 1930년대 말이 되었을 때는 미국의 카운티 중 95% 이상에서 우결핵에 걸린 소가 없어져서, 우유를 통한 우결핵의 감염 위험이 사라졌다. 그러나 멕시코를 비롯한 다른 국가에서는 우결핵이 여전히 유행하고 있기 때문에 우유를 통한 전파가 완전히 해결된 것은 아니다.

폐와 사람을 녹이는 병

소설가 찰스 디킨스는 1879년에 출판된 소설 『니콜라스 니클비』에서 결핵에 대해 다음과 같이 기술하였다.

"병자로 하여금 죽음을 준비하게 하는 전율할 만한 질병이 있다. 영혼

과 육신 사이의 투쟁은 점진적이고 고요하고 장엄하며 그 결과는 매우 명백하여, 매일같이 그리고 조금씩 육신은 쇠약해지고 시들어 가나, 영혼은 밝게 빛난다. (…) 죽음과 삶이 기묘하게 뒤섞여서 죽음이 생명의 빛과 색채를 앗아 가는 질병, 그리고 수척하고 소름끼치는 죽음의 형태를 띤 삶, 백약이 무효하고 부자도 빈자도 벗어날 수 없는 병, 때로는 거인이 성큼성큼 걷듯이, 때로는 달팽이가 기어오듯이 다가오지만 끝은 확실하다."

찰스 디킨스는 위에서 보는 것처럼 결핵의 특징을 잘 기술하였다. 그러나 결핵이 호흡기로 전파된다는 것은 몰랐다. 결핵균은 폐결핵 환자가 말을 하거나 기침, 재채기를 할 때 공기를 통해 다른 사람에게 전파된다. 재채기를 통해 크기가 10μm 이하인 에어로졸이 공기 중으로 방출되면, 이 에어로졸은 서서히 증발하여 부유성의 비말핵을 만든다. 길이는 2~4μm이고 너비는 0.3μm인 완만하게 구부러진 막대 모양의 결핵균은, 비말핵 속에 숨은 채로 부드러운 기류를 타고 여러 곳으로 이동한다. 이렇게 결핵균이 함유된 비말은 호흡기로 쉽게 침투한다. 결핵균은 외부 환경에 잘 버티는 편이어서, 축축한 가래 속에서는 6~8개월 동안 생존할 수 있다. 들숨을 통한 비말핵 흡인이 결핵 감염의 주된 경로가 된다. 음식이나 음료를 섭취하는 과정에서 소화기로 유입된 결핵균은 위에서 분비되는 산에 의해 거의 대부분 사멸되므로, 구강을 통한 감염은 잘 일어나지 않는다. 포도송이와도 같은 모양의 얇은 벽으로 이루어진 허파꽈리에 고작 다섯 개의 결핵균만 도달하더라도 감염이 일어날 수 있다. 미국과 유럽에서는 결핵 환자의 80~85%에서 폐가 최초 감염 부위였다.

허파꽈리 내의 결핵균은 큰포식세포에 의해 잡아먹히지만 죽지는 않으므로, 큰포식세포에 실려 림프계통을 따라 신체의 여러 부위로 이동할 수 있다. 과거 결핵에 노출된 적이 없는 사람에서는 결핵균이 처음 몇 주 동안 15~24시간마다 한 번씩 분열하면서 서서히 증식한다. 처음에는 조직 손상이나 반응이 미약하지만, 세균이 몇 주 동안 번식함에 따라 최초 침입 부위 또는 때로 좀 더 멀리 떨어진 부위에서 염증반응이 나타난다. 염증반응은 격렬해지고 림프액이 염증 부위로 흘러들어 간다. 그 과정에서 섬유조직을 형성하는 섬유모세포들이 유입되고, 거기에 있는 결핵균들은 큰포식세포에 잡아먹힌 것이든 아니면 세포 밖에 있는 것이든 모두 정상 조직으로부터 격리된다. 이렇게 결핵균들과 함께 큰포식세포가 모여서 이루어진 덩이 병터를 육아종이라 부른다. 육아종은 점점 커지면서 정상 조직을 밀어내고 결절이라는 특징적인 결핵 병터를 형성한다. 90%의 환자에서는 이 상태에서 결핵이 더 이상 진행되지 않는다. 폐 조직의 파괴와 큰포식세포의 괴사가 진행되면 이것을 건락괴사라고 하는데, 여기에 있는 결핵균은 대부분 죽는다. 결핵균 중 아주 일부는 살아남지만, 주위 환경이 산소 농도도 낮고 pH도 낮기 때문에 균이 증식하지 못하는 잠복결핵 상태가 된다.

10%의 환자에서는 결절이 파열되어 공동이 형성되고, 허파꽈리 주위의 작은 혈관이 파열되어 결핵균이 혈류를 타고 전신에 파종되거나 출혈이 일어날 수 있다. 기관지가 침범되면 기침이 나면서 가래

에 피가 비치고 폐에 액체가 들어차 호흡이 어려워진다. 이때부터 결핵균이 가래에 섞여 나온다. 기침, 창백, 객혈, 야간발한, 호흡통이 있다는 것은 활동성 결핵을 앓고 있다는 의미이다. 흉부 X선 촬영을 통해 폐의 결절과 삼출액을 확인할 수 있으며, 흉부 청진을 통해 꾸르륵거리는 소리와 쌕쌕거리는 폐음을 들을 수 있다. 염증이 진행됨에 따라 폐 조직의 융해괴사가 일어나며 산소가 풍부한 폐 속의 융해괴사 산물은 결핵균의 영양소가 된다. 극단적으로는 1mL의 융해괴사 산물 내에 100억 개의 결핵균이 존재하기까지 한다. 재미있는 것은, 신선하고 산소가 풍부한 곳에서의 요양이 결핵 치료에 필수적이라고 믿었지만, 정작 결핵균은 산소와 신선한 공기가 풍부한 폐꼭대기에서 증식을 잘 한다는 것이다. 시간이 지남에 따라 융해괴사 산물이 탈락하여 혈액 속으로 들어가며, 이를 통해 결핵균은 전신으로 파종된다. 활동성 결핵을 치료하지 않고 두면 사망률이 40~60%에 달한다.

결핵은 대부분 앓다가 저절로 낫는 경과를 보인다. 즉, 폐기능에는 악영향을 미치지 않으면서 감기와 비슷한 증상만을 나타내는 것이다. 결핵균에 대항하는 면역반응이 적절하게 유지되면 90%의 환자에서는 결절이 석회화되고 더 이상의 진행이 일어나지 않는다. 이런 상태를 잠복결핵이라 하며, 전염성이 없다. 그러나 잠복결핵이 있는 사람의 10%에서는 결핵의 재활성화가 일어날 수 있으며, 그 위험은 최초 감염으로부터 2년 이내에 가장 높다. HIV 감염과 같은 면역 저하 환자에서는 잠복결핵이 재활성화할 가능성이 더 높다. 그래서 잠복결핵 상태인 사람도 활동성 결핵으로 발전하는 것을 막기 위한 치료를 받아야 한다(235쪽 참조).

결핵균 중 일부는 큰포식세포 내에서조차 사멸되지 않기에, 이렇게 살아남은 결핵균이 감염의 재활성화를 일으킨다. 결핵을 진단할 때는 감염(잠복감염)과 질병(활동성 결핵)의 감별이 중요하다. 결핵균이 폐로 들어오면 큰포식세포에 잡아먹히거나 적당한 위치에 자리 잡아서 느리게 증식한다. 결핵균은 세포 바깥에서도 살아갈 수 있지만, 주로 큰포식세포 내에서 생존한다. 결핵균은 밀랍과도 같은 두꺼운 세포벽을 갖기 때문에 큰포식세포에 먹힌 후에도 죽지 않고 살아남을 수 있다. 우리 몸에서는 결핵균의 감염에 대응하는 항체가 형성되지만, 큰포식세포 내에 있는 결핵균에 접근하지 못하므로 항체가 질병을 통제하지 못한다. 오히려 도움 T세포에 의한 세포성 면역이 질병의 진행을 막는 중요한 역할을 한다. 시간이 지나면서 도움 T세포가 감마인터페론이나 종양괴사인자 등의 사이토카인을 분비하여 큰포식세포를 활성화하여 결핵균을 살상하거나 증식을 억제한다. 병터에는 림프구와 큰포식세포가 들어차고, 다 마르지 않은 칠기를 만졌을 때 옻독이 오르는 것과 같은 제4형 과민반응이 발생한다. 세포독성 T세포도 면역반응에 참여하여, 감마인터페론과 종양괴사인자 등 큰포식세포를 활성화하는 사이토카인을 분비하며, 큰포식세포의 세포막에 퍼포린이라는 단백질을 꽂아서 구멍을 내고 그랜자임이라는 효소를 쏟아부어 큰포식세포의 자살을 유도한다. 다수의 큰포식세포는 투베르쿨린 유사물에 의해 괴사되면서 과산화수소, 수산화라디칼, 과산화물 등과 같은 활성 산소와 단백질 분해 효소 등을 내뿜어서 주위의 조직을 파괴한다. 반면, 살아남은 결핵균들은 억제 T세포를 활성화하는 물질을 만들어 내어 제4형 과민반응 및 큰포식세포에 의한 결핵균 살상을 억제시킨다. 그러면 결핵균이 다른 조직으로 전파되기 쉬우며, 그곳에서 새로운 염증반응이 일어나고, 조직 파괴 주기가 시작된다. 이렇게 결핵에 대한 세포성 면역반응은 결핵균을 억제하는 동시에 조직을 손상시키는 양날의 칼이다. 결핵균을 파괴하기 위한 큰포식세포의 세포매개 살상 작용이 결국 보호해야 할 조직까지 손상시키는 것은 참으로 웃지 못할 일이다.

결핵의 진단

결핵은 사람을 녹여내는 질병으로, 창백, 기침, 객혈, 쇠약, 권태와 같은 전형적인 증상을 보인다면 이미 많이 진행된 상태이다. 결핵균이 체내나 체외에서 확산되는 것을 억제하기 위한 방법을 개발하고 결핵의 진단법을 개발하면서, 우리는 결핵의 예방과 치료에 대해서 더 많이 알게 되었다.

1890년 코흐가 개발한 투베르쿨린은 결핵의 치료약으로 쓰는 데는 실패했지만, 대신 우리는 이것을 진단의 표준시약으로 사용한다. 투베르쿨린 검사는 투베르쿨린(지금은 정제단백유도체를 사용함)을 소량 앞팔에 주사하고, 48~72시간 후 주입부가 단단하게 부어오르는 것을 확인해서 결핵에 노출된 적이 있는지를 판단하는 검사이다. 주입부 주위가 벌개지는 것은 7일까지 지속된다. 이 검사에서 양성이 나타났다는 것은 이전에 결핵균에 노출된 적이 있다는 뜻이지, 꼭 현재 활동성 결핵을 앓고 있다는 뜻은 아니다. 다른 진단법으로는 코흐가 개발한 결핵균 배양법이 있다. 1895년 빌헬름 뢴트겐(1845~1923)은 X선을 발견했다. X선 촬영을 하면 결핵의 증상이 나타나기 전에 결핵 병터를 찾아낼 수 있기 때문에 결핵을 조기에 진단하고 치료할 수 있게 되었다. 그러나 X선 촬영술은 1920년이 되어서야 신뢰할 수 있는 수준에 도달하였고, 결핵의 치료법은 20세기 중후반이 되어서야 만족스러운 수준에 이르게 된다.

프랑스의 의사 르네 라엔넥은 1816년 청진기라는 진단 도구를 개발하였다. 라엔넥은 어느 과체중인 여성을 진단할 일이 있었는데, 워낙 살이 쪄서 가슴 타진으로는 폐에 액체가 찼는지를 확인할 수가 없었다. 대신 소싯적에 나무로 된 원통의 한쪽 끝을 핀으로 긁으면 반대쪽 끝에서 그 소리가 선명하게 들리는 놀이를 한 적이 있었음을 회상하고, 종이를 둘둘 말아서 원통형으로 만들어 그 여성의 가슴에 대고 소리를 들었다. 놀랍게도 여성의 가슴 속에서 나는 심장음과 폐음은 어린 시절에 들었던 나무통 긁는 소리와도 같이 선명하게 들렸다. 라엔넥은 개량을 지속하여 30cm 길이의 속이 빈 나무관으로 된 최초의 청진기를 만들었다. 라엔넥이 개발한 청진기는 계속 개량되어 지금의 형태가 되었다. 청진기는 비정상적인 소리만을 통해 무슨 병원체가 있는지를 감별하지는 못하지만, 여전히 의료인에게 폐의 상태를 음향학적으로 짐작할 수 있게 해 주는 유용한 도구이다. 자신의 임상 경험에 비추어 라엔넥은 좁쌀결핵, 폐결핵과 연주창이 다른 경과를 보이는 같은 병이라고 주장했다. 이 주장은 세 가지 질환이 서로 다른 병원체에 의한 것이라는 독일 과학자들의 반론에 봉착했다. 그러나 장 빌맹이 결핵균을 토끼와 기니피그에 감염시켜 이 세 가지 질환이 하나의 세균에 의해 나타난다는 것을 밝힘으로써 라엔넥의 주장이 옳다는 것이 입증되었다. 결핵 연구에 전 생애를 바친 르네 라엔넥은 1826년에 사망했다.

자연적인 쇠퇴

효과적인 항결핵제가 도입되고 엄격한 공중보건학적인 조치가 시행되기 전인 1940년대에 이미 결핵이 이전 시대에 비해 한풀 꺾인 상태였다. 그 이유는 무엇인가? 일부는 독력이 저하된 결핵균주가 나타났기 때문이라고 주장하였고, 일부는 인구집단의 내성이 증가했기 때문이라고 주장하였다. 혹자들은 결핵 감염자를 요양소에 격리하거나 공공 장소에서 침을 뱉는 것을 금지시킨 것과 같은 공중보건 조치가 주효했다고 주장한다. 도시 위생의 향상, 우결핵에 걸린 소의 살처분, 우유의 저온살균법, 손씻기와 같은 위생 수준 향상 조치에 의해 유행이 잦아들었으며, 이전 시대에 비해 삶의 질과 영양 수준이 향상된 것 또한 결핵의 진정에 기여했다. 결국 결핵이 줄어든 것은 이 모든 요인이 합쳐진 결과였으며, 이는 최근의 수학적 모형을 통한 연구에서도 입증되었다. 샐리 블로워 등은 유럽에서는 17~18세기까지, 미주에서는 19세기까지 인구집단의 크기가 결핵이 대규모로 확산되기에는 너무 작아서 결핵의 대유행이 일어나지 않았다고 추산하였다. 그러나 도시화, 산업화, 인구 밀집과 더불어 빈곤과 영양 실조로 고통 받는 사람의 수가 증가함에 따라서, 인구집단의 규모는 결핵의 대유행이 일어날 수 있을 정도로 커지고 말았다. 결핵의 대유행이 일어났던 시대의 조건을 기반으로 샐리 블로워 등이 추산한, 한 명의 결핵 환자로부터 전염된 이차 감염자의 수는 무려 열 명에 달한다. 결핵이 급속히 퍼지는 시기에는 일반적으로 젊은 사람들이 결핵에 이환되었지만, 시간이 지나면서 잠복감염의 재활성화 때문에 나이든 사람들이 결핵에 걸리는 것으로 나타났다. 이 모형에 따르면 결핵의 유행은 1~2백 년이라는 매우 오랜 시간에 걸쳐 진행되며, 질병의 감소 단계도 30년 이상에 걸쳐 진행된다. 이렇게 진행, 특히 소멸 과정이 느린 것은 시간이 지나면서 잠복결핵 상태인 사람들이 점차적으로 축적되기 때문이다. 잠복결핵 상태였던 사람들 중 일부에게서 나중에 결핵의 재활성화가 일어나고, 결국 다른 사람에게 결핵을 감염시킬 수 있다. 이러한 결핵 전파의 모형을 통해, 결핵의 신규 감염례의 증가는 주로 청년층에서 나타나며 일차감염자의 비율 또한 증가될 것이라는 것을 알 수 있었다. 인구집단에 대한 실제 감시 데이터의 결과도 이 예측과 일치한다. 이 모형을 통해 짚고 넘어가야 할 중요한 사항은, 신규 감염의 예방에만 초점을 맞추고 재활성화를 간과한다면 결핵의 퇴치는 수십 년이 걸릴 것이라는 점이다.

1985년 이전 미국에서 결핵 이환율이 가장 높았던 연령대는 45~64세의 인구집단이었다. 이것은 젊은 시절에 이미 결핵에 노출되어 잠복결핵 상태로 있던 사람들의 일부에서 결핵의 재활성화가 일어나서 생기는 결핵 유행의 특징이다. 이렇게 자연적으로 결핵이 줄어듦으로써 결핵의 유병률은 풍토병 수준으로 떨어지게 되는데, 이것이 공중보건의 향상으로 결핵이 줄어들었다는 착각을 불러일으킨다. 그러나 1985년부터 결핵의 발생률은 다시 증가하고 있는데, 『춘희』, 「라 보엠」, 「라 트라비아타」의 여주인공과 같은 젊은 연령대의 인구집단에서 특히 두드러진다. 젊은 사람들이 빠른 속도로 결핵에 걸리는 것은 몇백 년 전, 결핵의 유행이 처음 시작될 때에 볼 수 있었던 특징으로, HIV 감염, 빈곤층의 증가, 결핵 퇴치 프로그램의 해체, 결핵 다발 국가로부터 유입된 이민자의 증가로 인한 것이다. 신규 감염으로 인한 젊은 층의 유행과 함께 재활성화로 인한 장노년층에서의 유행도 같이 나타나고 있다.

요양이 치료다

결핵은 빈자와 부자에게 죽음과도 같이 평등하며 막을 수 없다는 점 때문에 천형으로 간주되기도 했다. 천 년도 더 전에 히포크라테스는 결핵의 치료를 위해서는 공기 좋고 날씨 좋은 곳에서 요양하는 것이 필요하다고 권했으며, 깨끗하고 일조량이 많은 곳에서의 요양이라는 개념은 20세기까지 계속되었다. 결핵의 감염이 인구 밀도가 높고 오염된 도시의 나쁜 공기로 인한 것임을 확신한 많은 결핵 환자들은 따뜻하고 일기가 좋은 곳으로 떠나기를 고대했다. 미국에서는 애리조나, 캘리포니아 남부, 뉴멕시코, 텍사스와 같은 서부의 일조량 많은 주로 환자들이 요양을 떠났으며, 유럽에서는 지중해 연안 국가나 남아프리카 식민지와 같은 곳이 주된 요양지가 되었다. 또한 바다의 청정한 공기와 선박의 느린 속도가 주는 여유로움으로 원양 항해, 특히 크루즈 여행이 권장되었다. 대기가 청정하고 신선한 고지대에서 생활하는 것이 도움이 된다고 생각한 결핵 환자들은 콜로라도의 고산지대에 공동체를 만들기도 했다. 일부는 회복되었지만 일부는 그렇지 못하였다. 공기가 바뀐다고 결핵이 치료되는 것은 아니었던 것이다. 결핵이 환경의 변화로 인한 질병이 아니라 감염성 질환이라는 것은 이미 알려져 있었지만, 일광과 신선한 공기로 결핵을 치료할 수 있다는 생각은 여전히 남아 있었다.

1940년 이전에는 결핵이 이미 진행된 상태에서 진단되는 경우가 많았기에, 현재의 말기암 치료와 같이 증상의 완화가 주된 치료였다. 수많은 치료법이 유행했으나, 대부분은 도움이 되지 못했다. 과거의 결핵 치료법은 크레오소트, 페놀, 금, 아이오도폼, 비소 화합물, 박하유 따위를 경구 투여하거나 비강 투여하는 것이었다. 일부 의사들은 황 가스 관장이나 파파야 주스의 섭취를 권장했다. 이들 중 결핵 치료에 실제로 도움이 된 것은 없었다. 19세기 후반에는 수술을 통한 폐용적 축소술이 시행되었다. 이 치료법은 갈비뼈 몇 대를 제거하여 기흉 및 폐허탈을 유도함으로써 가슴 안의 부피를 줄여, 남은 폐 실질이 원활하게 호흡을 수행할 수 있도록 하는 것으로, 근래에는 만성 기관지염의 치료에 적용되고 있다. 때로는 감염된 폐 조직을 실제로 제거하는 폐 절제술이 행해지기도 했다. 질병의 완치에는 효과가 없었지만, 이 조치는 1940년대까지 계속 시행되었다.

1800년대에는 유럽과 북아메리카 양측에서 결핵 환자를 공기가 좋은 요양원(sanitarium, 라틴어로 치료를 뜻하는 단어 sana에서 유래)에서 치료해야 한다는 운동이 일어났다. 이것은 가정이나 직장이 지나치게 북적거리는데다, 과도하게 난방이 이루어지는 환경이라는 것에 대한 반동이었다. 결핵 환자는 날씨가 좋든 나쁘든 야외에서 치료를 받았다. 추운 겨울과 더운 여름을 가리지 않고 큰 창문이 있는 시설과 야외의 발코니는 환자들의 간호가 이루어지는 주된 장소였다. 환자가 자신을 담요로 감싸는 것은 필수적인 일이 되었다. 환자들은 이전까지 호흡했던 먼지 가득한 공기와는 다른 신선한 공기를 호흡했다. 요양원은 결핵 치료의 필수 요소로 간주되었고, 청명한 일광, 신선한 공기, 고요함, 휴식, 좋은 음식이 제공되었지만, 가장 중요한 항결핵제는 없었다. 항결핵제는 1940년대 후반에야 개발되었기 때문이다. 스위스 다보스에 위치한 고급 요양원에서의 생활은 토마스 만의 소설『마의 산』에 잘 나타나 있다. 미국의 가장 유명한 요양원 중 하나는 에드워드 리빙스톤 트뤼도가 아디론댁산맥의 사라낙호에 세운 트뤼도 요양원이었다. 1873년 에드워드 트뤼도는 8년 전에 사망한 자신의 형을 치료하는 과정에서 자신도 결핵에 걸리게 된다. 트뤼도는 발열과 쇠약으로 고통 받고 객혈을 시작하였다. 죽음이 머지 않았음을 알고 아디론댁산맥에서 등산, 낚시, 수영을 하면서 죽음을 기다리며 말년을 보내기로 하였다. 그러나 야외 활동을 시작한 지 몇 개월 만에 그의 체중은 불어났고, 활력을 되찾았으며, 발열도 진정되었다. 1882년 트뤼도는 유럽의 결핵 요양원에 대한 기사를 읽고 사라낙호의 호반에 미국 최초의 요양원을 설립하기 위해 모금 활동을 벌이고 개인 재산을 쾌척했다. 사라낙호 주위에서 이루어지는 유일한 산업은 요양업이 되었다.

요양원 설립에는 곧 가속도가 붙었다. 미국에만 1900년에는 34개의 요양원에 445개의 침상이 생겼고, 25년 뒤에는 356개의 요양원에 전체 침상 수가 73,338개에 달했다. 그러나 요양원이 결핵 치료에 도움이 되지는 않았다. 1938년부터 1945년까지 항결핵제가 도입되기 전까지, 초기 결핵 사망률 13%, 말기 결핵 사망률 69%로, 요양소에 입소하지 않은 인구집단과 거의 차이가 없었다. 다만, 활동성 결핵 환자들을 격리시키고 의료인에 의한 통제가 이루어졌다는 점에서 공중보건을 향상시켰다는 의미는 있다.

코흐가 결핵균을 발견한 후 유럽과 북아메리카에서 결핵 퇴치 운동이 시작되었다. 1889년부터 1890년까지 뉴욕주 공중보건국장 헤르만 빅스는 결핵의 전파 방지를 위해 다음과 같은 정보를 수록한 교육용 전단지를 발행하였다.

1. 결핵의 위험성, 가능한 치료법, 예방법을 인식시키기 위한 신문 및 회보 캠페인

2. 모든 공공기관의 결핵 신고 의무화

3. 가래의 처리와 소독을 위해 환자의 가정을 방문할 담당 공무
   원의 배정

4. 폐결핵 환자를 위한 격리 병동 설치

5. 결핵 치료 전문병원 설립

6. 객담의 세균 검사를 위한 진단검사실 설립

빅스리버사이드 병원은 결핵이 공중보건에 위험이 되었기 때문에 환자들을 격리시키기 위해 만들어졌다. 그래서 병원이라기보다는 한센병 환자의 격리를 위한 환자촌을 연상시키는, 여러 가지 면에서 감옥에 가까운 시설이었다. 헤르만 빅스는 공중의 건강을 보호하는 것이 개인의 자유를 보장하는 것보다 더 중요하다고 생각했다. 그는 보건 정책의 총 책임자였다. 결핵은 더 이상 미화된 질병이 아니라 타락의 증거이고, 마땅히 솎아 내는 것이 인류의 공익에 이바지하는 길이라는 사고를 가지고 있었다. 공중보건 당국은 결핵에 걸리는 이유를 개인의 생활 습관이나 거주지와 같이 통제할 수 있는 요인 탓으로 돌렸다. 지저분한 환경에서 생활하고, 진취적이지 못하며, 게으르고, 노력하지 않고, 신선한 공기와 햇살 속에서 당당하게 걷지 아니하고 이불 속에 들어앉아서 불만 쬐고 있으면 결핵에 걸릴 것이라고 선전한 것이다. 결핵 환자는 어떠한 일이 있어도 사회의 다른 구성원들에게 결핵을 전염시켜서는 안되는 것이었다. 한때는 미화되었고 창의력의 원천이자 아름다운 것으로 간주되었던 결핵이 이제 기질적인 나약함

때문에 생긴 것으로 치부되기에 이른다. 일부에서는 결핵에 걸리는 것이 유전자 탓이라고 주장했다.

미국에서는 1900년대 초에 결핵과의 전쟁을 선포했다. 결핵과의 전쟁은 미국 폐협회의 전신인 미국 결핵협회에서 발행한 그 유명한 크리스마스 씰을 포함한 다양한 결핵 퇴치 캠페인이다. 초기의 캠페인에서는 공장 노동자들로 붐비는 도시에서 결핵이 호발한다는 점에 기반하여 자본주의에 대한 비판을 가했다. 또 어떤 때에는 결핵 환자에게 빈곤을 선택하여 결핵에 걸렸다는 낙인을 찍었다. 즉, 결핵 환자들은 나태하고 우둔하며 나약하다고 하는 비난을 받아야만 했다. 이 모든 결핵 캠페인은 시작되어 절정에 이르고 결국 종결될 때까지 정작 결핵 퇴치에는 아무런 실질적인 역할을 하지 못했다. 당연하지만 쓴 웃음이 나오는 일이다. 결핵과의 전쟁은 1915년에 절정에 이르렀다. 이 캠페인으로 얻은 가장 큰 이득은 결핵의 퇴치가 아니었다. 대신 결핵에 대한 교육, 낙인도 미화도 아닌 결핵에 대한 객관적인 인식의 확산, 전염병에 대한 더 자세한 이해, 연립 주택의 위생 향상 시도, 그리고 의학적 진단과 간호의 개선이다.

항결핵제의 개발

항결핵제는 1940년대에 들어서야 개발되었다. 1939년 러시아 이민자 출신의 토양미생물학자 셀만 왁스먼은 뉴저지주의 러트거스 농과대학에서 병원체에 대항할 수 있는 물질을 만드는 토양 미생물을 밝혀내는 연구를 수행하고 있었다. 왁스먼은 플레밍이 1928년에 수행하였던 관찰 결과를 기반으로 항생물질을 탐색하고 있었다. 1940년 왁스먼과 그의 대학원생들은 토양 미생물을 배양하고 그들이 다른 미생물의 생장을 억제하는 특징을 선별해 내는 기법을 개발했다. 그의 지도학생인 알버트 이스라엘 샤츠는 흙을 쪼아먹은 병든 닭의 인두에서 과거 왁스먼이 토양에서 발견했던 방선균인 *Streptomyces griseus*를 다시 배양하였고, 이 균이 토양이나 하수에서 결핵균의 생존을 억제할 수 있음을 확인하였다. 샤츠는 1943년에 대량의 방선균을 배양하는 방법을 개발하여 스트렙토마이신이라는 항생물질을 분리해 내었다. 이 연구는 알버트 샤츠의 박사학위 논문의 일부가 되었고, 1944년에 알버트 샤츠와 셀만 왁스먼 이름으로 연구 결과를 발표하였다. 스트렙토마이신은 체내와 체외에서 모두 결핵균의 성장을 억제했다. 1945년 스트렙토마이신이 결핵의 치료에 사용되기 시작했다. 1947년에는 스트렙토마이신을 대량 생산하기 시작했다. 1952년 셀만 왁스먼은 스트렙토마이신의 발견으로 노벨 생리의학상을 단독으로 수상하였다. 제자의 공을 가로챈 스승 때문에 안타깝게도 알버트 샤츠는 노벨상을 받지 못했다. 스트렙토마이신이 항균작용을 하는 원리는 나중에 밝혀졌다. 결핵균 세포벽의 합성을 억제하여 결핵균의 세포막이 그대로 큰포식세포의 공격에 노출되도록 만드는 약물이다.

우리로서는 안타까운 일이지만, 결핵균은 이러한 신무기에 대응할 수단을 곧 갖추게 되었다. 스트렙토마이신 내성 균주가 출현한 것이다.

1949년에는 파라아미노살리실산이 결핵 치료에 더해졌고, 1952년에는 이소니아지드가 결핵 치료의 1차 약물이 되었다. 이소니아지드는 1912년에 콜타르로부터 항우울제로 합성되었고, 1952년 항결핵 작용이 있다는 것이 알려졌다. 이소니아지드는 결핵균 세포벽의 밀랍 같은 성분인 미콜산의 합성을 억제하는 약물이다. 스트렙토마이신이나 다른 항결핵제가 결핵을 박멸시킨 것은 아니다. 그렇지만 결핵 환자들은 더 이상 요양원에만 의존하지 않고도 효과적인 치료를 받을 수 있게 되었다. 결국 1954년 트뤼도 요양원이 폐쇄되었고, 1960년대에는 거의 대부분의 요양원이 폐쇄되기에 이른다.

1963년에는 다른 방선균인 *Streptomyces mediterranei*에서 유래한, 결핵균의 RNA를 차단하는 리팜핀이 개발되어 항결핵제로 사용되기 시작했다. 잠복결핵은 이소니아지드만을 9개월간 투여하거나, 리팜핀만 4개월 혹은 이소니아지드와 리팜핀을 병합하여 3개월간 투여한다. HIV에 감염된 잠복결핵 환자에게 이소니아지드를 6~9개월간 단독투여함으로써, 결핵의 유병률이 투베르쿨린 검사 양성을 보인 HIV 감염자에서 60%, 모든 HIV 감염자에서 40% 줄어들었다. 활동성 결핵 환자는 약물 내성의 발현을 억제하기 위해 다제요법(칵테일요법)으로 치료받는다. 1970년대에는 2개월간 이소니아지드, 리팜핀, 에탐부톨을 사용하고 그 후 7개월간 이소니아지드와 리팜핀을 사용하는 것이 표준적인 치료법이었다. 리팜핀에 내성이 있는 경우에는 18개월간 이소니아지드와 에탐부톨을 사용하였다. 현대의 표준 치료법은 일단 2개월간 이소니아지드, 리팜핀, 에탐부톨, 피라진아미드를 매일 투여한 다음, 4개월간 이소니아지드, 리팜핀, 에탐부톨을 매일 투여하여 치료하는 것이다. 이소니아지드와 리팜핀을 모두 투여한 환자의 85% 이상에서 치료가 시작된 후 2개월 내에 객담 배양 검사 결과가 음성이 된다.

항결핵 화학요법이 도입되고 50년 이상이 지났지만 결핵은 여전히 퇴치되지 않고 있다. 이소니아지드와 리팜핀에 모두 내성을 지니는 다제내성 균주의 출현은 큰 우려를 불러일으켰다. 남아프리카 공화국의 일부 지역에서는 전체 결핵 환자의 2% 이상이 다제내성 결핵 환자이며, 미국에서는 1차 결핵 감염자의 0.9%가 다제내성 결핵균 감염자이다. 이러한 다제내성 균주는 항결핵제 치료를 시작한 후 치료를 거른 사람들에게서 잘 생긴다. 치료를 거를 경우 자연적으로 생긴 약제 내성 결핵균이 살아남게 되고, 이후로는 해당 약물에 반응하지 않게 된다. 1980년대 후반에 적지 않은 수의 환자가 약물을 끝까지 복용하지 않고 치료 도중에 그만두는 것이 보고되었다. 이 문제를 해결하기 위해 미국 질병관리본부는 훈련된 보건의료 인력이 직접 환자를 방문하여 환자가 약을 먹는 것을 눈 앞에서 확인하도록 하는 직접관찰치료를 도입하였다. 물론 결핵 치료를 받는 모든 환자들을 대상으로 직접관찰치료 정책을 유지하는 것은 인력, 인프라, 비용 문제 때문에 무척 어려운 일이다. 하지만 이 정책이 결핵의 완치율을 높이고 다제내성 결핵의 발생을 줄이는 데 크게 기여했다. 결핵 환자의 4분의 1은 감염력이 있는 활동성 결핵으로 진행된 후에야 진단되며, 적지 않은 수의 환자들이 치료 도중에 약물 복용을 포기하여 치료를 끝마치지 못한다.

쌍둥이 연구를 통해 결핵에 잘 걸리는 취약성이 유전적 기질과 관련이 있는 것으로 확인되었으나, 아직 결핵에 감수성이 높은 특정한 유전자는 발견되지 않았다. HIV 감염자들은 결핵에 특히 취약하기 때문에 1980년대 후반 에이즈가 확산되면서 결핵의 발생률이 다시 높아졌다. HIV 감염자도 결핵의 표준 치료법을 준수하면 치료 실패나 재발의 위험이 증가하지 않는다. 그러나 HIV 치료를 위해 단백분해효소 억제제와 역전사효소 억제제를 투여받고 있는 사람이라면 치료법이 복잡해진다. 항바이러스제를 리팜핀과 같이 투여할 경우 항바이러스제가 빨리 대사되어 혈중 농도가 낮아지고 리팜핀의 독성만 증가될 수 있기 때문이다. 이 경우에는 리팜핀 대신 리팜핀 유도체인 리파부틴을 사용하여 부작용을 줄일 수 있으나, 모든 사람에게 적용할 수 있는 것은 아니다.

결핵 예방접종과 그 한계

결핵에 대한 예방접종은 정녕 없는 것인가? 사실 없는 것은 아니다. 1920년대에 알베르 칼메트(1863~1933)와 카미유 게렝(1872~1961)이 파스퇴르가 1882년에 처음 사용했던 약독화 기법을 사용하여 우결핵균을 약독화시켰다. 그들은 우담즙이 함유된 배지에서 13년에 걸쳐 231대의 계대배양을 시행하여 우결핵균의 독력을 약화시켰다. 이렇게 해서 만들어진 백신이 BCG (Bacillus Calmette-Guérin; 칼메트-게렝 막대균) 백신으로, 결핵을 일으키지 않고 면역을 유도한다. 이후 1930년 에 독일의 뤼벡에서 최초로 249명의 유아에게 접종되었고, 안타깝게 그 중 76명이 맹독성 결핵균에 의한 오염으로 결핵에 걸려 사망했다. 이것은 BCG의 문제는 아니었다. 그러나 이 사건 때문에 결국 몇십 년 동안 BCG 예방접종은 지지를 받지 못하게 되었다. 그나마 이 사고로 인해 항결핵제의 개발에 박차가 가해진 것은 의의가 있는 일이다.

BCG 접종을 받은 소아에서 결핵성 뇌수막염과 같은 중증의 결핵 으로 인한 사망률이 그 전에 비해 90%나 줄어들었다. 그러나 결핵 다 발 국가에서는 결핵의 대부분이 폐결핵인데, BCG를 접종해도 폐결 핵을 줄여 주지는 못한다. 반복 접종을 통해 예방접종의 효과를 연장 시키는 시도 또한 성공적이지 못했다. 그 이유는 불분명하나, 토양 마 이코박테리아로 인해 유도된 낮은 수준의 면역 때문이거나 혹은 단 회접종으로도 BCG의 증식을 억제하기는 충분하여 부스터 효과가 일 어나지 않기 때문인 것으로 생각된다. 1950년 이래로 BCG 접종을 시행한 국가에서 결핵으로 인한 사망률이 감소했지만, BCG 접종을 하지 않은 국가에서도 역시 결핵 사망률은 감소했다. 그리고 BCG를 접종하면 투베르쿨린 검사가 양성으로 나오기 때문에 이 검사를 진 단에 사용하지 못하는 단점이 있다. 그러면 투베르쿨린 검사 대신 더 비싼 감마인터페론 생성 검사를 해야 한다. 그래서 미국과 같은 나라 에서는 BCG 접종을 권장하지 않는다. 게다가 광견병이나 파상풍과 는 달리, 이미 결핵에 감염된 사람에게는 BCG의 효과가 없다.

이제 결핵을 퇴치하려면

세계적으로 결핵은 10대 사망 원인 중 하나이다. 그리고, 완치되는 감염병으로 인한 사망 중에서는 1위를 차지한다. 사회 자본이 부족한 후진국에서는 1초마다 한 명씩 결핵에 감염되고 있으며, 특히 HIV에 감염된 사람들은 결핵에 취약하다. 물론 결핵의 사망률은 과거 40~60%에 비해 현대에는 0.01%로 낮아졌지만, 지금도 앞으로 10년 동안 3천만 명의 사람들이 결핵으로 사망할 것으로 예상된다. 미국에서는 결핵이 흔히 볼 수 없는 질병이 되었고, 과거의 악명을 악성 신생물, 에이즈, 심혈관질환에 넘겨주었다. 그러나 결핵은 아직도 인명을 거둬 가고 있으며, 약제 내성을 보여 더욱 위험한 새로운 균주들이 나타나고 있다.

전 세계 사람들 중 23%는 결핵에 감염되어 있는 것으로 추정된다. 2017년에는 1,000만 건의 신환자가 생겼고, 130만 명이 죽었다. 결핵 환자의 대다수는 아시아의 인구가 많은 국가에 있다. 인도, 중국, 인도네시아, 필리핀, 파키스탄, 방글라데시에서 발생하는 신환자의 수가 전 세계 신환자 수의 60%를 차지한다. (이 문단의 내용은 현재의 통계를 반영하였다. 역자 주)

전 세계적으로 네 가지 유형의 결핵 유행 양상이 관찰되고 있다. 그나마 HIV 감염자가 좀 적은 개발도상국에서는 결핵 퇴치 프로그램이 잘 작동한다. 산업화된 국가에서는 이민자에 의한 결핵 유입의 비중이 높아지고 있다. 동유럽에서는 다제내성 결핵의 비중이 높아지고 있으며, 공산권 붕괴 이후로 경제상황이 나빠지고 공중보건 서비스의 수준이 낮아져서 결핵의 통제가 쉽지 않다. 정말 문제가 되는 곳은 아프리카 대륙의 사하라 사막 남부 지역이다. 이들 국가에서 결핵에 걸렸다는 것은 HIV 감염으로 인한 임상 증상이 나타나기 시작했다는 의미로, HIV 감염자의 주된 사망 원인이 된다. 면역 억제로 인해 결핵의 발병이 가속화되기 때문이다. 아프리카 대륙에서는 결핵 환자 중 HIV 감염자의 비율이 38%이고, 특히 HIV 유병률이 가장 높은 국가에서는 모든 결핵 환자의 75%가 HIV에 걸려 있다. 그리고 HIV 양성인 사람에서의 결핵 유병률이 HIV 음성인 사람에서보다 8.3배 더 높다. 성인 20% 이상이 HIV에 감염되어 있는 아프리카 남부의 국가에서는 결핵의 발생률이 인구 10만 명당 연간 460~720명이다. 미국에서는 10만 명당 연간 5명에 불과하다. 역설적인 것은, 아프리카 대륙에서의 HIV 감염자들은 빨리 진단되고 빨리 죽기 때문에 HIV의 전파가 크게 문제가 되지 않는 반면, HIV가 결핵의 유병률과 결핵으로 인한 사망률을 높인다는 점이다.

전 세계적으로 결핵 통제는 객담도말 양성인 결핵 환자를 조기에 진단하고 효과적으로 치료하여 질병의 전파를 진정시키는, 세계보건기구에서 권장하는 직접관찰치료 전략에 기반하고 있다. 문제는 아프리카 대륙에서는 이 강력한 결핵 퇴치 프로그램이 결핵 유병률 감소에 크게 기여하지 못하고 있다는 점이다. 왜냐하면, HIV 유병률의 증가로 인해 결핵에 취약한 인구집단이 더 빠르게 증가하고 있기 때문이다. HIV 감염자에서는 결핵이 병발할 경우 객담도말 음성의 폐외

결핵과 전신에 걸친 좁쌀결핵의 형태가 많아서 진단과 통제가 더 어렵다. 도말 음성인 결핵 환자들도 더 철저하게 관리하여 일찍 항결핵 치료를 시작하고, 적절한 추적 검사와 결과 평가가 이루어져야 한다.

1984년 에이즈가 보고된 후 미국에서는 25~44세의 남성에서 결핵 발생률이 크게 증가했다. 이 집단은 에이즈에 가장 취약한 집단이다. 미국의 결핵 발생률은 1992년에 최고조에 이르렀다가 이후 계속 감소하고 있다. 2005년에는 미국에서 14,093명의 결핵 환자가 신고되었다. 질병관리본부 통계 자료에 따르면 결핵 환자의 62%는 아프리카계 미국인, 히스패닉, 아시아계 미국인으로, 그 중 40%는 35세 미만이었다. 유럽계 미국인에서는 요양원에 거주하는 노인들에게서 주로 결핵이 발견되었다. 미국의 결핵 환자의 20% 이상은 후진국으로부터 입국한 외국인에게서 발생하였다.

결핵을 효과적으로 통제하기 위해서 어떻게 해야 하는가? 직접관찰치료 전략은 분명히, 적어도 일부 지역에서는 다제내성 결핵의 발생을 억제하였다. 그렇지만 아프리카와 같은 지역에서는 표준 치료법과 직접관찰치료 전략만으로는 질병의 확산을 억제하기에 불충분하다. 아프리카 대륙에서는 더욱 포괄적인 질병 감시, 더욱 효과적인 약제감수성 검사, 투약 순응도를 증가시킬 수 있는 고정 용량 복합제의 사용, 공중보건 인력의 증강, 그리고 HIV 감염자의 다제내성 결핵에 대한 정책이 필요하다. 한정된 자원의 배분 경쟁으로 과거에 잘 작동되던 결핵 퇴치 프로그램이 붕괴되는 일이 없도록 해야 한다. 결핵 퇴치와 HIV 퇴치 정책을 동시에 시행하여 약을 잘 공급하고, 약제 내성을 예방하고, 진단검사의 질을 높이고, 치료 성적을 분석하는 등 결핵 퇴치 정책의 핵심적인 요소에서도 문제가 생기지 않아야 한다.

적은 수의 집단으로 수렵채집 생활을 영위하던 옛날 사람들에게는 결핵이 큰 위협이 되지 못했다. 그러나 농업과 목축업의 발달, 인구의 증가로 인해 인류는 새로운 병원체에 노출되었다. 토양 중의 마이코박테리아는 소나 사냥감에 감염되어 우결핵균이 되었고, 이들 중 일부가 종간 장벽을 뛰어넘어 결핵균이 되었을 것이다. 도시화는 결핵의 유행을 부채질했다. 영양 섭취가 제대로 이루어지지 않고 위생 상태가 열악한 주거지에 모여 사는 빈민들을 숙주로 하여, 이른바 백색의 흑사병(결핵의 다른 이름)이 독버섯처럼 자라났다. 오늘날 결핵은 단순한 감염성 질환이 아니라 사회적 질환으로 인식되고 있다. 결핵에 대해서 올바르게 이해하기 위해서는, 결핵균이 인체를 손상시키는 과정, 면역계를 회피하는 원리, 가장 강력한 항결핵제에 대해 내성을 갖게 되는 이유 등 생물학적인 요소뿐만 아니라, 사회경제적 요소에 대해서도 잘 파악하고 있어야 한다. 질병에 대해 잘 알지 못했던 과거에는 이미 존재하던 편견에 질병에 대한 공포가 더해져서, 소외 계층이나 이민족들에게 낙인을 찍기 위한 목적으로, 격리 또는 의무적 결핵 검사와 같은 인기 영합적이고 관료적인 정책이 시행되기도 했다. 과거에도 그랬듯이 지금도 결핵은 인류의 지성과 감성에 영향을 미치고 있으며, 미래에도 그럴 것이다. 2019년 현재, 결핵균이 발견된 지도 거의 140년이 되어 가고 있으며, 델라마니드나 베다퀼린과 같이 다제내성 결핵에 사용할 수 있는 신약 또한 많이 개발되어 있다.

(이 문장은 현재 시점으로 변경하였다. 역자 주) 그러나 질병과 사회 사이의 미묘한 상호 작용에 대해서 올바르게 이해하지 못한다면 이 국민 전염병을 퇴치할 길은 요원할 것이다.

08

말라리아

08

말라리아

　나는 인도 의무성 소속으로 현재 세쿤데바라드에 근무하고 있는 로널드 로스이다. 1897년 8월 16일, 조수가 큰 갈색 모기가 열 마리 남짓 들어 있는 병을 가져왔다. 몸통이 뒤로 갈수록 가늘어지는 모기들이 병을 덮고 있는 거즈를 뚫고 도망치려 하고 있었다. 8월의 열기로 인해 나는 아무 의욕도 없었다. 나는 그 모기를 풀어 말라리아 환자를 물게 했다. 그 와중에 모기 몇 마리가 죽어 버렸고, 8월 20일 아침에는 세 마리밖에 남지 않았다. 그 중 한 마리가 죽어서 썩어 가고 있었다. 현미경의 나사는 내 이마와 손의 땀으로 녹이 슬어 굳어버렸고, 마지막 하나 남은 대안렌즈도 금이 가 있다. 그래도 그 현미경으로 나는 오전 일곱 시에 그 죽은 모기를 관찰했다. 아무것도 없었다. 한 마리를 더 해부했다. 역시 아무것도 없었다. 이제 마지막 한 마리가 남았다. 오후 한 시, 나는 마지막 모기를 잡기로 했다. 남은 한 마리를 잡는다고 무슨 신통한 결과가 나오겠는가? 그렇지만 결심했다. 일단 하기로 한 일은 끝을 내자고. 이왕 시도한 일이라면 잘 해야 하지 않겠는가? 모기를 조심스럽게 절개하여 조직을 주의 깊게 관찰했다. 폐허가 된 거대한 궁전에서 무슨 보물을 찾는 것처럼 매 마이크로미터마다 놓치지 않고 꼼꼼하게 살펴보는 것은 나에게는 이미 신물나게 익숙한 일이다. 아무것도 없었다. 보나 마나 이번 것도 실패일 것이다. 가설이 뭔가 잘못된 것임이 틀림없다. 그러나 아직 위를 살펴보지 않았다. 텅 비고 늘어진 위에는 마당의 판석처럼 커다란 백색의 팽윤된 세포들이 있었다. 나는 각각을 세심하게 관찰해야 한다. 난 그냥 지쳐 있었다. 쓸데없는 일 아닌가? 난 지금까지 천 마리도 넘게 모기를 잡아서 관찰하지 않았는가 말이다. 그러나 행운의 여신이 손을 내밀었다. 내가 다시 관찰을 시작한 지 얼마 안되어 내 앞에 완전한 구형에 직경이 12μm인 물체가 뚜렷이 나타난 것이다. 윤곽이 너무나 또렷하고, 모기의 위에 있는 세포라고 하기엔 너무 작았다. 좀 더 찾아보니 여기저기서 비슷한 것들이 보였다. 그 날 오후는 아주 덥고 잔뜩 흐렸다. 현미경에 빛이 더 많이 들어오도록 집광기를 더 열고 촛점을 바꾸었던 기억이 난다. 어쨌든, 그 이상한 세포와 똑같이 생긴 것들이 많이 있었다. 그 각각은 갈탄과도 같은 작은 알갱이들을 품고 있었다. 나는 그 검은 점이 있는 세포들을 그렸다. 다음날 나는 시를 지었다.

주께서 마침내 허락하신 오늘

내 손에 들려 있는 경이로운 그것
주를 찬미하라
주의 명령에 따라 신의 섭리를 찾았네

눈물과 땀범벅으로

나는 죄의 씨앗을 찾았네

헤아릴 수 없는 죽음의 씨앗을

나는 이 작은 것을 보았네

이제 네가 갈 곳은 무덤 뿐이요,

만백성이 너로부터 구원을 받으리라

단서는 바로 이것이었다. 모기가 말라리아 감염자로부터 피를 빨면, 4~5일이 지나야 모기의 위에서 난포낭이 관찰된다. 색소가 있고 팽창된 난포낭이 모기의 위벽에 붙어 있었다. 그러나 난포낭이 이렇게 크면 여기서 어떻게 다시 사람에게 넘어갈 수 있을까?

몇 주 안에 이 일을 끝낼 자신이 생겼지만, 일을 끝내기도 전에 캘커타에 급파되어 콜레라 유행에 대처해야 했다. 캘커타에서 나는 연구소를 제공받았지만 사실 그건 말라리아 연구를 위해 요청한 것이었다. 캘커타의 병원에는 말라리아 환자가 별로 없었기에 나는 새를 이용하여 말라리아를 연구했다. 비둘기, 까마귀, 종다리, 참새를 잡아서 새장에 넣고 오래된 병원 침상 위에 올려 두었다. 침대 위에 모기장을 치고 밤에는 말라리아에 감염된 모기를 모기장 안에 풀어놓았다. 오래지 않아 까마귀와 비둘기의 혈액에서 말라리아 원충이 검출되었다.

어느 날 실험 대상인 참새를 관찰한 결과 한 마리는 건강했고, 한 마리에는 말라리아 원충이 별로 없었으며, 나머지 하나에는 말라리아 원충이 많았음을 관찰하였다. 각각의 새를 별도의 모기장 아래에 넣고 장구벌레로부터 갓 부화한 모기에 노출시켰다. 건강한 참새를 흡혈한 15

마리의 모기들에게서는 말라리아 원충이 발견되지 않았다. 말라리아 원충이 적은 참새를 문 19마리의 모기를 관찰했을 때는 어떤 모기에는 원충이 있었고 다른 모기에는 없었다. 말라리아 원충이 많은 참새를 흡혈한 20마리의 모기에 전부 원충이 있었으며, 어떤 모기에는 원충이 아주 많았다.

아주 기쁜 일이다. 그렇지만 아직 더 알아야 할 것이 있다. 모기 위벽의 난포낭이 어떻게 해서 새나 사람을 감염시킬 수 있는지 말이다. 일부 난포낭은 능선이나 줄무늬가 있었다. 이것은 주로 모기가 흡혈을 한 지 7~8일 뒤에 보이는 특징이다. 나는 매일같이 현미경을 들여다보았다. 이런 온도에서 계속 현미경을 들여다보고 있는 것은 눈과 정신을 지치게 만든다. 줄무늬 색소와 막대들을 품은 생식소체가 열려서, 내부에 든 무언가가 쏟아져 나올 것이 분명해 보인다. 그러나 그 다음에 어떻게 되는지 알 수가 없다. 7월 4일, 드디어 보물을 찾았다. 모기의 대가리 근처에는 나뭇가지처럼 보이는 큰 샘이 있다. 이 샘은 대가리 안까지 뻗어가는데, 이것은 틀림없이 침샘이다. 모기의 침샘으로 인해 건강한 동물이 감염되는 것일까? 말하자면 말라리아에 감염된 모기가 건강한 새나 사람을 물면 모기의 침샘 안에 있던 홀씨소체가 새나 사람에게 들어오는 것인가?

7월 21일과 22일, 나는 건강한 참새 몇 마리를 잡아서 말라리아에 감염된 참새를 흡혈한 모기에 물리게 했다. 며칠 뒤 건강했던 참새가 말라리아에 감염된 것을 보았다. 이것으로 확실해졌다. 말라리아는 먼지나 나쁜 공기가 아닌 모기에 의해 옮겨지는 병이다. 1898년 7월 28일, 나는 모기가 말라리아를 어떻게 퍼뜨리는지 알아내었다. 17년 동안 절치부심한

끝에 말라리아를 통제할 수 있는 실용적인 방법을 적용할 수 있게 되었다. 역사상 처음으로, 모기를 박멸하면 말라리아의 전파를 막을 수 있음을 알아낸 것이다.

로널드 로스에게는 유감스러운 일이지만 아직도 말라리아는 박멸되지 않았다. 오늘날에도 아프리카 대륙에서는 매 10초마다 누군가가 말라리아로 죽어 가고 있으며, 사망자의 대다수는 5세 이하의 소아이다. 현재 말라리아 환자 수는 3억 명에서 5억 명으로 추산되며, 그 중 90%는 아프리카 대륙에 있다. 연간 2~3백만 명이 말라리아로 희생되고 있다. 말라리아 감염은 전 세계적으로 증가하고 있다. 이 모진 병은 인류의 생활, 업무, 여행, 전투 등에 엄청난 영향을 주어 왔고, 지금도 그러하다.

말라리아의 기원

앞 장에서 본 결핵과 마찬가지로, 말라리아는 고대부터 내려온 병이다. 기원전 1550년경에 기록된 에베스 파피루스, 기원전 668~627년경에 기록된 아슈르바니팔 시대의 점토판, 기원후 100년경에 편찬된 중국에서 가장 오래된 의서인 황제내경에 모두 주기적 발열, 두통, 오한, 지라 비대에 대한 내용이 기술되어 있다. 말라리아는 아프리카에서 나일강을 타고 유럽으로 전파되었거나, 아프리카인들이 소아시아에서 유럽인들과 접촉할 때 유럽으로 전파되었을 것이다. 히포크라테스는 자신의 저서 『역병의 책』에서, 3일 주기로 열이 나는 삼일열 말라리아와, 4일 주기로 열이 나는 사일열 말라리아에 대해 기술하였다. 또한 습지 근처에 사는 사람들에게서 지라 비대가 나타났다고 기술하였다. 히포크라테스는 열대열 말라리아에 대해서는 따로 기술하지 않았지만, 이미 기원전 200년경 공화정 시대의 로마에도 이 질병이 있었음을 시사하는 증거가 있다. 당시 이탈리아 중부 로마 근방의 습지대인 캄파냐 로마나의 습지에서 로마열이라고 불리는 병이 유행하였다. 당시 사람들은 더운 여름의 열기로 인해 늪지대의 썩은 공기가 늪 위로 올라와서 여름마다 이 병이 유행한다고 생각하여 이탈리아어로 나쁜 공기를 뜻하는 단어인 "mal'aria"라고 불렀다. 이것이 "malaria"라는 이름의 유래가 되었다. 수 세기에 걸쳐 말라리아는 유럽 전역으로 퍼져 12세기에 스페인과 러시아, 14세기에 잉글랜드까지 전파되었다. 이후 유럽의 탐험가, 콩키스타도르, 식민지 개척자, 아프리카 출신 노예들에 의해 말라리아가 신대륙으로 퍼져 나갔고, 1800년대가 되면서 세계 전역에서 말라리아가 발견되는 지경에 이르렀다.

1880년대까지 사람들은 나쁜 공기가 말라리아를 일으킨다고 믿었다. 1880년 10월 20일, 알제리의 안나바에 종군하였던 군의관 알퐁스 라브랑(1845~1922)은 간헐적인 발열로 고통 받는 군인의 혈액을 관찰하였다. 현미경으로 관찰한 결과, 라브랑은 적혈구 안에서 초승달 모양의 거의 투명하지만 색소가 있는 소체를 발견하였다. 1880년

11월 6일, 라브랑은 발열로 고통 받는 포병의 혈액을 관찰하여 투명한 구형의 소체에서 뻗어나오는 몇 개의 섬유상 소체를 관찰하였다. 이 소체는 세균이나 진균이 아닌 살아 움직이는 기생충이었다. 이후 192명의 말라리아 환자로부터 혈액을 채취하여, 그 중 148명분의 검체에서 초승달 모양의 소체가 나타남을 확인하였다. 소체가 없는 사람은 말라리아 증상이 없었다. 이후 그는 그 기생충에 *Oscillaria malariae* 라는 이름을 붙이고 1880년 12월 24일 프랑스 병원의학회에서 발표하였다. 라브랑의 그림들에는 저배율의 현미경으로 염색하지 않고 관찰한 기생충의 모습이 자세히 묘사되어 있다. 처음에는 라브랑의 발표가 잘 받아들여지지 않았다. 1882년 라브랑이 로마에 방문하여 이탈리아의 기생충학자에게 슬라이드를 보여 주자, 현미경에서 관찰되는 구형 소체가 파괴된 적혈구의 일부가 아닌가라는 반문이 돌아왔다. 사실 그 기생충학자는 열고정 후 메틸렌 블루로 염색한 표본만을 보았기 때문에 라브랑이 *Oscillaria*라고 명명한 기생충의 움직임을 실물로 보지 않고서는 그것이 진짜인지 믿을 수 없었을 것이다. 그러나 2년 후 라브랑과 같이 신선 혈액을 도말하여 관찰한 기생충학자들은 비로소 기생충이 적혈구 내에서 아메바와 같이 움직이고 있는 것을 관찰할 수 있었고, 적혈구 내의 투명한 구형 소체가 채찍 같은 세사를 뻗는 것 또한 볼 수 있었다. 1886년에는 카밀로 골지(1843~1926)가 신선혈의 박층 도말법을 사용하여, 적혈구가 파괴되고 기생충이 혈장으로 쏟아져 나올 때 발열이 일어난다는 것을 확인하였다. 1891년 드미트리 로마노프스키는 박층 도말 혈액표본으로 메틸렌 블루와 에오신을 병용하여 기생충을 염색하는 염색법을 고안했다. 라브랑이 관찰한 결과는 1896~1897년 존스홉킨스대학의 윌리엄 맥컬럼과 유진 오피라는 학생들에 의해 그 중요성이 입증되었다. 두 학생은 헤모프로테우스(새를 감염시키는 말라리아 원충 비슷한 기생충)에 감염된 참새와 까마귀의 혈액 속에서 두 종류의 초승달 모양 생식소체를 관찰하고, 그 중 웅성 생식소체에서 가느다란 세사를 뻗는 편모 방출이 일어나는 것을 확인하였다. 그들은 관찰 사항을 다음과 같이 정확하게 해석했다. 즉, 숙주의 적혈구 안에 있는 생식소체는 매개충(모기)이 흡혈을 할 때 모기의 몸 속에 따라 들어간다. 위장에 들어간 적혈구 안에서 배우체가 되어 적혈구를 빠져나온다. 웅성인 소배우체와 자성인 대배우체가 만나서 수정하여 벌레 모양의 단성접합자를 만든다. 그러나 라브랑이나 맥컬럼 모두 말라리아 전파 경로는 알지 못했다. 전파 과정을 규명한 것은 로널드 로스였다.

사람을 모질게 괴롭히는 병, 학질

말라리아를 일으키는 기생충은 170가지나 알려져 있다. 이 기생충은 하나의 세포로 구성되어 있는 원충으로, 발열을 일으키기 때문에 흔히 열원충이라 부른다. 그러나 그 중에서 사람에게 병을 일으키는 것은 열대열원충(*Plasmodium falciparum*), 삼일열원충(*P. vivax*), 난형열원충(*P. ovale*), 사일열원충(*P. malariae*)이다. 얼룩날개모기

(Anopheles속)가 사람을 물 때 모기 침샘에 있던 원충의 홀씨소체가 혈액으로 들어온다. 대개 50개 미만의 홀씨소체가 사람의 몸에 유입된다. 홀씨소체는 혈류를 타고 간으로 이동하여 간세포 내로 들어가는데, 이 과정은 한 시간도 채 걸리지 않는다. 간세포 내에서 홀씨소체는 무성생식을 통해 수천 개에서 일만 개까지의 열원충을 생성한다. 이 단계의 열원충을 분열소체라 부른다. 분열소체는 적혈구에 들어가서 무성생식으로 수를 늘리며, 수가 늘어난 분열소체들이 적혈구를 파괴하여 혈장으로 쏟아져 나온다. 적혈구가 파괴될 때 말라리아 특유의 주기적 발열이 일어난다. 적혈구에서 쏟아져 나온 분열소체는 다른 적혈구를 침범하여 그 수를 열 배로 불리는 과정을 지속하며, 그럴 때마다 적혈구는 계속 파괴된다. 이 단계를 분열생식이라 부른다. 때로 적혈구에 들어간 분열소체는 분열하는 것이 아니라, 웅성 생식소체와 자성 생식소체로 분화한다. 암컷 모기가 말라리아 환자를 물면 적혈구 안의 생식소체들이 적혈구와 함께 모기에 들어간다. 웅성 생식소체는 편모가 달린 소배우체 여덟 개가 되어 적혈구에서 빠져나온다. 이 소배우체는 자성 생식소체인 대배우체로 유주해 가서 수정하여 접합자가 되고, 위벽의 세포 사이에 침투한다. 모기의 위벽에 사마귀처럼 돋아 있는 모양의 피낭으로 둘러싸인 접합자를 난포낭이라 부른다. 난포낭에서 무성생식을 통해 실 모양의 홀씨소체가 만들어진다. 난포낭이 터지면 홀씨소체는 모기의 체강으로 방출되고 침샘으로 모여든다. 이 암컷 모기가 다시 흡혈을 시도할 때 홀씨소체들은 침샘에서 숙주의 혈액으로 유입된다. 이것이 열원충이 모기와 사람

안에서 살아가는 생활사이다.

말라리아로 인한 모든 증상은 적혈구의 파괴로 인한 것이다. 다음 글에서 이 느낌을 짐작할 수 있다.

"환자는 앉고 싶어 하나 앉을 힘도 없이 축 늘어졌다. 이유를 알 수 없는 갑작스러운 불안감이 발작의 시작을 알린다. 환자에게 뭔가 나쁜 일이 일어나고 말 것이다. 당신이 영혼을 믿는다면 무슨 말인지 정확하게 이해가 될 것이다. 누군가 저주를 걸어 악령이 몸 속에 들어와 희생자를 해코지하여 무력화시키고 땅에 처박아 놓은 것이다. 이 모든 무기력, 쇠약감, 중압감이 희생자를 엄습한다. 모든 것이 불쾌하다. 가장 먼저 빛이 너무 눈부시게 될 것이다. 그리고 다른 모든 것, 즉 주위 사람들의 큰 소리, 체취, 거친 손길, 이 모든 것이 불쾌할 것이다. 그러나 이러한 혐오감과 불쾌감을 느낄 시간은 많지 않다. 공격은 매우 빠르게 아무런 전조 증상도 없이 엄습해 온다. 갑작스럽고 맹렬한 오한이 시작된다. 마치 극 지방에서나 느낄 수 있을 떨림이다. 악령이 희생자를 벌거벗긴 채로 사헬 지대와 사하라 사막의 작열하는 열기에 내던졌다가 다시 그린란드나 그 근처 스피츠베르겐섬의 눈과 얼음, 그리고 폭풍설의 한가운데에 담금질하는 것과 같다. 그저 얼떨떨할 뿐이다. 뼛속까지 얼어붙을 것만 같은 무시무시하고 섬뜩한 추위가 느껴진다. 오한이 시작되고 몸부림치듯이 떨려 온다. 그러나 이런 떨림이 추위로 인한 익숙한 떨림이 아님을 곧 알게 될 것이다. 이 모진 떨림과 발작은 몸을 뒤흔들다 못해 뼈에서 살이 떨어져 나갈 것만 같은 것이다. 곧 목숨만이라도 구하기 위해 애걸복걸할 것이다. 무슨 도움을 줄 수 있겠는가? 환자는 무엇이라도 좀 덮어 주기를 바랄 것이다. 그것도 단지 담요나 이불을 덮어 주는 정도가 아니라, 아주 몸이 으깨져 버릴 만큼 덮어 주기를 바란다. 아예 증기롤러에 깔리고 싶어 할 것이다. 그리고 이 전율할 발작 뒤에 남은 것은 걸레짝처럼 늘어진 자신뿐이다. 희생자는 비 오듯이 땀을 흘리고, 열은 아직 남아 있고 손발 하나 까딱할 수 없다. 온몸이 다 아프고 얼떨떨하고 어지럽다. 이미 지칠 대로 지쳤다. 그리고 며칠 뒤면 이 악몽이 되풀이될 것이다."

열이 날 때는 체온이 최고 41°C에 이른다. 이때가 분열소체가 적혈구를 파괴하고 쏟아져 나오는 단계이다. 적혈구가 파괴되기 때문에 빈혈이 생긴다. 또한 발열과 염증으로 인해 골수에서의 적혈구 생성이 억제되기도 한다. 감염 후 첫 몇 주간은 원충에 감염된 적혈구가 지라에 축적되어, 커진 지라가 오른쪽 옆구리에서 만져질 정도가 된다. 이 단계의 지라는 부드럽고 파열이 일어날 위험이 크다. 감염이 치료된다면 지라의 크기도 원래대로 돌아가겠지만, 감염이 만성적으로 지속되면 열원충의 색소 침착으로 인해 지라의 크기가 커지고 단단해지며 검어진다. 말라리아 감염이 만성화될 경우 장기적으로는 간과 지라의 비대와 기능 저하가 관찰된다.

열대열원충의 감염은 예후가 아주 나빠서, 치료하지 않으면 성인의 25%가 사망한다. 임산부의 열대열원충 감염은 사산, 저체중아 출산, 자연 유산을 야기할 수 있다. 유소아나 면역 저하자의 경우는 원충이 들어 있는 적혈구가 뇌의 작은 혈관들을 폐색시켜서 뇌말라리아가 생기기도 한다. 현미경으로는 관찰되지 않을 정도로 작은 원충이 적혈구에 남아 있다가 치료가 끝난 후에 증식하여 재발하기도 한다. 현재 모든 말라리아 환례의 50%와 말라리아로 인한 사망례의 95%는 열대열원충에 의한 것이다. 삼일열원충이나 난형열원충은 수면소체라는, 간세포 내에 오랫동안 숨이 있다가 혈중으로 방출되는 분열소체에 의해 오랜 시간 후에 재발하기도 한다. 삼일열원충 감염은 그 증상이 심하나 사망에 이르는 경우는 드물다. (우리나라의 토착 말라리아가 이것이며, 학질이라는 이름에서 보듯이 증상이 매우 심하다. 역자 주) 전체 말라리아 환례의 45%는 삼일열원충으로 인해 발생한다. 사일열원충은 아무런 증상도 없이 체내에서 40년 동안 잠복해 있기도 한다. 사일열원충이나 난형열원충으로 인한 말라리아는 전체 환례의 5%를 차지한다.

말라리아 전파 과정의 규명, 그리고 이전투구

로널드 로스는 모기의 침샘을 통해서 새로 전파되는 조류 말라리아의 생활사를 규명하고, 사람에게 말라리아가 전파되는 과정도 동일할 것이라고 추론했다. 그러나 로스의 스승인 패트릭 맨슨 경은 조류에서 입증된 사실이 사람에게 반드시 적용되는 것은 아니라고 언급하였다. 로널드 로스와 패트릭 맨슨은 자신의 조국을 위해 열원충의 생활사를 규명하는 공로를 세우고 싶었다. 그렇지만 19세기의 유럽에서 이러한 도전에 나선 사람은 한둘이 아니었다. 독일 정부는 로베르트 코흐를 필두로 한 일련의 과학자를 말라리아 유행지로 악명 높은 캄파냐 로마나에 파견하였다. 그들은 습지의 공기와 흙에서 세균을 발견해 내었고, 그 세균을 말라리아의 원인균이라고 생각하여 *Bacillus malariae*라고 명명하였다. 이 세균이 말라리아의 원인균임을 입증하면, 프랑스인 라브랑의 주장을 보기 좋게 물리칠 수 있었던 것이다. 그러나 코흐는 연구실에서 이 세균을 배양하는 데 실패하였고, 자신의 가설을 폐기할 수밖에 없었다. 이후 새로운 방법을 모색하기로 하였다. 코흐는 로마대학에서 연구하고 있는 지오바니 바티스타 그라시의 실험실을 방문하여 자신이 말라리아 병원체를 동정하는 데 실패했다는 것과 로널드 로스가 조류 말라리아의 생활사를 발견한 것에 대해 이야기하였다. 말라리아와 모기에 대한 연구를 하고 있던 그라시는 이 말을 듣고 번뜩이는 아이디어를 떠올렸다. 로널드 로스가 인내심을 가지고 끊임없는 시행착오 끝에 자신의 발견을 이루어 내었다면, 지오바니 그라시는 체계적인 분석으로 수많은 종류의 모기를 구별해 낼 수 있었다. 지오바니 그라시는 모기가 없으면 말라리아도 없다는 것을 관찰하고, 자신의 관찰을 바탕으로 이탈리아에 서식하는 40여 종의 모기 중에서 단 한 종이 말라리아를 옮기거나, 아니면 모기가 말라리아를 옮기지 않는다고 추론하였다. 이제 남은 과제는 두 가지이다. 사람에게 말라리아를 옮기는 모기가 무엇인지 알아내야 하고, 사람의 말라리아 원충이 모기에서 살아가는 생활사를 알아내야 한다. 아미코 비그나미, 지오바니 바스티아넬리, 안젤로 첼리,

안토니오 디오니시와 협력하여 지오바니 그라시는 말라리아가 창궐하는 캄파냐 로마나로 가서 모기를 잡아 모으면서, 현지인들을 상대로 말라리아 발생을 조사했다. 지오바니 그라시가 수행한 것은 역학조사이기도 했다. 이 연구를 통해 이탈리아인들이 큰갈색점박이날개모기라고 불렀던 모기, 바로 얼룩날개모기(Anopheles속)만이 말라리아를 전파시키며 나머지 모기들은 말라리아 전파와 무관한 것을 밝혀냈다. 지오바니 그라시의 관찰대로 말라리아를 옮기지 않는 모기는 있어도, 모기 없이는 말라리아도 없는 것이었다. 그라시는 말라리아 환자를 문 얼룩날개모기의 위장과 침샘에서 원충을 찾았다. 두 가지 의문이 모두 풀리는 순간이었다. 결국 사람 말라리아의 생활사는 로널드 로스가 밝힌 조류 말라리아의 생활사와 같았다. 지오바니 그라시는 관찰 연구를 통해서 늪이나 습지가 모기 번식에 좋은 지역이기 때문에 습지와 늪이 말라리아와 연관되어 있다는 것을 밝혔다.

이렇게 지오바니 그라시는 말라리아가 세균 때문에 생긴다는 코흐의 가설을 부정하고, 말라리아는 모기 자체 때문이 아닌, 환자를 흡혈한 모기가 다시 건강한 사람을 흡혈함으로써 전염되는 것임을 증명했다. 지오바니 그라시 또한 자신의 조국을 위해 자신의 연구가 인정받기를 원했다. 하지만 그렇게 되지 못했다. 오히려 로널드 로스와 불쾌하고 쓰라린 불화만 일어났다. 지오바니 그라시는 얼룩날개모기가 있어야만 사람에게 말라리아가 전파되며, 집모기(Culex)는 말라리아와 무관하다는 것을 정확히 밝혀냈다. 로널드 로스가 새를 사용하여 말라리아의 생활사를 규명한 것은 집모기에서 관찰한 것이다. 로스는 그라시의 연구가 자신이 새를 사용하여 말라리아의 생활사를 규명한 후에 발표된 일이라고 우선권을 주장하였다. 하지만 사실 그라시는 로널드 로스의 업적을 도둑질한 것이 아니었다. 그는 로널드 로스와 독립적으로 말라리아의 매개충에 대해 연구를 수행하였으며, 1898년 말까지 모기를 통한 기생충 전파에 대한 자신의 발견을 발표하지 않았을 뿐이었다. 로널드 로스는 회고록에 다음과 같이 기술하였다. "놈들은 (…) 그들의 기록 이전에 이미 내 발표에 대해 알고 있었다. 놈들은 그저 (…) 내 과업의 신용을 깎아 내리고 우선권을 얻기 위해 의도적이고도 고의적으로 거짓말을 지어낸 것이다. (…) 그 중 많은 항목은 (…) 내 연구 결과를 훔친 것이며 (…) 내 결과는 (…) 놈들에게 눈 뜨고 도둑맞았다. (…)" 그렇지만 사람 말라리아의 생활사를 규명한 것은 로널드 로스가 아닌 이탈리아의 과학자들이다. 로널드 로스는 새를 가지고 실험했기에 집모기를 매개충으로 잘못 인식했다. 얼룩날개모기가 말라리아의 매개충임을 확인한 것은 지오바니 그라시의 업적이었다. 결국 로스는 배의 키를 잡은 탐험가였고, 그라시와 그의 동료들은 갑판 위에서 신천지에 정박하는 것을 도와 준 승조원들이었다. 말라리아의 생활사를 먼저 규명한 것은 그라시가 아닌 로스였으므로, 로스가 1902년 노벨상을 받았다. 열원충을 최초로 발견한 라브랑은 1907년에 노벨상을 받았다. 로스는 1932년 숨을 거둘 때까지 끝내 그라시를 용서하지 않았다.

말라리아의 통제

로널드 로스와 지오바니 그라시에 의해 얼룩날개모기가 말라리아를 옮긴다는 사실이 밝혀진 후, 말라리아와 모기 모두를 박멸하기 위한 방법이 중요해졌다. 얼룩날개모기는 450종이 있으며, 그 중에서 50종이 사람에게 말라리아를 옮긴다. 그 중 30종이 주로 말라리아를 옮기는 것으로 알려져 있다. 아프리카에서는 감비아얼룩날개모기(*Anopheles gambiae*)가 도로에 사람의 발이나 동물의 발굽에 패인 자국에 고인 물구덩이에서 번식하면서 말라리아를 옮긴다. 다른 지역의 매개충으로는 수조 등에서 번식하는 스티븐스얼룩날개모기(*A. stephensi*)가 있다.

일반적으로 말라리아의 방역을 위해서는 말라리아 원충을 가진 모기에 물리지 않게 하고, 모기가 산란하는 장소를 제거하고, 장구벌레를 박멸하고, 흡혈성 성충의 수명을 줄이기 위한 조치를 한다. 암컷 모기에 물리지 않으려면 모기기피제를 사용하거나, 보호복을 착용하거나, 살충제를 도포한 모기장을 사용하거나, 집 안으로 모기가 들어오지 못하게 한다. 모기의 번식지는 물의 제거, 염분 첨가, 물 청소, 수위 변동 및 잡초의 제거를 통해 없앨 수 있다. 성충은 살충제를 사용해서 구제할 수 있고, 장구벌레는 물에 살포하는 유충관리제를 사용하여 박멸한다. 1900년대에는 기름과 파리스 그린을 섞어서 만든 유충관리제를 사용하였으며, 장구벌레의 번식이 이루어지는 물구덩이의 물을 빼내고 그곳에 유충관리제를 투입하여 번식을 막았다. 이 방법은 세계의 여러 지역에서 모기에 의한 말라리아의 전파를 줄여 주었다. 이후에는 디클로로디페닐트리클로로에테인(DDT)이 모기를 박멸할 목적으로 사용되었다. 그러나 1960년대 초반에 이미 DDT 내성 모기의 출현과 DDT로 인한 생태학적 부작용이 두드러지게 되어 결국 DDT의 사용은 금지되었다. 1969년 세계보건기구는 공식적으로 모기 박멸 사업을 포기하고, 개별 국가가 통제 전략을 수행할 것을 권고하기에 이른다. 오늘날에는 살충제가 도포된 모기장과 함께, 비용은 많이 들지만 환경파괴가 적은 살충제를 사용하고 있다.

말라리아의 치료

말라리아로 인한 모든 병리 소견은 원충이 혈액에서 증식함으로 인해 생기기 때문에, 대부분의 항말라리아제는 원충이 빠르게 증식하는 이 단계에 작용한다. 최초의 항말라리아제는 퀴닌으로, 프랑스의 화학자 피에르 펠레티어와 조제프 카방투가 1817년에 기나나무의 껍질에서 분리하였다. 퀴닌은 지금도 계속 사용되고 있다. 하지만 치료를 위해서는 5~7일간 투약해야 하는데, 쓴맛, 귀울음, 어지러움, 구토 등의 부작용 때문에 경구 투약은 쉽지 않고 비경구적으로만 투여한다. 1940년에 퀴닌을 기반으로 합성 항말라리아제인 클로로퀸과 아모디아퀸이 합성되었다. 1950년대에 이 두 약물을 주축으로 하여 말라리아 퇴치 프로그램을 시행하였으나, 결국 실패하였다. 두 약물 모두 약효가 빠르게 나타나고, 주 1회 경구 투여로 말라리아를 예방할 수 있었지만, 열대열원충 충주의 일부가 빠르게 클로로퀸 내성을 획득하게 된 것이다. 1960년대에 메플로퀸(상품명 라리암)과 할로판트린(상품명 할팜)이 합성되면서 이들 약물이 클로로퀸을 대체하였다. 메플로퀸은 1주에 한 번 경구 투여하는 방식으로 말라리아에 노출되기 전이나 노출되었을 때 모두 사용할 수 있게 되었다. 재발 방지를 위한 약으로는 프리마퀸이 있다. 프리마퀸은 간에 숨어 있는 삼일열원충의 재발을 막기 위해 사용되지만, 2주일간 매일 투약해야 한다. 같은 목적으로 타페노퀸은 한 번만 투약하면 된다. 타페노퀸은 프리마퀸이 도입된 지 60년 만에 허가된 재발형 말라리아의 치료 약제로, 글락소스미스클라인과 미 육군의 공조로 개발되었다.

유감스럽게도 원충의 돌연변이로 할로판트린, 메플로퀸, 클로로퀸, 퀴닌에 대해 모두 내성을 보이는 충주가 보고되었다. 분자생물학적으로 이러한 약제 내성이 어떻게 해서 생기는지는 아직 잘 모른다. 일부 항말라리아제는 HIV 감염에서 지도부딘이 하는 역할과 유사하게 원충의 DNA 합성을 막는다고 알려져 있다. 1980년대 후반 버로스웰컴은 항말라리아제 개발에 뛰어들어, 비타민 유도체인 조효소 Q와 유비퀴논의 유사체로 작용하는 아토바쿠온을 개발하였다. 아토바쿠온은 원충의 DNA 합성을 막고, 아토바쿠온과 프로구아닐이 조합된 약물인 말라론은 예방화학요법에 사용된다.

청엽소는 가장 오래된 무기고에서 찾아낸, 가장 최신의 항말라리아제라 할 만하다. 중의학에서는 2천 년 전부터 청엽소를 해열제로 사용하였다. 청엽소의 주요 성분은 개똥쑥(*Artemisia annua*)이라 불리는 식물의 잎에서 유래한 아르테미시닌이다. (2015년 중국의 투유유는 아르테미시닌을 발견한 공로로 노벨 생리의학상을 받았다. 역자 주) 아르테미시닌은 경구로는 잘 흡수되지 않기 때문에 아르테메터, 아르테모틸, 아르테스네이트라는 세 가지 유도체가 널리 쓰인다. 이 약물은 혈중의 기생충을 빠르게 제거할 수 있지만 재발률이 높다는 단점이 있다.

　사실 오늘날 말라리아 퇴치에서 문제가 되는 것은 유행 지역이 넓어지는 것보다는 약제 내성 원충이 창궐하고 있는 것이라고 할 수 있다. 열원충의 약제 내성은 환자에게 권장 용량 이상으로 약물을 투여하여 혈중에서 충분한 약물 농도가 유지됨에도 불구하고 원충이 생존하거나 증식할 수 있는 상태를 말한다. 40년 전 남아메리카와 동남아시아에서 클로로퀸 내성 개체가 최초로 보고된 이래로, 약제 내성 말라리아는 말라리아를 통제하고자 하는 전략의 가장 큰 장애물이 되었다. 다른 환자도 그렇지만, 특히 내성 개체에 감염된 환자를 위해서는 정확하고 빠른 진단이 무엇보다 중요하다. 내성 개체의 출현과 확산을 막기 위해 설파독신-피리메사민의 병합요법인 판시다르, 판시다르에 메플로퀸을 병합한 판시메프, 피리메사민에 한센병 치료제인 답손을 병합한 말로프림, 아토바쿠온에 프로구아닐을 병합한 말라론이 사용되었다. 1991년 이래로 글락소스미스클라인은 라프수드린이나 클로로프로구아닐과 답손의 병합요법인 LAPDAP을 개발하고 있다. 약제 내성과 더불어 비용도 발목을 잡고 있다. 클로로퀸은 한 번의 치료에 백 원 정도 드는 매우 저렴한 항말라리아제이나, 신약은 값이 비싸다. 메플로퀸의 경우는 천 원, 할로판트린의 경우는 2~3천 원의 비용이 들며, 아토바쿠온의 경우는 3만 원까지 든다. 2002년에 출시된 LAPDAP은 한 알에 천 원 미만이기에 저렴한 대안이 될 수 있다. 세 번째 문제는 항말라리아제의 경우는 항암요법제나 탈모 방지제와는 달리 큰 수익을 기대할 수 없는 약물이기에 제약회사들이 투자를 꺼린다는 사실이다.

갈 길이 먼 말라리아 백신

말라리아 백신은 확실히 효과가 있을 것이다. 과학자들은 왜 말라리아 백신이 유용하다고 믿는 것일까? 그 근거는 다음과 같다. 첫째, 사람이 감염으로 인해 면역을 얻게 되면 다시 감염이 안되는 것은 아니지만, 재감염되었을 때 사망률이 줄어든다. 둘째, 말라리아 유행 지역의 성인들은 말라리아에 대한 항체가 있고, 말라리아로 인한 사망률이 낮다. 셋째, 방사능 조사로 약독화시킨 홀씨소체는 완전하게 면역을 유도하여, 접종받은 사람의 90%에서 10개월 이상 말라리아로부터 안전하다. 마지막으로, 이미 면역력을 가진 성인에서 얻은 면역글로불린은 말라리아를 수동 예방할 수 있다.

위와 같은 이유로 말라리아 백신이 유용다는 것은 명백하나, 아직도 백신이 개발되지 않고 있다. 백신으로 말라리아를 퇴치하려면 강한 면역반응을 유도하는 백신이 필요하다. 말라리아가 풍토병인 아프리카의 일부 지역에서는 R_0 값이 50~100명에 달하며, 이것은 한 환자로부터 최대 100명까지의 건강한 사람에게 말라리아가 전염될 수 있음을 의미한다(318쪽 참조). 이 말은 백신으로 효과를 보려면, 생후 3개월에 말라리아 백신을 접종하여 전 인구의 99%가 말라리아에 저항성을 갖추어야만 말라리아가 박멸될 수 있다는 뜻이다. 사회 기반이 열악한 곳에서 99%가 저항성을 갖추도록 하는 것은 매우 어려운 일이다. 백신 개발이 더 힘든 이유는, 보호 면역에 대한 체외 시험과 실제 체내 작용 사이에 상관 관계가 높지 않고, 백신 시험에 적합한 원숭이를 충분히 확보하기도 어렵기 때문이다.

　말라리아 백신 개발 사업은 계속되고 있다. 항말라리아 백신은 (1) 이미 모기에 물렸어도 발병할 위험을 낮추기 위해 간에서의 증식 단계를 차단하는 백신(군인 및 무역업자에게 적합할 것이다), (2) 중증의 질병 혹은 사망을 줄이는 적혈구 단계 백신, (3) 지역사회 내 전파를 막는 체외단계 백신(일명 전파방지 백신 또는 이타적 백신)의 세 가지 유형으로 개발되고 있다. 현재 고려 중인 백신은 생백신이나 사백신 기반이 아닌 특정 항원을 기반으로 한 아단위 백신이다. 이러한 아단위 백신은 합성 펩티드, 재조합 단백질, 원충 DNA 그 자체 혹은 원충 DNA가 삽입된 바이러스를 사용한다. 세계보건기구는 현재 백 가지 이상의 말라리아 백신이 개발 중이라고 발표하였다.

어떻게 대응할 것인가

말라리아는 묵시록의 네 기수 중 하나인 역병으로, 오랜 세월 동안 또 다른 기수인 전쟁과 함께하였다. 고대 그리스인들이 알고 있던 세계의 대부분을 정복한 알렉산더 3세는 기원전 323년, 말라리아에 걸려 33세를 일기로 사망하였다. 그 바람에 당시 마케도니아군은 인도 아대륙 전역의 정복을 코앞에서 멈추어야만 했다. 고대 로마에서는 말라리아가 외적을 물리치는 것을 돕기도 하였지만, 줄리어스 시저의 원정을 중단시키기도 했다. 12세기에는 신성 로마 제국의 황제 프리드리히 1세가 말라리아로 인해 로마를 공격하는 것을 중단해야만 했다. 또 영국령이었던 식민지 아메리카에도 말라리아가 널리 퍼져 농업 인구 수가 크게 줄어들면서 사회적, 경제적으로 아메리카 식민지의 성장과 발달에 큰 걸림돌이 되기도 하였다. 독립 전쟁 당시에 말라리아는 몇몇 중요한 전투의 향방을 결정지었다. 남북 전쟁 동안 남부 연합에 주둔한 미합중국 군대 내에서 말라리아가 크게 유행하여 유럽계 군인의 반, 아프리카계 군인의 80%가 말라리아에 걸렸다. 제1차세계대전과 제2차세계대전에서 프랑스군과 영국군이 참여한 전선에서도 말라리아는 맹위를 떨쳤다. 영국 육군 원수 윌리엄 슬림 경은 "부상으로 전장에서 이탈한 사람이 한 명이라면, 질병으로 전선에서 이탈한 사람은 120명이나 되었다."라고 언급하였다. 말라리아는 연합군에게 가장 골치 아픈 문제였다. 어느 기자는 "말라리아에 대해 승리한 것이야말로 태평양 전쟁에서 연합군이 거둔 가장 중요한 승리 중 하나일 것"이라고 기록하였다. 이후에도 한국 전쟁과 베트남 전쟁에서 말라리아는 무수히 많은 군인들을 쓰러뜨렸다. 한국 전쟁 때는 삼일 열원충으로, 베트남 전쟁 때는 열대열원충으로 장병들이 고전하였으며, 그 피해는 베트남 전쟁 때 더 치명적이었다. 결국 각 군 수뇌부들에게는 말라리아에 대한 예방조치가 중요한 관심 사항이 되었고, 새로운 항말라리아제의 개발이 촉진되었다. 아프리카 대륙 사하라 사막 이남 지역에서 말라리아에 감염된 모기에 물리는 횟수는 다른 지역의 백 배에 달할 정도로 높다. 이렇게 세계 곳곳에서 말라리아가 극성을 부리고 있지만, 앞으로 보건의료정책 담당자들이 마주해야 할 더 중요한 문제는 약제 내성이다. 다약제 내성 열대열원충과 살충제 내성 모기를 통제하는 것이 점점 더 어려워지고 있다.

말라리아는 가장 중요한 열대성 기생충 질환이지만 온대 지방에도 존재한다. 현재 전 세계적으로 90개 국가가 말라리아를 풍토병으로 가지고 있으며, 그 절반이 아프리카의 사하라 사막 이남에 위치하고 있다. 오늘날에도 말라리아는 아프리카 대륙에서 맹위를 떨치면서 그곳의 원주민들을 천천히, 그리고 가차 없이 살상하고 있다. 특히 비가 많이 내리고 고도가 낮은 농업지대에서 더 그렇다. 그렇지 않은 지역에서는 기근과 영양 실조가 문제가 된다. 영양 실조는 말라리아뿐만 아니라 다른 여러 질병에 대한 취약성을 높여서, 생산성을 떨어뜨리고 이미 취약한 보건의료 시스템의 부하를 더욱 가중시킨다. 슬프게도 묵시록의 네 기수들은 아프리카 대륙의 무고한 어린이들을 주된 희생양으로 삼고 있다. 그들 중 3분의 1은 말라리아로, 3분의 1은 에이즈로 사망한다.

09
황색의 천벌,
황열병

09

황색의 천벌, 황열병

1926년, 『미생물 사냥꾼』의 저자인 폴 드 크루이프는 다음과 같이
황열병에 대해 기술했다.

"(…) 모두가 자기 나름대로 가장 공포스러운 전염병인 황열병과 싸
울 방법을 알고 있었다. 그 역병에 대해 어떻게 대처할지 중구난방의 해
결책을 내놓았다. 황열병이 창궐하는 동네에서 떠나기 전에 갖고 있는
비단, 공단 그리고 모든 집기를 훈증소독해야 한다; 아니다, 훈증소독이
아니라 아예 소각해 버려야만 하며, 황열병이 도는 마을에서 쓰던 비단
과 공단을 모조리 태우고 매립하고 파괴해야 한다. 황열병 환자의 가족
과 악수하는 것은 현명한 일이 아니다; 아니다, 그들의 손을 잡아주는
것은 안전하다. 황열병 환자가 있었던 주택을 태우는 것이 가장 좋다; 아
니다, 황을 태운 연기로 훈증소독하면 충분하다 등등. 그러나 2백여 년
에 걸쳐 모두가 동의한 한 가지가 있었다. 마을 사람 중 하나가 누렇게
뜨고 딸꾹질을 하다 시커먼 구토물을 토해 내면, 그 뒤로 매일같이 수십

명, 수백 명의 사람들이 쓰러지며, 결국에는 황열병을 피해 마을에서 도
망쳐야 한다는 것이다. 1900년까지 황열병에 대한 과학적 지식은 이 정
도였다. (…) 황열병위원회 위원장인 월터 리드가 (…) 인명을 희생시켜야
(…) 모두가 동의했다. (…) 동물은 황열병에 걸리지 않기 때문 (…) 이것
은 논란의 여지가 없으며, 황열병 이야기에서 재미있는 부분이다. (…) 파
스퇴르가 옳았다. (…) 왜냐하면 지금 이 세상에는 황열병의 독이 아주
조금 남아 있을 뿐이고, 몇 년 뒤면 공룡처럼 영원히 사라질 것이기 때
문에 (…)" (중간에 생략된 부분이 많아 이해가 어려울 것이다. 원문 전
체를 보면, 월터 리드가 도덕적인 사람이었지만 황열병의 원인을 밝히려
면 인체 실험을 할 수밖에 없었다는 점과, 실험에 참여한 사람들이 일부
는 돈 때문에, 일부는 순수한 동기로 참여했다는 내용이다. 역자 주)

드 크루이프의 근거 없는 낙관주의와 월터 리드가 수행한 자원자 대
상의 끔찍한 실험에도 불구하고 황열병은 없어지지 않았다. 매년 1천
건의 황열병이 전 세계에서 보고되고 있지만 실제로는 그보다 2백 배
나 많은 환자가 발생하고 있는 것으로 추정된다. 남아메리카와 아프리
카 대륙의 밀림에 서식하는 원숭이가 병원체의 숙주로 작용하기 때문
에 앞으로도 황열병이 박멸될 일은 없을 것이다. 더욱 어려운 문제가
남아 있다. 아직까지 아시아에서는 황열병이 나타나지 않았지만, 만일
인구가 엄청나게 많은 이 대륙에 황열병이 퍼진다면 과연 어떤 일이
생길 것인가?

황열병은 어떤 병인가

「실험쥐가 된 의사: 자가 생체실험을 통한 의학 연구」에서, 존 프랭클린과 존 서덜랜드는 이 질병에 대해 생생하게 기술하고 있다.

"황열병은 희생자를 죽이기 전에 잔인무도하게 농락하는 섬뜩한 병이다. 3일 동안 발열과 오한이 있은 후 눈에 띄게 병세가 호전된다. 열이 내리는 것이다. (…) 열이 내린 것을 뛸 듯이 기뻐하면서 열이 날 때가 최악이었다고 생각할 것이다. 아마도 독감에 걸린 것이라고 자신을 위로할 수도 있을 것이다. 어쩌면 말라리아에 걸렸던 것이라고 생각할 수도 있다. 아니면 다른 수많은 열대성 질환 중의 하나라고 생각하고 넘어갈 것이다. 그러나 넷째 날, 강력한 응징이 뒤따른다. 셋째 날의 희망은 절망으로 바뀐다. 희생자의 피부에는 땀방울이 송골송골 맺히면서 다시 발열이 시작된다. 체온은 39.5, 40, 40.5°C로 계속 상승하고 (…) 이후 오한이 뒤따르며, 희생자의 치아는 위아래로 딱딱 부딪치게 된다. 그리고 덮을 것을 애타게 찾는다. (…) 물론 다시 열이 오르면 그 덮을 것을 걷어차겠지만 말이다. 환자의 피부는 누렇게 뜨기 시작하며 입 안에 반점이 생기고 피가 스며 나오기 시작한다. 메스꺼움이 시작되었다가 사라지기를 반복한다. 피와 소화액이 섞인 시커먼 구토물을 받아 낼 그릇이 환자의 머리맡에 놓인다. 희생자들 중 3분의 2는 결국 회복되어 면역을 갖게 된다. 회복되지 못한 사람들의 피부는 계속 누렇게 된다. 끝내 단백질이 혈관으로부터 새어 나가기 시작하고, 콩팥토리에서도 단백질이 새어 나와 소변에 단백질이 섞여 나오면 끝장이다. 콩팥의 기능은 멈추고 소변도 나오지 않게 된다. 콩팥이 소변을 만들 수 없게 되었을 때 희망도 없어지는 것이다. 파멸의 딸꾹질이 시작되었다. (…) 운이 좋다면 곧 혼수 상태에 빠진 채로 사망할 것이고, 운이 나쁘면 정신 착란이 일어나고 6~9일째 죽게 되는 그 순간까지 생지옥 같은 악몽에 시달리며 울부짖게 될 것이다."

황열병의 기원

크리스토퍼 콜럼버스가 신대륙에 발을 디디기 전까지 서반구에는 황열병이 없었다. 사실 서반구에서 최초로 보고된 황열병의 유행은 1648년 쿠바, 바베이도스, 그리고 멕시코의 유카탄반도에서 나타났다. 1690년대에는 북아메리카에도 황열병이 등장했으며, 특히 찰스턴, 뉴욕, 필라델피아와 같이 사람들이 붐비는 항구 도시가 황열병 전파의 중심지가 되었다. 1693년 영국 해군 함대가 바베이도스로부터 보스턴에 들어온 후 보스턴에서도 황열병이 유행하였다. 1699년에는 필라델피아와 찰스턴에서, 1702년에는 뉴욕에서 황열병이 유행하였다. 1763년부터 1792년까지 영국의 식민지에서는 황열병이 유행하지 않지만, 1793년 히스파뇰라섬의 아이티와 산토도밍고를 비롯한 서인도 제도에서 황열병이 유행했다. 단 3개월 만에 산토도밍고에 주둔한 영국군 제41보병연대와 제23근위대의 44%가 사망하고 말았다. 질병에 시달리다 살던 곳을 등지고 떠난 사람들은 여러 항구 도시에 황열병을 전파하였다. 1793년 여름에 그러한 항구 도시 중 하나인 당시 미국의 수도 필라델피아는 황열병의 직격탄을 맞아 전체 인구 6만 명 중 5천 명이 죽었다. 대통령을 포함한 정계의 거물 조지 워싱턴, 존 애덤스, 토마스 제퍼슨, 알렉산더 해밀턴 등도 무사하지 못했다. 재무부 공무원 6명이 황열병으로 쓰러지고, 다른 5명은 뉴욕으로 도망쳤으며, 우정국에서 일하던 노무자 3명과 세관에서 일하던 공무원 7명마저 황열병으로 쓰러지자, 연방 정부는 그 해 9월까지 폐쇄되고 말았다. 결국 워싱턴 대통령은 자신의 고향인 마운트 버논으로 피신했고, 공무원들과 전쟁성 전체가 필라델피아에서 떠날 것을 명령하였다.

검역이 시작되었지만 황열병의 확산을 막기에는 역부족이었다. 공중보건 당국은 황열병이 외부에서 유입된 질병이 아니라, 부두에서 썩어 가는 커피와 거리의 쓰레기에서 솟아오른 나쁜 기운 때문에 생기는 전염병이라고 결론을 내리게 된다. 당시 재무부장관이었던 알렉산더 해밀턴은 황열병으로 인해 필라델피아에서 떠났지만 뉴욕시로 들어오는 것을 거부당하였다. 이후 그는 장인을 모시고 아내와 함께 뉴욕주 북부의 그린부시로 떠났다. 그린부시에서 해밀턴 일행은 지니고 있던 옷가지와 집기를 소각하고 마차를 소독할 때까지 경비병의 감시 하에 있어야 했다.

황열병은 선박에 실려 항구를 중심으로 전 세계로 확산되었다. 1686년에는 브라질에서, 1690년에는 서인도 제도 남부의 마르티니크섬에서, 1730년에는 스페인의 카디스에서, 이후 1878년에는 프랑스 마르세유와 영국 스완지에서도 유행하였다. 원인은 몰라도 일단 전염성이 있는 질환임을 알아차린 영국 그리니치 병원의 근무자들은 황열병 환자를 격리시키고 그들에게 황색의 패치가 붙은 재킷을 주어, 다른 사람들로 하여금 황열병 환자임을 알 수 있도록 하였다. 이로써 환자들은 노란 조끼를 입은 사람들로 불리게 되었다. 영국 국적의 선박은 항해 중에 선상에서 황열병이 발생하면 황색기를 걸어서 선상 전염병의 발생으로 인한 검역 중임을 알렸다. 왜 검역의 의미로 황색기를 걸었을까? 일반적으로 수기 신호에서 황색기는 알파벳 Q를 나타내며, 검역을 뜻하는 영어 quarantine의 머릿글자도 Q였기 때문이다.

　황열병은 특징적인 증상인 황달로 인해 구릿빛 존이나 황색의 징벌이라고 불렸다. 이른바 황열병의 입구라고 불린 뉴올리언스에서는 1800년대에만 39건의 황열병 유행이 나타났다. 1820년대 이후로는 메이슨-딕슨 선(식민지 시절 메릴랜드와 펜실베이니아의 영주 사이에 분쟁 해결을 위해 설정한 경계선. 19세기에 노예가 있는 주와 없는 주를 나누는 기준이 되었다. 역자 주)을 기준으로 노예제가 유지되는 남쪽에서만 황열병이 나타났다. 메이슨-딕슨 선 북쪽에서는 노예 제도가 철폐된 시기를 기준으로 그 후에는 황열병이 나타나지 않았다. 그렇지만 중남미 지역에서 출항한 선박이 들어오는 주요 항구인 뉴올리언스에서는 1790년부터 남북 전쟁 시기까지 매년 여름마다 황열병이 유행했다. 그때까지는 황열병의 원인과 전파 양식을 알지 못했으므로 황열병을 삶의 일부로 간주하였다. 미국에서 황열병이 가장 맹렬하게 유행한

때는 우연히도 1850년 노예 제도 철폐에 대한 논의가 가장 치열하게 이루어지던 시기였다. 그래서 노예 제도와 황열병이 연관된 논의가 활발했다. 노예 폐지를 주장하는 쪽에서는 노예 제도를 고수하는 유럽계 미국인들에게 천벌이 내려진 것이라고 주장하였다. 또 황열병에 면역이 있는 아프리카계 미국인들이 봉기할까 두려워하기도 하였다. 반면 노예 제도를 유지하기를 원하는 사람들은 아프리카계 미국인들이 황열병에 더 강하기 때문에 남부의 대농장을 경영하기 위해서 노예 제도가 필요하다고 주장하였다. 황색의 징벌에 대한 두려움으로 인해 많은 사람들이 내륙으로 이주했고, 형편이 되는 사람들은 황열병의 계절인 여름에는 남부에서 떠나 있었다. 남부에서도 어떤 지역은 겨울이 되면 춥고 서리가 내렸는데, 추운 계절에는 황열병이 나타나지 않았다. 그러나 매년 여름이면 중남미와 아프리카로부터 황열병이 유입되었다. 황열병은 독특한 양상으로 유행했다. 일단 도시에서 주로 발생했고, 황열병에 대한 면역이 없는 북부 지방 출신들이나 최근에 도착한 이민자들이 주로 병에 걸렸다. 황열병에 대해 면역이 갖추어져 있는 아프리카계 미국인들은 거의 걸리지 않았다.

황열병의 유행성과 높은 사망률, 그리고 두드러지는 증상은 다른 질병들보다도 사람들의 눈길을 끌어 미국 북부의 언론사들은 이를 대서특필했다. 결국 북부 사람들은 남부에 대해 부정적인 인상을 갖게 되었고, 북부에서 남부로 이주하는 사람의 수가 크게 줄어들었다. 그리고 남부 지방에서는 황열병이 유행하는 여름이면 일터나 학교, 공공기관의 결근율이 크게 증가했다. 황열병은 남부 지방에서만 나타나는 기괴하고 낯설고 두려운 전염병이 되었다. 황열병은 말라리아, 십이지장충, 펠라그라와 함께 미국의 다른 지역에는 없고 남부에서만 나타난 이국적, 이질적 질병이었으므로, 타 지역 사람들은 미국 남부 지역과 그곳의 사람들이 자신들과는 분명히 다른 이질적인 존재라는 인상을 갖게 되었다. 이러한 인식이 바뀌게 된 것은 미국에서 황열병이 박멸된 1900년대 중반이 지나서였다.

루이지애나의 운명을 바꾼 황열병

1803년, 미국은 단돈 1,500만 달러에 루이지애나를 프랑스로부터 넘겨받았다. 그 면적은 약 214만 km²로, 동으로 미시시피강, 서로 로키산맥, 북으로 캐나다, 남으로 멕시코만까지 이르는 광대한 땅이다. 오늘날 이 지역에 포함되는 주만 해도 15개나 된다. 1682년 프랑스의 탐험가인 르네-로베르 카블리에 드 라 살은 오대호 유역 출신 50명을 미시시피강 유역으로 이주시켜 미시시피 계곡 전역이 프랑스 영토임을 주장했다. 프랑스는 왕 루이 14세의 이름을 따서 루이지애나라고 명명하여 프랑스의 식민지로 삼았으며, 뉴올리언스가 1718년까지 주도였다. 그러나 프랑스가 식민지로부터 얻는 이득이 별로 없었기 때문에 1762년 루이지애나의 교역권을 스페인에 양도한다. 프랑스 출신과 스페인 출신의 정착민들 사이에서 몇 건의 분쟁이 있은 후, 스페인이 1769년 루이지애나 식민지를 확고하게 장악한다. 사탕수수의 재배와 가공이 1795년 시작되어 1800년에는 주요 환금 작물의 위치에 올라선다. 루이지애나 식민지는 사탕수수 재배로 번영을 구가했다.

미국 독립 전쟁 중에 스페인은 식민지의 대륙 의회로 하여금 뉴올리언스를 보급 기지로 사용하여 미시시피강을 통해 물자를 수송할 수 있도록 허락했다. 1800년 프랑스는 비밀리에 스페인에게 루이지애나의 반환을 요청하였다. 그러나 당시 미국은 스페인의 양해 하에 뉴올리언스에 관세 없이 화물을 하역했다가 유럽을 비롯한 다른 나라로 수출하고 있었기 때문에, 만약 이 지역을 프랑스가 지배하게 되면 미국의 입지가 좁아지게 되므로, 프랑스의 반환 요청은 미국 대통령 토마스 제퍼슨을 분노하게 했다. 또한 스페인이 플로리다를 포함한 식민지의 일부를 프랑스에 양도하고자 한다는 소문까지 돌았다. 그렇게 되면 프랑스는 자국이 통제하는 멕시코만, 특히 뉴올리언스에 미국이 발을 들여놓지 못하게 할 수도 있었다. 그 와중에 1801년 제퍼슨 행정부의 국무장관 제임스 매디슨은 스페인과 프랑스 사이에서 토지 양도 협약이 진행되고 있다는 것을 알게 되었다. 미국은 식민지의 양도를 막기 위해 애썼으나 나폴레옹 보나파르트는 미국의 요구를 거절했다. 급기야 1802년 스페인 총독은 나폴레옹의 압력으로 뉴올리언스에 소재한 미국의 자산을 압류하게 되었다. 결국 미국과 프랑스의 관계는 전쟁 일보 직전까지 악화되었다. 미국은 5만 명의 군대를 뉴올리언스에 파견하여 항구를 무력으로 접수하겠다고 으름장을 놓았다. 그러나 전쟁이 발발하는 대신 토지 할양이 이루어졌다.

그 이유는 황열병 때문이었다.

1697년 프랑스는 히스파뇰라섬의 서부에 식민지를 개척했고, 스페인은 같은 섬의 동부에 식민지를 개척했다. 아프리카로부터 강제로 데려간 노예들을 사탕수수 재배라는 노동집약적 산업에 투입함으로써 아이티는 주요한 설탕 생산지가 되었다. 1791년과 1794년에 노예들이 봉기하여 그 지도자 중 한 사람인 프랑수아-도미니크 투생 루베르튀르가 스스로 아이티의 총독이 되었다. 나폴레옹은 이 봉기를 응징함으로써 자신의 권위를 세워야 했다. 또 아이티를 교두보로 루이지애나를 침공하여 북미제국을 건설해야 했다. 아이티는 북미에서 영국의 세력 확장을 견제하는 데도 중요했다. 1801년 나폴레옹은 아이티의 봉기를 진압하고자 자신의 매부인 샤를 빅토르 엠마누엘 르클레르 휘하 2만 명의 정예병을 파견하였다. 1802년 프랑스군은 아이티에 상륙하여 몇 차례의 전투 끝에 섬을 접수하였다. 반군 세력과 몇 차례의 소규모 교전이 더 있었다. 그러던 중 엠마누엘 르클레르 휘하의 병사들이 질병에 걸리게 되었다. 1802년 초에 1,200명이 입원하기에 이르렀고 4월에는 그 수가 더 늘어났다. 그 질병이 바로 황열병이었다. 오래지 않아 병력의 3분의 1이 황열병에 걸리고 만다. 6월이 될 때까지 매일 30~50명이 질병으로 사망하였다. 1802년 10월에는 엠마누엘 르클레르마저 황열병으로 사망한다. 이듬해인 1803년까지 황열병으로 2만 명이 추가로 사망하였다. 결국 프랑스는 아이티 원정을 포기할 수밖에 없었다. 원정 간 프랑스군 중 3천 명만이 살아남았고 5만 명이 사망한 것으로 추정된다. 1803년 4월 11일 나폴레옹은 재무부장관인 탈레랑페리고르에게 영국이 북미 지역을 점령하여 프랑스에 맞설 영국계 동맹 세력을 구축할 것이 염려되지만 북미 원정의 여력이 고갈되었다고 말하기에 이르렀다. 결국 나폴레옹은 루이지애나에 대한 권리를 포기하였다. 1803년 5월 2일, 프랑스와 미국 간 루이지애나 매매 조약이 체결되었다.

   프랑스령 아이티는 프랑스에서 가장 부유한 지역 중 하나였다. 1798년에는 52만 명이 살았다. 하지만 1804년에 백인은 한 명도 남지 않았고, 1만 명의 물라토와 23만 명의 흑인만 남게 되었다. 왜 프랑스인들만 황열병에 쓸려간 것일까? 여기에는 여러 가지 이유가 있다. 일단 프랑스인들은 황열병에 대한 면역이 없었다. 원래부터 아이티섬에 거주하던 토착민들은 황열병에 대한 면역이 있었고, 보균자로서의 역할을 했다. 1802년부터 1803년까지 예년보다 많았던 강수량도 질병의 전파에 한몫하였다. 대부분의 도시가 혁명 도중에 불살라져서 병원 및 의료 서비스가 불가능했다. 고온다습한 기후로 프랑스인들이 쇠약해졌고, 주둔지까지도 황열병의 전파가 쉬운 저지대였다. 그러나 가장 중요한 것은 아무도 황열병의 원인과 전파 경로를 몰랐다는 것이다. 황열병이 어떻게 전파되는지 알려진 것은 다음 세기의 일로, 미 육군 군의관 월터 리드와 황열병위원회에서 수행한 실험에 의해서였다.

전파 과정의 규명

1900년까지는 누구도 황열병의 원인을 알지 못했다. 환자를 돌본 간호사나 환자와 긴밀하게 접촉한 사람들이 황열병에 걸리는 경우는 거의 없었지만, 황열병은 전염병으로서 옷가지, 침구, 기타 물체와 접촉하여 감염된다고 알려져 있었다. 결국 의료인을 비롯한 대부분의 사람들은 환자의 옷가지나 린넨과 접촉하여 황열병에 걸리는 것을 두려워하게 되었다.

1802년 펜실베이니아 의대생 스터빈스 퍼스는 황열병은 전염병이 아니라고 믿고, 이것을 검증하기 위해 매우 무모하고 어리석은 실험을 시도했다. 그는 불필요하게 상업을 방해하고 농업에 손해를 끼치고 산업에 많은 불편을 초래하는 검역법을 개정할 것을 요구하면서 자신을 실험 대상으로 삼았다. 그는 황열병 환자의 구토물로 덮인 침대에서 하룻밤을 잤고, 그 토사물을 자신이 일부러 낸 창상에 집어넣거나 눈에 떨어뜨리거나 그 증기를 쐬거나 심지어는 먹기까지 했지만 황열병에 걸리지 않았다. 1804년 그는 "이 병이 한 사람에게게서 다른 사람으로 전달된다는 것은 (…) 매우 의심스러우며, 전염되는 병은 확실히 아니다."라고 기록했다. 그러나 스터빈스 퍼스의 연구는 필라델피아의 의료계에 아무런 영향을 주지 못했다. 단지 자신과 같은 행위로 해서 황열병이 전파되지 않는다는 것을 밝혀냈을 뿐, 황열병이 전파되는 방법을 밝혀낸 것은 아니어서, 당연히 황열병으로부터 사람들을 지킬 수 없었다. 사실 필라델피아의 저명한 의사인 벤자민 러시는 황열병이 발생했을 때 가장 좋은 방법은 도시를 떠나서 깨끗한 공기의 교외로 이주하는 것이라고 하면서, "황열병을 막는 유일한 방법은 도망치는 것뿐이다."라고 말하기도 하였다.

황열병은 쿠바의 풍토병이었기에 쿠바와 무역을 수행하는 모든 국가들에게 위협이 되었다. 더욱이 미국이 프랑스의 드 레셉스사가 공사하다가 실패한 파나마 운하 프로젝트를 접수하려면 먼저 전진 기지인 쿠바의 황열병이 통제되어야 했다. 1898년 스페인-미국 전쟁이 발발했을 때도 쿠바에서 전투가 벌어지면서 군부는 황열병 때문에 큰 어려움을 겪었다. 그래서 미국은 1900년, 네 명의 군의관으로 이루어진 황열병위원회를 쿠바로 파견하여 황열병의 원인을 파악하게 하였다. 위원장은 월터 리드 소령이었다. 그들의 첫 번째 논의 사항은 1897년 이탈리아의 병리학자 주세페 사나렐리가 한 주장을 검증하는 일이었다. 사나렐리는 황열병이 황열병막대균(*Bacillus icteroides*)에 의해 발생한다고 했다.

주세페 사나렐리는 파스퇴르 연구소에서 수학한 유능하고도 대담한 미생물 사냥꾼이었다. 그는 브라질과 우루과이에서 황열병의 원인을 검증하는 작업을 수행하여 환자들의 혈액에서 막대균을 발견하였다. 코흐의 공리에 따라 그는 해당 병원체를 연구실에서 순수 배양하여 다섯 명의 남미 출신 피실험자들에게 주입하였고, 그 중 세 명이 황열병으로 사망한 것을 확인하였다. 그의 과업은 중대한 이정표로 찬양받았으며 이 발견으로 상을 받기도 했다. 그러나 이것은 무고한 사람에게 질병을 감염시켰다는 점에서 비판을 받았다. 당시에 가장 저명한 의료인이었던 윌리엄 오슬러는 이러한 사실에 크게 당혹해하면서 동의 없이 고의로 인간에게 독극물을 주입하는 짓은 탐구가 아니라 범죄라고 힐난하였다.

황열병위원회는 이 가설을 다시 코흐의 공리를 통해 검증하였으며, 사나렐리가 발견했다던 황열병막대균은 황열병의 병원체가 아니라 돼지 콜레라균임을 밝혀냈다. 사나렐리가 수행한 배양 작업은 실로 엉성했다. 그는 손을 씻지 않았으며 혈액 검체까지 오염시킨 채로 실험을 수행했다. 그 다음으로 위원회는 쿠바의 의사 카를로스 핀레이의 가설에 주목했다. 핀레이는 필라델피아의 토마스제퍼슨 의과대학에서 수련을 받았고, 쿠바에서뿐만 아니라 1853년 필라델피아에서도 황열병에 대한 경험을 가지고 있었다. 핀레이는 1855년 의과대학을 졸업한 후 1857년에 하바나에서 개업하였으며, 1881년에는 황열병이 모기에 의해 옮겨진다고 주장하였다. 카를로스 핀레이는 19년 동안 104건의 실험을 수행하였음에도 암컷 흰줄숲모기(Aedes)에 물려서 황열병이 전파된다는 것을 밝혀내는 데 성공하지 못하고 있었다. 그러나 그는 자신의 가설에 대해 확고한 믿음을 가지고 있었다. 그는 황열병이 모세혈관에 영향을 미친다는 점에서 흡혈성의 중간 매개충이 전염의 주범일 것이라고 주장하였다. 사실 카를로스 핀레이의 예측은 맞았다. 단지 시간의 문제였을 뿐이다. 모기가 황열병 환자로부터 피를 빤 다음 그 모기가 건강한 자원자의 피를 빨 때까지 모기의 체내에서 바이러스가 배양될 충분한 시간을 주지 않았기 때문에 전염이 이루어지지 않았던 것이다.

실험적 증거는 부족했지만 핀레이의 주장은 이미 흡혈성 매개충이 다른 질병을 전파시킴을 규명한 과학자들의 실험과 일치하였다. 1878년 패트릭 맨슨은 상피병을 전파시키는 모기를 발견하였고, 1892년 테오발드 스미스와 프레드릭 킬보른은 진드기가 소의 바베스열원충증을 전파시킨다는 것을 발견하였다. 1894년 데이비드 브루스는 아프리카 수면병이 체체파리에 의해 전염됨을 밝혔다. 1897년에는 패트릭 맨슨의 제자인 로널드 로스가 말라리아의 전파는 모기에 의해 이루어짐을 발견한다. 이렇게 질병의 매개충이 속속 발견되면서 황열병위원회가 작업을 시작하게 된 것이다. 당시에는 사람을 제외하고는 황열병에 취약한 동물이 알려져 있지 않았기에 핀레이의 가설을 검증하기 위해 인체 실험을 수행해야 했다. 참여자들은 백 달러를 받아서 실험에 참여하였고, 황열병에 걸리면 추가로 백 달러를 더 받기로 했다. 이집트흰줄숲모기(*Aedes aegypti*)는 카를로스가 제공한 모기의 알에서 부화된 후 격리되어 황열병 환자에게 노출되지 않게 하였다. 첫번째 실험에서는 아홉 명의 자원자가 황열병 환자로부터 피를 빤 직후의 모기에 물렸지만 아무도 황열병에 걸리지 않았다. 이후 위원 중 한 사람인 제임스 캐롤이 황열병 환자로부터 흡혈을 한 지 12일이 지난 모기로 하여금 자신을 물게 하였다. 이틀 후 그의 몸에서 황열병의 소견이 나타나기 시작했고, 4일 후에는 발열, 두통, 잇몸 부종, 황달이 나타났다. 그의 혈액에서는 이미 모기에 의해 전염된다고 알려진 말라리아 원충이 보이지 않았기 때문에, 황열병의 병원체가 모기의 흡혈 도중에 체내로 유입되었다는 결론을 내릴 수 있었다. 제임스 캐롤은 병으로부터 회복되었다. 그러나 발병하기 며칠 전에 황열병 환자와 접촉한 적이 있어서, 그가 황열병에 걸린 것이 그 때문인지도 모를 일이었다. 그래서 황열병 환자와 접촉하지 않은 다른 위원인 제시 윌리엄 라지어와 젊은 군인인 윌리엄 딘 이병이 스스로 모기에 물리도록 했다. 5일 후 제시 라지어에게서 황열병이 발병하고 급속히 악화되어 끝내 12일 후에 사망하였다. 윌리엄 딘 이병도 황열병에 걸렸으나 그는 회복하였다. 2개월 후 월터 리드는 이 세 건의 실험 결과를 바탕으로 "모기는 황열병의 병원체를 전파시키는 중간숙주의 역할을 수행하며, 황열병이 모기를 통해 전파될 가능성이 매우 높다."라고 보고하였다. 월터 리드의 결론은 혹독한 비판에 마주하였고 신문들은 모기 가설을 조롱하기에 바빴다. 1900년 11월 2일 워싱턴 포스트는 "황열병에 대한 황당한 잡설들이 산더미같이 쌓여 있고 발표만을 기다리고 있는데, 그 중에 비교할 수 없을 정도로 우스꽝스러운 것은 소위 모기에 의해 황열병이 옮겨진다는 농담이다."라는 사설을 실었다.

11월 말 쿠바에서 돌아온 월터 리드는 오물이 아닌 모기가 황열병을 전파시킨다는 확실한 증거를 제공하기로 했다. 첫 번째로, 오물 가설을 반증하기 위해 7명의 자원자를 모기가 들어올 수 없도록 창문과 문이 차단된 작은 집에 수용하였다. 이들은 황열병 환자의 피가 섞인 토사물과 대변에 오염된 침구와 의복에 노출되었다. 그리고 황열병으로 사망한 환자들의 잠옷과 다른 옷가지를 입고 수면을 취하기까지 했다. 63일이 지나고도 아무도 황열병에 걸리지 않았다. 다음으로 리드는 다른 주택을 사용하여 모기 가설을 검증하였다. 모기장을 이용하여 실험용 주택 내부의 구역을 나누었다. 한 구역에는 황열병 환자에게서 흡혈했던 모기 15마리를 풀어놓았고, 다른 구역에는 그렇지 않은 모기를 풀어놓아서 자원자들을 물게 했다. 이후 모기의 유입이 차단된 천막 내로 자원자들을 이송하여 임상 양상을 감시했다. 황열병 환자를 흡혈한 모기에 물린 자원자들에게서만 황열병이 나타났다. 1900년 12월 15일 월터 리드는 육군 의무감에게 모기 가설이 입증되었음을 보고하였다. 이 명백한 실험 외에도 실례를 통한 검증이 있었다. 하바나의 위생국장인 윌리엄 고거스는 모기 박멸을 통해 하바나에서 황열병의 발생을 1900년 연간 1,400건에서 1902년 0건으로 줄인 것이다.

황열병위원회는 황열병을 옮기는 매개충을 규명하였다. 그리고 이 과정에서 인간을 대상으로 실험하고자 할 때 실험 참여자로부터 동의를 받는 내용과 양식이 정립되었다. 인간을 대상으로 실험을 할 경우에는 윤리적 책임을 준수해야만 하며, 실험에 대한 정보가 실험 이전에 충분히 제공된 후 자발적인 동의를 얻어야만 한다는 것이다. 이 사항은 추축국의 수뇌부에 의하여 의학 연구라는 미명 하에 수행되었던 반인륜적인 의학 실험에 대한 반성으로 만들어진 뉘른베르크 강령의 근간이 된다. 그러나 그 후에도 터스커기 매독 실험에서와 같이 인간 대상의 실험에서 이러한 강령이 지켜지지 않는 경우가 없지 않았다는 것은 참으로 유감스러운 일이다.

황열병위원회의 실험에서 명백히 밝혀진 것과 같이, 암컷 흰줄숲모기가 발병한 지 3~4일 지난 황열병 환자를 문 다음, 10~12일 정도가 지나면서 모기의 체내에서 병원체가 배양되고 나서야 감염된 모기는 다른 사람에게 황열병을 옮길 수 있다. 그 모기는 살아 있는 동안 계속해서 황열병을 전파시킨다. 감염된 모기에 물린 사람은 3~6일의 잠복기를 거쳐 황열병의 증상이 나타난다.

아프리카 원산의 흰줄숲모기는 물통, 수로, 양철 깡통과 같은 소량의 고인 물에 산란하여 번식하는, 인간의 생태에 가장 잘 적응한 모기이다. 흰줄숲모기는 선박에 실려 바다를 건넜고, 항구에 진입한 이후로 22℃ 이상의 기온이 유지되는 곳이라면 세계 어디에서나 자리 잡았다. 원래 아프리카 풍토병이었던 황열병도 노예와 모기와 함께 바다를 건넜다. 아프리카인들은 황열병에 감염되더라도 질병에 대한 면역이 갖추어져 있어서 무사했고, 이들의 혈액은 모기에게 황열병 바이러스를 전달할 수 있었다. 이러한 모기와 인간의 특별한 관계는 황열병 바이러스를 품고 있는 모기가 몇 주에서 몇 달까지 선박에 숨었다가, 뭍에 오르면 효과적으로 황열병을 퍼뜨리는 매개충이 될 수 있음을 시사한다. 기후가 1년 내내 모기가 활동할 정도로 온난한 곳에서는 황열병이 유행할 수 있는 것이다.

황열병의 정복, 그리고 두 대양의 정복

대영제국에는 두 위대한 여왕인 엘리자베스 1세(재위 1558-1603)와 빅토리아(재위 1837-1901)의 치세 시기가 있었다. 이 전성기 때 대영제국은 전 세계의 전략적 요충지를 모두 장악할 수 있을 정도로 막강한 제해권을 갖고 있었다. 대영제국의 관할 하에 있는 항구는 선박의 보급, 침수 방지 처리, 수리 등을 위한 기지의 역할뿐만 아니라 군사적 요충지로도 가치를 지녔다. 이러한 항구 중 하나가 지브롤터였으며, 나중에는 케이프타운, 홍콩, 싱가포르, 실론, 포클랜드, 아덴, 수에즈가 그러한 위상을 가지게 되었다. 영국은 지중해, 홍해, 인도양의 제해권을 장악했다. 하지만 대서양과 태평양의 관문이 될 파나마 지협만은 대포와 요새 때문이 아닌, 모기와 바이러스 때문에 손에 넣지 못했다.

수에즈 운하(1859~1869) 건설에 성공한 페르디낭 드 레셉스는 프랑스의 손으로 파나마 운하를 건설하고자 했다. 지중해와 홍해를 연결하는 수에즈 운하는 영국과 인도 사이의 항로를 거의 1만 km나 단축시켰지만, 운하 자체의 길이는 160km에 불과하다. 프랑스는 페르디낭 드 레셉스의 국제 대양간운하회사를 위해 자금을 조달하였고, 콜롬비아로부터 파나마 운하를 건설하기 위한 토지를 매입하였으며, 파나마 철도(1855년 일련의 뉴욕 사업가들에 의해 5백만 달러에 건설된 48km의 철도)의 명칭까지 2천만 달러에 구입했다. 1882년 드디어 공사에 착수하였다. 그러나 불과 7년 뒤 5,800만 m³의 흙만을 파낸 채로 재정난, 기술적 한계, 질병으로 인해 공사가 중단되고 말았다. 당시 프랑스는 노동자의 숙소에 개미가 기어오르지 못하도록 침대의 다리를 높이고 다리 주위의 고랑을 물로 채웠는데, 이로 인해 폭발적으로 번식한 흰줄숲모기가 황열병의 전파를 부채질하였다. 1882년 유럽에서 온 400명의 기술자와 노동자가 사망하였고, 다음 해에는 1,300명이 사망한다. 어느 시점에든 인력의 3분의 1은 황열병에 걸려 있었으며, 1884년에는 19,000명 이상의 노동자 중 7,000명이 질병에 걸려 있는 상태였다. 프랑스가 파나마 운하 건설 프로젝트를 수행하는 동안 22,000명 이상의 노동자들이 사망하였고, 급기야 1889년 2월 페르디낭 드 레셉스의 운하회사는 파산하고 만다.

미국에서는 캘리포니아주로 향한 골드 러시가 일어나면서 일찍이 1849년부터 대서양과 태평양을 연결하는 운하에 대한 관심이 커졌다. 그러다가 1800년대 말에 대양간 운하의 필요성을 더욱 절감하게 된 일이 생겼다. 1898년 스페인-미국 전쟁 중에 대서양 함대를 지원할 함선을 샌프란시스코에서 쿠바로 파견하면서 어려움을 실감한 것이다. 가령 뉴욕에서 샌프란시스코까지 가고자 할 때 파나마 운하를 거치면 9,200km 정도의 거리지만, 남아메리카의 혼곶으로 돌아가려면 거의 22,500km를 항해해야 하기 때문이다. 1899년 미국 의회는 토지 할양 협상을 위한 위원회의 활동을 허가하였고, 프랑스로부터 파나마 지협과 대륙횡단 철도에 대한 권한을 단돈 4천만 달러에 매입하였다. 그 다음 미국은 콜롬비아 정부와 협상하여 콜롬비아 정부에 천만 달러를 일시불로 지불하고 매년 25만 달러를 지불하는 내용의 조약을 체결하였다. 그러나 콜롬비아 상원은 이것이 터무니없는 헐값이라고 생각하여 이 조약의 비준을 거부하였다. 파나마 지협의 토호들은 파나마 운하의 경제적 이득이 본국인 콜롬비아에 넘어갈까 염려하였다. 또 프랑스는 자신들의 권리를 미국에 팔아넘기지 못할

까 봐 걱정하였다. 이에 프랑스의 후원을 받고 미국의 부추김에 넘어
간 파나마 지협의 토호들은 콜롬비아에 맞서 독립을 시도했다. 미국
은 파나마 철도를 보호하기 위한 콜롬비아와의 1864년 조약에 의거
하여 파나마에 군대를 파병하였다. 콜론에 상륙한 미 해병대는 콜롬비
아군이 혁명의 중심지인 파나마시티로 진입하는 것을 막았다. 1903년
11월 6일 미국은 파나마 공화국을 승인하였고, 2주 후 헤이-뷔노-바
리야 조약으로 너비 16km, 길이 80km의 운하 주위 토지에 대한 영
구적, 독점적 사용권을 인정받았다. 파나마와의 직접 거래를 통해 미
국은 파나마에 천만 달러를 일시불로 지불하고 1913년부터 매년 25
만 달러를 지불하기로 합의하였다. 미국은 파나마의 독립 또한 보장
하였다.

　운하는 1907년 건설이 시작되어 1914년에 완성되었다. 이 과정에
서 1,600만 m³의 흙을 파내었고, 43,400명 이상의 노동자들이 투입
되었다. 노동자의 대부분은 영국 서인도 제도 출신의 흑인들이었다.
총 소요 비용은 3억 8천만 달러에 달했다. 1936년에는 미국이 연간
지불 비용을 43만 달러로 올렸고, 1955년에는 193만 달러, 1970년대
에는 232만 8천 달러로 올려서 파나마에 지불하였다. 1960년대에는
파나마에서 운하에 대한 이권을 회수하려는 움직임이 일어나면서 파
나마의 다른 요구를 들어주었다. 파나마는 미국으로부터 운하에 대한
권리를 돌려받기를 지속적으로 요구하여, 마침내 1999년 12월 31일
파나마 운하에 대한 모든 권리를 되찾았다.

　파나마 운하의 건설은 모기에 의해 전파되는 질병인 황열병에 의

해 극심하게 방해받았다. 당시 미 육군 소장이자 파나마 운하 공사 프로젝트의 위생 책임자였던 윌리엄 크로포드 고거스는 하바나에서 황열병을 박멸했던 경험을 바탕으로 모기를 제거하는 조치를 취했다. 운하 건설 기간 동안 황열병 환자들은 모기가 드나들 수 없는 건물에 격리되었고, 노동자들은 구리 방충망을 친 숙소에서 생활하였다. 모든 물구덩이의 물을 퍼내고 등유를 뿌려서 모기가 산란할 곳을 제거했다. 윌리엄 고거스 소장의 노력으로 인해 사망자 수가 획기적으로 감소하였다. 레셉스가 운하 건설을 시작했을 때에는 사망률이 17.6%나 되었지만, 미국이 운하를 완공하였을 때에는 0.6%에 불과하였다. 황열병이 파나마에서 마지막으로 대유행한 것은 1906년의 일이다.

황열병 백신의 개발

황열병위원회가 사나렐리의 황열병막대균 가설을 보기 좋게 반박하였지만, 황열병의 병원체가 되는 미생물은 찾을 수가 없었다. 또한 황열병 환자의 혈액을 현미경으로 관찰해서는 아무것도 보이지 않았으니 세균이나 원충이 아닌 것은 분명했다. 그 병원체의 본질에 관한 첫 번째 단서는 황열병위원회의 위원 중 한 사람인 제임스 캐롤이 발병한 지 3일이 지난 환자의 혈액을 건강한 자원자에게 주입하여 황열병이 옮겨진 것을 확인함으로써 드러났다. 세균을 여과하는 샹베를랑 필터로 혈액을 걸러냈음에도 불구하고 황열병이 전달된 것을 보면,

황열병의 병원체는 세균보다 작은 존재임이 분명해졌다.

이 발견이 있은 지 25년 후, 황열병은 황열병 바이러스라는 바이러스에 의해 발병함이 밝혀진다. 1927년 록펠러 재단의 에이드리언 스토크스, 요하네스 바우어, 폴 허드슨은 경증의 황열병을 앓고 있던 아시비라는 가나인으로부터 채취한 혈액이 인도붉은털원숭이한테도 황열병을 일으킨다는 사실을 밝혀냈다. 이렇게 되면서 자원자를 대상으로 한 인간 실험을 동물 실험으로 대치할 수 있게 되었다. 그 후 뉴욕의 록펠러 재단 연구실에서 일하는 남아프리카 출신 과학자 막스 테일러가 황열병 바이러스를 실험용 흰쥐의 뇌에 접종하면 쥐에서 황열병을 유발할 수 있음을 발견하였다. 물론 뇌염이 생기고 간이나 콩팥, 심장에는 침범이 없다는 점에서 사람의 황열병과 생쥐에서 유발된 황열병은 다르다. 하지만 황열병 연구를 손쉽게 할 수 있게 되었다는 점에서는 큰 의의가 있었다. 테일러는 또 쥐에서 몇 세대에 걸쳐 배양된 바이러스의 병원성이 줄어든 것을 알아내었다. 마치 파스퇴르가 광견병 백신을 개발할 때 사용한 방법과 같이 여러 세대에 걸친 계대배양이 독력을 감소시킨 것이다. 또한 황열병에 걸렸다 나은 사람이나 원숭이의 혈청을 접종받은 생쥐는 치사량의 황열병 바이러스에 의해서도 황열병에 걸리지 않음을 알아내었다. 백신 개발의 실마리가 밝혀진 순간이었다. 하지만 흰쥐를 번식시켜 번거로운 계대배양을 오랫동안 수행해야 한다는 점 때문에 이 방법을 대규모 예방접종에 활용하기에는 어려움이 있었다. 그래서 막스 테일러는 소량의 신경조직을 함유한 잘게 다진 닭의 배아조직을 배양하고, 여기에서 바이러스를 배양시키는 방법으로 선회했다. 1937년 막스 테일러는 여러 세대의 계대배양을 통해 돌연변이가 생긴 바이러스가 쥐뿐만 아니라 원숭이에서도 치명적인 뇌염을 일으키지 못하게 되었음을 확인하였다. 이 약독화된 바이러스를 17D 균주라고 부른다. 이 바이러스를 원숭이에 주입하면 독력이 높은 아시비 균주에 대한 항체가 생성되어 면역이 생긴다. 이후 테일러의 실험실에서 근무하는 과학자들이 자원하여 17D 균주로 예방접종을 받았다. 그들은 약간의 부작용을 겪었지만 황열병 바이러스 중화 항체가 체내에서 성공적으로 유도되었다. 17D 균주를 황열병 백신으로 사용할 수 있다는 점이 명백했다. 이 약독화 바이러스를 대량으로 배양하여 수백만 명의 사람들에게 황열병 예방접종을 할 수 있게 된 것이다. 황열병의 원인을 밝히고 그에 대한 대처법을 알아낸 공로로 막스 테일러는 1951년 노벨 생리의학상을 수상했다.

약독화 균주를 이용한 황열병 예방접종은 효과적이고 안전했기 때문에, 다른 백신의 개발에도 황열병 백신 개발의 성공 사례를 접목하고자 하는 노력이 시도되고 있다. 황열병 백신으로 다른 전염병에 대한 면역 유도가 이루어지도록 하는 작업도 진행 중에 있다. 즉, 황열병 백신인 17D 균주에 다른 항원을 조합하여 말라리아, 에이즈, 악성 신생물에 대한 면역을 유도할 수 있게 하려는 것이다.

계속되는 위협

황열병 바이러스는 처음에, 3천 년 전 아프리카 대륙 밀림의 모기에 기생하는 바이러스로부터 생겨났을 것으로 추정된다. 그 이후로 지금까지 황열병은 아프리카에서 풍토병이 되었다. 그리고 바이러스는 노예선에 실린 인간 화물에 묻어 신대륙과 세계 도처로 퍼져 나갔다. 아프리카 출신의 노예들에게도 이 병은 쉽사리 감염되었지만, 이들은 이미 오랫동안 황열병에 노출되어 왔기 때문에 면역이 생겨 있어서 유럽계나 아시아계 사람들, 아메리카 원주민들보다 더 잘 살아남았다. 천연두와 홍역이 카리브해 연안과 도서 지역에서 식민 농장의 아메리카 원주민을 몰살시켰고, 그렇게 생겨난 인구학적 공백이 대양 너머에서 끌려온 아프리카인들에 의해 채워졌다는 사실은 질병으로 인한 고통조차 결코 평등하지 않다는 것을 보여 준다. 아메리카 원주민보다 아프리카인들이 황열병을 더 잘 견뎌낸다는 점에서 아프리카 출신 흑인들의 가치는 높아졌고, 그에 따라 아프리카로부터의 노예 수입 규모는 더욱 커졌다. 20세기에 들어서 황열병의 전파 과정이 체계적으로 밝혀지고 황열병 바이러스가 발견됨으로써, 매개충의 구제와 백신의 개발을 통해 황열병의 예방이 가능해졌다. 그러나 풍토병인 지역으로 여행하거나 그 지역에 거주하면서 예방접종을 받지 않은 사람들에게, 황열병은 아직도 계속되는 위협으로 남아 있다.

10
정복할 수 없는 주적,
인플루엔자

10

·——·

정복할 수 없는 주적, 인플루엔자

한 젊은 미군 병사는 이른바 모든 전쟁의 종결자가 될 대전쟁, 바로 제1차세계대전에 참전하게 되었다. 그러나 그는 총 한 발 쏘아보지 못하고 독일군의 기관총이나 독가스보다 더 무서운 적군에게 공격당하여 병원의 침상 위에 무기력하게 쓰러졌다. 그 무서운 적은 두통, 오한, 발열을 선봉대로 내세워 병사의 몸을 침공하였다. 뼈마디가 아파서 서 있을 수가 없었다. 메스껍고 땀이 흐르기 시작하고 마침내 토하기에 이르렀다. 목구멍과 콧속의 점막은 충혈되고 계속 기침이 났다. 입술, 귀, 코, 뺨, 혀, 손가락을 포함하여 그의 온몸은 검푸른 빛으로 썩어 들어가기 시작했다. 썩는 냄새가 콧속을 가득 채웠다. 마치 살이 썩어 단내가 나는 것 같았다. 이것은 바로 죽음의 향기이다. 갑자기 몸에서 피가 흐르기 시작했다. 처음에는 코, 입, 귀, 눈자위에서 피가 스며 나왔고 오래지 않아 솟구치기 시작했다. 폐는 갈기갈기 찢어져 나갔다. 부검을 시행한 검시관은 폐가 마치 녹은 건포도 젤리 같다고 기술하였다. 1918년 가을, 이 젊은 용사의 목숨을 거두어 간 악질은 이후 2년 동안 2,200만 명의 생명을 거두어 갈 것이다. 그들은 당시에는 치료법이 없었던 스페인 독감으로 살해된 것이다.

인플루엔자는 유사 이래로 전 세계 도처에서 잊을 만하면 나타나는, 고대부터 있어 왔던 질병이다. 3백여 년 동안 최소한 열 번, 대략 스무 번에 달하는 세계적인 대유행이 있었으며, 대유행 사이사이에는 수많은 소규모의 유행이 있었다. 1889년에는 러시아 독감이 유행하여 백만 명이 사망하였고, 1957년에는 아시아 독감으로 인해 2백만 명이 죽었고, 1968년에는 홍콩 독감으로 인해 백만 명이 사망하였다. 인플루엔자는 주로 노약자나 병자들을 희생양으로 삼았다. 하지만 스페인 독감은 완전히 달랐다. 스페인 독감은 오히려 젊고 건강한 사람들을 희생양으로 삼아서, 중세의 2차 흑사병 대유행이나 지난 25년 동안의 에이즈 유행 때보다 더 많은 사람들을 순식간에 쓰러뜨렸다. 인플루엔자는 대륙을 가로질러 죽음과 환란을 남기고 지나갔다. 1918년부터 1920년까지 언론 매체와 보건의료당국은 지금 유행하는 질환이 위험한 병이 아니라 그저 감기일 뿐이라고 사람들을 안심시키며 애써 축소하려 들었지만, 그것이 오히려 사람들의 공포와 공황을 부채질하는 역풍만을 초래했다. 앞으로 언젠가는 스페인 독감에 필적하는 최악의 인플루엔자 대유행이 다가올 것이다. 그러나 이 예측할 수 없는 사신에 대응할 방법을 찾는 것은 실로 어려운 일이다.

인플루엔자의 원인

이미 기원전 412년 히포크라테스는 독감의 유행에 대해 기록하였다. 15세기의 이탈리아인들은 찬바람이 독감의 유행을 초래한다고 믿어서 이 병을 influenza di fredo(추위의 영향)라고 불렀다. 인플루엔자 대유행이 자세하게 기록된 것은 1580년이 최초이다. 이때의 인플루엔자는 아시아에서 시작하여 아프리카와 유럽으로 전파되었으며, 도시민들을 대규모로 학살하였다. 수 세기 동안 인플루엔자 대유행은 추운 날씨나 독성 증기(장기)에 의해 혹은 별의 배향에 따라 일어난다고 생각해 왔다. 하지만 19세기에는 세균학의 발달로 인플루엔자의 원인이 세균일 것이라고 생각하게 되었다. 독일의 세균학자인 리처드 파이퍼가 인플루엔자를 앓는 환자의 인두에서 그람음성 막대균인 인플루엔자균(Haemophilus influenzae)을 발견해 내었고, 곧 이 세균은 인플루엔자의 주범으로 인정되었다. 그러나 수십 년 후, 인플루엔자균은 인플루엔자의 원인 병원체가 아니라 우연히 인플루엔자를 앓는 환자에게 감염되어 있었을 뿐이라는 것이 밝혀졌다. 물론 그때는 이 세균의 이름을 바꾸기에는 너무 늦었지만 말이다.

1918년 아이오와주의 어느 수의사가 중요한 발견을 했다. 아이오와주 제2의 도시인 시더래피즈의 가축 박람회에 출품된 돼지들 중에서, 그 당시에 여러 나라에서 유행하던 사람의 인플루엔자와 비슷한 증상을 보이는 돼지가 있었던 것이다. 아이오와주에서 발간된 보고서에는 돼지 독감이 발생한 후 해당 돼지를 사육한 농부들이 독감을 앓는 경우가 있다는 내용도 기록되어 있었다. 1922년과 1923년, 미국 중서부 지역의 돼지 독감 유행 시기에 수의사들은 돼지 사이에서 코 안의 점액으로 독감을 전염시킬 수 있다는 것을 알게 되었다. 그러나 돼지 독감의 원인은 결국 찾을 수 없었다. 1932년이 되어서야 미국의 바이러스학자 리처드 어윈 쇼프가 인플루엔자는 바이러스에 의해 유발되는 질환임을 밝혀냈다. 아이오와주의 어느 의사의 아들로 태어난 리처드 쇼프는 아이오와대학에서 의학을 전공한 후 뉴저지의 록펠러 연구소에 근무하였다. 쇼프는 아이오와주 수의사들의 연구를 분석하여, 인플루엔자의 연구에 샹베를랑 필터를 이용하여 보기로 했다. 우선, 인플루엔자에 걸린 돼지의 코안 점액을 바이러스는 통과하지만 세균이 통과하지 못하는 여과 필터로 걸러내었다. 거른 점액을 건강한 돼지의 코안에 바르자 그 돼지도 인플루엔자에 걸렸다. 이로써 세균이 인플루엔자의 원인이라는 리처드 파이퍼의 주장은 기각되었고, 바이러스가 인플루엔자의 원인이라는 것이 확실해졌다.

그렇지만 돼지 독감을 일으키는 바이러스가 사람의 인플루엔자 바이러스와 같은 것인가? 1933년 영국에서 인플루엔자가 발생했을 때, 런던 밀힐의 국립 의학연구소에서 일하던 윌슨 스미스, 크리스토퍼 앤드류스, 패트릭 레이드로는 최초로 사람의 인플루엔자 바이러스를 분리해 낼 기회를 잡았다. 당시에 그곳에도 인플루엔자로 고통 받는 환자들이 많았다. 연구원인 크리스토퍼 앤드류스도 그런 환자 중 한 사람이었다. 연구팀은 리처드 쇼프가 돼지 독감의 전염 과정을 규명한 것과 같은 방법으로 앤드류스의 인두에서 채취한 도말물을 여과

하여 흰담비의 코안에 불어넣었다. 예상대로 흰담비가 인플루엔자에
걸렸다. 바이러스가 사람의 독감을 일으킨다는 증거가 처음으로 포착
되었다. 당시의 기술로 바이러스의 순수 배양이 불가능했다는 점을
감안하면, 코흐의 공리를 만족시키는 것이다. 이 바이러스는 A형 인
플루엔자 바이러스라고 명명되었다.

　인플루엔자 연구에 흰담비가 사용된 것은 우연이었다. 19세기 후
반에서 20세기 초반에 영국의 시골 주민들은 사냥개를 풀어 여우를
사냥하는 것을 즐겼는데, 사냥개들이 사람의 홍역과 비슷한 호흡기
질환인 개 홍역으로 죽어 가는 것에 골치를 앓고 있었다. 주민들이 협
력하여 그들 사이에서 널리 읽히던 잡지 필드 매거진의 독자들을 중
심으로 연구 자금을 모금했다. 이 자금으로 밀힐의 농장에 개홍역연
구소를 설립하여, 홍역을 앓는 개를 격리하고 연구할 수 있도록 하였
다. 그 연구를 통해서 1928년에 개 홍역 예방 백신이 만들어졌다. 그
러나 나중에는 개를 연구에 계속 사용하는 것에 견주와 동물보호론
자들이 반발하게 되었다. 그리고 과거에 홍역을 앓았던 개들에게는
면역이 생겨 버려 연구가 한층 더 어려워졌다. 그런데 흰담비를 개 대
신 사용할 수 있게 되자 문제는 해결되었다. 이렇게 해서 스미스, 앤
드류스, 레이드로는 밀힐 연구소에서 개 홍역 바이러스 연구에 사용
하던 흰담비를 사람의 인플루엔자 연구에 사용할 수 있었던 것이다.

　1940년에 사람에게서 다른 유형의 인플루엔자 바이러스가 발견되
어 B형 인플루엔자 바이러스라고 명명되었다. 이후 A형과 B형 인플
루엔자 바이러스 모두 닭의 배아에서 자라고, 두 바이러스에 감염된

배아의 체액은 닭의 적혈구를 응집시킨다는 것이 밝혀졌다. 이렇게 부화란에서 인플루엔자 바이러스를 배양할 수 있게 되자, 실험실에서 대량의 인플루엔자 바이러스를 생산하여 백신을 제조할 수 있게 되었다. 추가로, 감염 혹은 예방접종으로 바이러스에 노출된 사람의 항체가 바이러스의 적혈구 응집반응을 억제하는 현상이 발견되었다. 이 성질을 이용하여 인플루엔자 바이러스를 분류할 수 있게 되었다. 비슷한 시기에 칼 란트슈타이너가 혈액형을 Rh, M, N, A, B, AB, O형으로 분류한 것처럼 말이다.

인플루엔자 바이러스는 크기가 매우 작아서 바이러스 입자 하나의 크기는 이 문장 끝의 마침표 크기의 1만분의 1에 불과하다. 크기가 매우 작고 가볍기 때문에 이 바이러스는 기침이나 재채기로 만들어진 에어로졸을 타고 쉽게 확산되며, 에어로졸을 이루는 비말 하나에 최대 50만 개의 바이러스가 들어 있다. 바이러스를 전자현미경으로 10만 배 이상의 배율로 관찰하면 바이러스의 외막에 각각 가시와 버섯처럼 생긴 두 종류의 분자가 보인다. 이 중 가시처럼 생긴 분자는 헤마글루티닌(H)이라 불리고, 버섯처럼 생긴 분자는 뉴라민산 분해효소(N)라 불린다. 헤마글루티닌은 바이러스를 숙주 세포의 수용체 시알산에 결합시키는 역할을 하는 것으로, 다음과 같이 적혈구 응집반응에 관여한다. 바이러스에 감염된 닭 배아의 추출액과 닭 적혈구를 섞으면 바이러스의 H 분자가 적혈구 표면의 시알산과 결합한다. 바이러스 하나에 H 분자가 여러 개 있고, 적혈구 표면에도 여러 개의 시알산이 있기 때문에 적혈구가 바이러스를 매개로 하여 연결된다. 이

것이 적혈구 응집반응이다. 숙주 세포에 결합한 바이러스는 세포 안으로 침입하여 유전물질인 RNA를 복제하고 새로운 바이러스를 만든다. 갓 만들어진 바이러스는 시알산으로 덮여 있으며 이를 통해 일단 숙주 세포 표면에 부착된다. 바이러스가 H 분자를 매개로 하여 세포 표면의 시알산에 계속 붙어 있으면 이는 다른 숙주 세포를 향해 떠나갈 수 없다는 뜻이다. 여기에서 뉴라민산 분해효소가 제 역할을 하게 된다. 뉴라민산 분해효소가 시알산 유도체의 일종인 뉴라민산을 분해하면 바이러스가 숙주 세포에서 떨어져 나갈 수 있다. 이렇게 나온 바이러스는 기도점액을 타고 호흡계통을 구성하는 다른 세포로 가서 붙는다. 하나의 바이러스가 숙주 세포에 붙은 후 복제되어 새로운 바이러스가 나올 때까지는 열 시간이 걸리며, 그 과정에서 십만 개에서 백만 개 가량의 바이러스가 만들어진다.

변신을 통한 생존

콜레라는 식수에 분변이나 오수가 섞이지 않게 하면 예방할 수 있고, 말라리아는 모기를 박멸하고 환자를 치료하면 질병의 전파나 새로운 환자의 발생을 막을 수 있다. 또한 홍역이나 볼거리, 천연두, 소아마비, 황열병은 환자를 격리하고 건강한 사람에게 예방접종을 실시하는 것으로 질병을 통제할 수 있다. 그러나 인플루엔자는 다르다. 병원체가 분리된 지 70년이나 지났고, 예방 백신도 제조되어 널리 쓰이고 있으며 치료제까지 존재하지만, 지금도 인플루엔자는 잊을 만하면 나타나 세계적인 대유행을 일으키는 전염병으로 남아 있다. 홍역이나 볼거리는 바이러스가 표면 항원을 바꾸지 않기 때문에, 일단 걸렸다 회복되거나 예방접종을 받아 면역이 유도되면 세포성 면역반응과 체액성 면역반응에 의해 오래 지속되는 면역을 얻는다. 즉, 홍역이나 볼거리는 한 번 걸리거나 예방접종을 받고 나면 다시는 같은 병에 걸리지 않는 것이다. 그러나 인플루엔자 바이러스는 다르다. 표면 항원을 마치 새 옷을 갈아 입듯이 수시로 바꿀 수 있기 때문에 유행이 끊이지 않으며, 다음에 어떤 혈청형의 바이러스가 나타날지 예측하기도 어렵다. 그리하여 이 단백질과 지질, 핵산으로 이루어진 가공할 나노머신은 자신의 뒤에 아프고 죽어 가는 사람을 수없이 남긴 채 전 세계로 확산될 수 있는 것이다.

인플루엔자 바이러스는 열 가지의 단백질을 만드는, 여덟 가닥으로 분리된 RNA 주형을 유전자로 갖고 있다. A형과 B형 인플루엔자 바이러스는 뉴라민산 분해효소와 헤마글루티닌을 만드는 유전자뿐만 아니라, 나머지 여섯 가지의 유전자가 서로 다르다. (두 바이러스의 형태는 전자현미경으로도 구분이 어려울 정도로 유사하다. 역자 주) A형은 돼지, 말, 물개, 고래, 새까지 감염시킬 수 있기 때문에 유행이 잦고 대유행이 발생할 수 있고, B형은 사람만 감염시킬 수 있어서 대유행이 흔치 않다.

독감의 범유행은 마치 거대한 폭풍과 같다. 이런 대규모 유행이 있으려면 세 가지 조건이 필요하다. 첫째, 전에 사람들이 겪어 본 항원과는 전혀 다른 항원을 가진 새로운 형의 바이러스가 나타나야 한다.

둘째, 그 바이러스는 사람에게 병원성이 있어야 한다. 마지막으로, 기침이나 재채기 또는 악수 등의 가벼운 접촉으로도 쉽사리 전염될 수 있을 정도로 전염성이 강해야 한다. 바이러스의 헤마글루티닌과 뉴라민산 분해효소가 바뀌면 이 새로운 바이러스는 면역계통으로써는 생전 처음 대면하는 적이 된다. 따라서 바이러스에 대응할 수 있는 항체를 신속히 만들지 못해서 바이러스를 무력화하기 어려워진다. 그래서 올해에 특정한 헤마글루티닌-뉴라민산 분해효소 조합으로 제조한 인플루엔자 예방 백신이 내년에는 효과가 없을 수도 있는 것이다. 만일 내년에 새로운 조합을 갖춘 바이러스가 나타나면 올해의 백신은 무용지물이다.

　헤마글루티닌과 뉴라민산 분해효소에서 변동이 일어나는 부위이자 항체가 인식하는 부위를 항원 부위라 부른다. 이러한 항원 부위의 작은 변동을 항원 소변이(antigenic drift)라 부른다. 바이러스의 RNA 중합효소는 교정 기능이 없기 때문에 복제 과정에서 오류가 발생해도 교정되지 않아서 우연한 돌연변이가 잘 생긴다. 이렇게 만들어진 RNA 가닥에서는 이전과 다른 펩타이드 서열이 번역되므로 항원 변이가 발생하는 것이다. RNA 가닥 4번과 6번에서의 이러한 오류(돌연변이)로 인해 바이러스 표면의 헤마글루티닌과 뉴라민산 분해효소의 항원성은 수시로 바뀐다. A형과 B형 인플루엔자 바이러스에서 모두 항원 소변이가 일어날 수 있다.

　A형 인플루엔자 바이러스의 표면 항원은 때로 더욱 극심하게 변동하며, 이러한 대변동을 항원 대변이(antigenic shift)라 부른다. 대변

이는 복제 과정의 오류로 인한 소소한 변이가 아니라, 아예 서로 다른 아형의 항원을 가진 바이러스들 사이의 유전자 교환을 통해 완전히 새로운 바이러스가 만들어지는 과정이다. A형 인플루엔자 바이러스의 항원 대변이는 20~30년 주기로 일어나며, 그때마다 범유행이 발생한다. 항원 소변이가 미진 수준이라면, 항원 대변이는 열진이나 격진에 비유할 만하다. 항원 대변이로 만들어진 새로운 바이러스는 이전의 인플루엔자 바이러스와는 매우 다르며, 그 차이는 돌연변이 따위로 만들어질 수준이 아니다. 이렇게 새로운 바이러스가 만들어지는 장소를 제공하는 숙주는 오리나 기러기 같은 물새이다. 바이러스는 물새의 창자 상피세포 내에서 증식하고, 높은 농도로 대변에 섞여서 배출된다. 이런 새들은 수천 km씩 이동할 수 있기 때문에 사람들이 이 바이러스에 접하기도 전에 온 지구상에 바이러스를 퍼뜨리고 다닌다. 야생 조류의 몸 안에 존재하는 인플루엔자 바이러스는 대개 사람에게는 잘 감염되지 않으므로, 사람에게 감염되기 위해서는 돼지나 가금류 등의 징검다리를 거쳐야 한다. 가금이나 돼지가 철새의 분변으로 오염된 물을 섭취하면 바이러스가 체내로 유입된다. 물론 가금은 금방 독감에 걸려 죽으므로 종말숙주가 된다. 그렇지만 돼지는 죽지 않고 오래 살아서 마치 칵테일 셰이커 속에서 재료들이 서로 섞이는 것처럼, 새, 돼지, 사람의 인플루엔자 바이러스들이 서로 섞이는 숙주가 된다. 이때 온갖 바이러스의 수용체를 동시에 발현하는 새로운 바이러스가 만들어진다. 이렇게 바이러스의 유전자들이 한데 섞여서 새로운 바이러스가 만들어지는 과정을 유전자 재편성이라 부른다.

하나의 세포에 사람 인플루엔자 바이러스와 조류 인플루엔자 바이러스가 동시에 감염되었다고 하자. 두 바이러스에서 여덟 개의 유전자 절편을 뽑아서 섞는 것이므로 최대 256(2^8)가지의 바이러스 조합이 만들어질 수 있다. 이렇게 유전자들이 서로 섞이게 되면 바이러스의 헤마글루티닌과 뉴라민산 분해효소, 그리고 다른 단백질의 즉각적이고도 극단적인 변동이 초래된다.

헤마글루티닌에는 15가지 이상, 뉴라민산 분해효소에는 9가지의 아형이 있으며, 조류 인플루엔자 바이러스에서는 이들 모두 나타난다. (현재는 H 아형이 18개, N 아형이 11개까지 밝혀졌다. 역자 주) A형 인플루엔자 바이러스의 아형은 헤마글루티닌과 뉴라민산 분해효소 중 어느 혈청형이 포함되는지에 따라 명명된다. 이 중에서, 처음 발견된 H1, H2, H3와 N1, N2는 사람에게 감염을 가장 잘 일으킨다. B형 인플루엔자 바이러스의 헤마글루티닌과 뉴라민산 분해효소는 각각 하나의 혈청형만 존재한다. 1918년 대규모로 유행한 스페인 독감의 아형은 H1N1이었다. 1976년에는 뉴저지주 포트딕스의 신병들로부터 돼지 독감 바이러스(H1N1)가 분리되었으며, 그 당시 한 명이 사망하였다. 1976년의 돼지 인플루엔자 바이러스의 소유행으로 그 옛날 1932년 리처드 쇼프의 연구 결과가 검증되었으며, 동시에 돼지가 바이러스 창고 역할을 한다는 것도 입증되었다. 최근의 증거에서 1920~1930년대와 1976년 돼지 인플루엔자의 유행은 새나 다른 돼지에서 유래한 것이 아닌, 사람으로부터 유래한 것임이 밝혀졌다.

지난 50년 동안 유행했던 인플루엔자의 전 세계적 범유행은 대체로 중국에서 나타나 홍콩을 1차 관문으로 하는 양상으로 전파되었다. 광둥성과 같은 중국 남부에서는 가금, 돼지, 사람이 서로 가까이에서 생활하기 때문이다. 1957년 H2와 N2라는 새로운 표면 항원을 가진 인플루엔자 바이러스가 출현하여 아시아 독감이라는 인플루엔자의 범유행을 일으켰다. H2는 H1과 아미노산 서열이 66% 유사하였고 N2는 N1과 37% 유사하였던 것을 감안하면 이 바이러스는 항원 대변이가 아닌, H1N1 바이러스의 항원 소변이에 의해서 생긴 것이 분명하다. 나머지 여섯 개의 유전자는 변하지 않았다. 1918년으로부터 1957년까지 39년의 세월이 흘렀기 때문에, 바이러스가 이 정도로만 변화하여도 겪어 본 사람이 거의 없었으므로 인플루엔자의 범유행이 일어날 수 있었던 것이다. 11년 후 H항원의 대변이로 인해 새로이 출현한 H3N2 인플루엔자 바이러스가 대유행을 일으켰으며, 이를 1968년 홍콩 독감이라 부른다. 이때에는 미국에서만 7만 명이 사망하고, 다른 나라에서도 더 많은 사망자가 기록되었다. 다행히 N2 항원이 1957년 아시아 독감 때의 인플루엔자 바이러스(H2N2)와 다르지 않았기 때문에 그때보다는 사망률이 낮았다. 1997년 홍콩 독감(H5N1)의 유행은 기러기, 쇠오리, 메추라기가 한데 섞여 있는 중국 남부 가금류 시장에서 유전자 재편성으로 만들어진 신종 바이러스에서 시작되었다. 감염된 닭의 분변에 접촉한 18명의 감염자가 나왔지만 그 외에는 감염자가 없었다. 다행인 것은, 홍콩 보건부에서 시장에 유통되고 있는 백만 마리 이상의 가금류를 살처분함으로써, 비말을 통한 사람 간의 감염이 야기되기 전에 이 유행을 차단시켰다는 것이다. 이러한 조치가 없었다면 전 세계 인구의 3분의 1이 독감에 걸리거나 죽었을 것이다.

2001년 신종 H5N1 바이러스가 홍콩의 가금류 시장에서 발견되었다. 이때에도 수천 마리의 가금류에 대한 살처분이 시행되었기에 사람의 감염은 없었다. 이후 다른 종류의 H5N1 인플루엔자 바이러스가 나타났다. 이 바이러스는 중간숙주를 필요로 하지 않는다는 점에서 이전의 바이러스와 매우 달랐으며, 조류에서 사람으로 바로 감염될 수 있었다. 아시아의 수십 개국에서 수억 마리의 가금뿐만 아니라 쥐, 돼지, 고양이, 호랑이 등이 이 바이러스로 인해 폐사하였고, 감염자의 절반인 76명이 사망하였다.

2006년 1월 H5N1 바이러스는 터키 동부 지역에서 1,300마리의 조류를 감염시키고, 2월에는 프랑스를 시작으로 유럽에서도 출현하였다. 2월 5일 프랑스 동부의 어느 소택지에서 흰죽지의 사체가 발견되었으며, 5일 뒤에는 다른 종의 조류 사체에서 H5N1이 검출되었다. 이 바이러스는 흑해에서 추위를 피해 프랑스로 이동한 겨울 철새를 통해 유입되었을 것이다. H5N1이 프랑스의 가금류 농장을 덮치고 오래지 않아 11,000마리의 칠면조가 설사증에 걸려 430마리가 폐사하였다. 유럽에서 가금류와 인간에 대한 인플루엔자 바이러스의 위협은 고방오리, 발구지, 넓적부리와 같은 철새가 매년 아프리카에서 유럽으로 이동하는 한 끊이지 않을 것이다. 철새의 이동이 바이러스의 전파에 주된 경로이긴 하지만, 맹독성의 인플루엔자 바이러스를 다른 대륙으로 옮기는 것이 철새뿐만은 아니다. 동아시아에서 서유럽으로 바이러스가 이동하는 경로는 철새의 이동 경로보다는 철로와 더 가깝다.

H5N1 인플루엔자 바이러스의 확산은 양어장으로부터 살포용 비료까지 광범위한 분야에 사용되는 계분뿐만 아니라 가금류의 선적에 사용된 상자에 의해서도 유발되었다. 독일 북부 발트해에 있는 뤼겐섬의 고양이에서 인플루엔자 바이러스가 검출되었는데, 아마도 감염된 조류의 사체를 먹어서 인플루엔자에 걸렸을 것이다. 고양이 사이에서도 인플루엔자 바이러스가 확산될 수 있다. 또, 비록 고양이에서 사람으로 감염된 사례는 아직 없지만, 이론상으로는 가능하다. 아직까지 조류 인플루엔자가 사람 사이에서 전파된 일이 없다는 사실은 천만다행이다. 만일 조류 인플루엔자 바이러스에서 돌연변이가 일어나 사람 사이에서 전파될 수 있는 형태가 된다면 어떤 식으로 대처해야 할까?

범세계적 대유행

인플루엔자의 범유행 사례는 1957년의 아시아 독감, 1968년의 홍콩 독감, 2009년의 멕시코 독감이 있다. 또 소규모 유행으로는 1976년의 돼지 독감과 1977년의 러시아 독감, 2015년의 인도 돼지 독감이 있고, 그 외에도 세계 전역에서 산발적인 인플루엔자 유행이 일어나고 있다. 그러나 이들 인플루엔자 범유행은 1918년 발생한 모든 독감의 왕중왕 스페인 독감에는 견줄 바가 되지 못한다. 1918년 스페인 독감은 흑사병에 못지 않은, 세계 역사상 최악의 보건학적 대재앙 중 하나이다. 정작 실전에서는 단 두 개의 도시를 초토화시킨 핵무기에 비교한다면,

인플루엔자야말로 진정한 대량살상 무기인 것이다. 스페인 독감은 나치의 인종 청소 계획이나 히로시마와 나가사키에 투하된 두 발의 핵무기보다 훨씬 더 많은 인명을 살상하였다. 20세기의 흑사병이라고 일컬어지는 에이즈로 인해 지난 24년 동안 죽은 사람의 수보다 스페인 독감으로 24주 동안 죽은 사람의 수가 더 많았다. 에이즈와 마찬가지로 스페인 독감은 20~30대의 젊은 사람들을 주로 희생시켰다.

1918~1920년의 인플루엔자 범유행은 독감으로 인한 사망보다 더 큰 상처를 남겼다. 전쟁에 지쳐 있던 사람들은 공포에 빠졌고, 공중보건 정책은 잘못되었거나 효과가 없었다. 여기에는 정부가 자행한 전시 보도 검열로 인해 보건의료 전문가에 대한 불신이 싹튼 것도 한몫하였다. 결국 제1차세계대전의 종전 또한 앞당겨졌다. 1918년 봄 러시아가 내우외환(1장 참조)으로 전쟁에서 손을 떼자, 독일은 백만 명의 군인으로 이루어진 37개의 사단과 3천 문의 포를 동원하고 마지막 남은 국력을 쥐어짜서(2장 참조) 서부 전선에서 총공세를 펼쳤다. 그 해 봄 독일군은 강력한 포병을 앞세워 파리의 지척까지 공세를 펼쳤다. 독일의 승리가 눈앞에 보였다. 그러나 6월 하순 스페인 독감이 독일군을 덮쳤고, 각 사단마다 2천 명의 환자가 발생하여 전황은 뒤집어지기 시작했다. 이미 비축된 식량이 없어 순무로 버티던 독일군은 인플루엔자 범유행에 강타당하고 그대로 기세가 꺾이고 만다. 미군의 도착으로 활기를 얻은 연합군은 독일군을 몰아내고 프랑스의 국토를 탈환하기 위해 대대적인 공세를 펼쳤다. 그렇게 전쟁이 끝났다. 전쟁 기간 4년 3개월 동안 전사한 사람의 수보다 인플루엔자에

감염되어 병사한 사람의 수가 두 배 이상 많았기에, 전쟁 당사국들은 유럽의 대전쟁을 끝내기 위한 종전 협상도 빠르게 체결하고 싶었을 것이다. 종전 협상을 위해 파리에 체류하던 미국 대통령 우드로 윌슨은 체류 중에 인플루엔자에 걸려서 프랑스의 조르주 클레망소 총리에게 베르사이유 조약의 체결을 위임하였다. 독일은 전쟁에 대한 전적인 책임을 지고 막대한 전쟁 배상금을 현물로 지불해야 했다. 베르사이유 조약을 주도한 클레망소가 독일을 강력하게 단죄하기로 하여 여러 가지 가혹한 조항을 베르사이유 조약에 삽입한 것이다. 독일은 라인란트의 비무장지대 설정, 구리 산지로 유명한 자르 지역의 포기, 과거 보불 전쟁의 승전 이후로 독일이 점령하고 있던 알자스-로렌 지방의 반환과 같은 가혹한 제재를 받아야 했다. 독일 공군은 해산되었고, 독일 육군의 정수는 10만 명으로 제한되었으며, 독일은 모든 식민지를 포기하고 연합국에 할양해야 했다. 이로써 제1차세계대전으로 이미 살림이 거덜난 독일은 더욱 경제난에 시달리게 되었으며, 외세에 대한 반감, 국가주의의 등장, 정계의 대혼란, 나치당의 발흥으로 이어져 제2차세계대전의 씨앗이 싹트게 되었다.

이 학살자는 어디에서 온 것인가? 역학조사에 따르면, 미국 캔자스주의 병영에 주둔한 6만 명의 군인들 사이에서 신종 인플루엔자 바이러스가 처음 만들어졌고 이것이 유행을 촉발시킨 것으로 믿어진다. 막사와 텐트는 군인들로 빽빽하게 들어찼지만 제대로 된 난방이나 방한복이 없었기에 신병들은 난로 주위로 모여들었다. 이 상황에서 군인들이 서로의 날숨을 들이마시면서 바이러스도 모든 군인들에게

골고루 접종되었을 것이다. 1918년 중반기에 미군이 제1차세계대전에 참전하면서, 인플루엔자에 감염된 군인들은 철도로 이동하여 동부와 남부 해안에 있는 육해군 주둔지에 인플루엔자를 옮겼다. 이후 중부 내륙 주들을 거쳐 마침내는 태평양 연안 주까지 인플루엔자가 전파되었다. 미국 전역으로 인플루엔자가 퍼져 나갔고, 민간인들도 인플루엔자에 걸리기 시작하였다.

과거 황열병이 창궐했던 필라델피아, 뉴욕, 보스턴, 뉴올리언스와 같은 도시의 사람들은 두려움에 떨면서 무엇을 해야 하는지, 이 괴질이 얼마나 오래 갈 것인지에 대해 불안해하기 시작했다. 국민들을 안심시키기 위해 보건당국과 언론은 "그저 감기일 뿐이니 안심하고 가만히 있으라. 경보 조치를 취할 필요가 없다."라고 주장하였다. 물론 이것은 명백한 거짓말이었다. 그러는 사이 인플루엔자에 걸린 민간인의 수는 늘어만 갔다. 수십만 명이 감염되었고 수백 명이 죽어 갔다. 이것은 단순한 감기가 아니며, 아직 최고조에 이르지도 않았다는 것이 명백해졌다. 필라델피아에는 시신을 묻을 곳도, 시신을 안치할 관도 부족해졌다. 무덤을 파는 사람들조차 두려움과 그들 자신의 병세 때문에 시신을 매장하려 들지 않았다. 가족 모두가 인플루엔자로 앓아 누웠기에 누구도 돌봐 줄 수가 없게 되었다. 그때에는 예방 백신도 치료제도 없었다. 어떠한 민간요법도 바이러스의 확산을 막아 줄 수 없었다. 그저 할 수 있는 것은 간호뿐이었다. 도시에서는 환자의 수가 날로 늘어났다. 공공 장소에서는 반드시 마스크를 착용할 것을 의무화하는 공중보건 조치가 내려졌다. 샌프란시스코에서는 마스크를 쓰지 않고 외출한 사람은 벌금형이나 자유형에 처해지기까지 했다.

미국이 참전을 준비하는 과정에서 상황은 더욱 악화되었다. 당시의 대통령 우드로 윌슨은 총력전을 선포하였으며, 그 과정에서 미국은 전염병이라는 이름의 화약통이 되고 말았다. 많은 수의 군인들이 이곳저곳으로 이동하였고, 더 많은 수의 노동자들이 도시와 교외의 공장에 수용되어 같은 공기를 호흡하고 공용 기구를 사용하여 식음료를 섭취하였다. 인플루엔자와 같은 호흡기 전염병이 유행할 때 이러한 상황은 불난 집에 부채질을 하는 것과 같다. 총력전에 돌입하면서 의료인들도 군인의 치료에 동원되어 민간인들에 대한 보건의료 서비스는 악화되고 말았다. 이 모든 것이 화약통의 뇌관이 되었다.

그리고 인플루엔자는 점점 더 거대해지는 파도를 타고 전 세계로 퍼져 나갈 준비를 하고 있었다. 마침내 수십만에 달하는 미군 장병들이 프랑스의 브레스트에 상륙하여 바이러스를 유럽과 브리튼섬으로 옮겼다. 그리고 영국의 주요 급탄지였던 시에라리온을 통해 인플루엔자 바이러스는 아프리카에도 상륙하였다. 선박에 석탄을 공급하던 항만 노동자들이 승조원들로부터 인플루엔자에 감염되어, 고향으로 돌아가면서 바이러스를 아프리카의 다른 지역에 확산시켰다. 사모아 제도에서는 뉴질랜드로부터 감염자를 싣고 온 선박에 의해 단 3개월 만에 전 인구의 21%가 사망하였다. 태평양 한가운데의 섬인 타히티와 피지에서도 사정은 마찬가지였다. 불과 1~2년 사이에 인플루엔자는 전 세계로 퍼져 수많은 생명을 거두어 갔다.

그러나 1918년의, 훗날 스페인 독감으로 불리게 된 이 인플루엔자가 왜 그토록 맹독성이었는지, 그리고 왜 막대한 수의 청년들이 희생되었는지에 대해서는 설명이 필요하다. 바이러스가 들어오면서 아마도 종양괴사인자와 같은 각종 사이토카인이 과다하게 방출되어 면역반응이 과활성화되었을 것이다. 발열, 오한, 구토, 두통과 같은 감기의 증상과 함께, 과활성화된 면역반응으로 독성쇼크증후군이 일어났을 것이다. 면역반응은 노년층보다는 청년층에서 훨씬 활발하게 일어나기 때문이다. 게다가 1918년부터 1920년까지 범유행을 일으킨 H1N1 인플루엔자 바이러스는 조류 인플루엔자 바이러스의 헤마글루티닌에 가까운 항원을 가지고 있어서 당시 그 누구도 이와 비슷한 항원조차 접한 적이 없었기 때문이다.

인플루엔자는 통제할 수 없는가

전 세계적으로 인플루엔자는 아주 흔히 나타나는 급성 전염병이다. 감염되면 대개 소아의 20%, 성인의 5%에서 증상이 나타난다. 보통은 3~7일 만에 회복되며 사망하는 일은 드물다. 24~72시간의 잠복기가 지난 후 발열, 오한, 두통, 근육통, 피로가 뒤따르며, 콧물, 인후통, 계속되는 기침이 이어진다. 치료는 대개 증상이 나타난 후에 대증요법을 쓰는 것으로 충분하다. 그러나 일부에서는 감염이 급속도로 악화되어 기관지염을 일으키고, 이차 감염이 일어나 폐렴이나 심부전까지 초래될 수 있다.

보통은 사망률이 2% 이하로 낮다. 그럼에도 불구하고 바이러스에 면역력이 없는 사람들이 많으면 중대한 공중보건 문제가 될 수 있다. 1918년의 유행 동안에는 미국 인구의 0.6%인 675,000명이 인플루엔자로 사망하였으며, 이것은 당해의 전체 사망자 50명 중 한 명에 해당한다. 오늘날의 미국 인구 수로 보정해서 계산해 보면, 1918년과 같은 규모의 범유행이 발생하면 거의 200만 명이 인플루엔자로 사망할 것이라는 계산이 나온다.

매년 가을이면 사람들은 다가오는 겨울의 인플루엔자로부터 자신을 보호할 수 있도록 독감 예방주사를 맞는다. 세계보건기구 산하에는 백여 개 이상의 연구소가 설치되어 있다. 여기에서 일하는 과학자들은 인구집단 내에서 발견되는 다양한 종류의 인플루엔자 바이러스를 계속 수집하여 분석하고, 분석된 대규모 데이터를 이용하여 그 해 겨울에 가장 유행할 것으로 생각되는 바이러스의 조합을 예측한다. 이러한 예측을 바탕으로 봄부터 제약회사에서는 그 해 사용할 표준 백신을 제조한다. A형 인플루엔자 바이러스는 두 가지(보통은 H1, H3 항원) 항원형, B형 인플루엔자 바이러스는 한 가지 항원형을 예측한다. 물론 예측이 적중하면 예방접종의 효과가 있고, 예측과 달리 새로운 유형의 바이러스가 유행하게 되면 예방접종의 효과가 없다. 인플루엔자 백신으로는 보통 천연두나 소아마비, 홍역, 볼거리, 풍진과는 달리 살아 있는 바이러스를 사용하지 않는다. 일단 바이러스를 부화란에서 배양하여 정제한 후 포름알데히드로 불활성화하는 것이다. 그래서 감염이 일어나지는 않고 면역만 유도된다. 전체 바이러스를 이용한 백신은 소아에게 부작용을 일으킬 수 있어 잘 사용되지 않고, 정제 H항원/N항원 백신은 부작용 없이 면역을 유도할 수 있다. 물론 플루미스트처럼 비강 내에 스프레이 형태로 투여되는 약독화 바이러스 백신도 시판되고 있다. 이 백신은 더 강력하고 오래 가는 면역반응을 일으키며 주사 과정의 통증도 줄일 수 있지만, 생백신이라는 특성상 약간의 독감 증상을 일으킬 수 있고, 바이러스의 독성이 회복될 위험이 있다는 것도 생각해 두어야 할 점이다.

만일 <감기 2>라는 영화가 제작된다면 아마도 소름끼치는 스릴러 영화가 될지도 모른다. 처음은 중국 광둥성 어딘가 사람이 거주하는 곳과 아주 가까이에서 가금을 키우는 마을을 비출 것이다. 그곳에서 조류 인플루엔자 바이러스와 사람 인플루엔자 바이러스가 서로 섞여 H5N1과 같은 신종 바이러스가 만들어질 것이다. 이 바이러스는 조류 인플루엔자 바이러스의 단백질을 가지고 있어서 인간 면역계가 일찍이 접한 적이 없으므로, 면역계통의 저항이 없이 두통, 발열, 메스꺼움, 근육통, 피로를 야기할 것이다. 처음에는 가금류를 사육하는 농민과 어린이들 몇몇이 감염될 것이다. 처음 발생한 곳에서는 보건당국이 죽은 몇 사람에 대해서는 거의 신경쓰지 않겠지만, 유행만큼은 어떻게든 통제하려고 할 것이다. 가금에 대한 대규모 살처분이 진행된다. 다른 대륙에서는 종간 장벽이 존재하므로 신종 바이러스라 한들 조류에만 주로 감염될 것이며, 사람의 감염은 거의 생기지 않을 것이라고 애써 위안한다. 그러나 독감이 아시아를 넘어 다른 대륙으로 전파되고, 감염자들이 새와는 전혀 접촉한 사실이 없다는 것이 밝혀지고 나면, 사람에서 사람으로 바로 전염될 수 있는 신종 바이러스가 만들어졌음이 명백해진다. 아시아 각국의 보건당국이 가금류 살처분이 소용없음을 알게 되고 감염자의 수가 날로 늘어나는 시점에, 신종 바이러스는 장거리 국제선 여객기를 타고 오스트레일리아, 유럽, 미국으로 확산된다. 수백, 수천 명이 폐에 물과 고름이 들어차서 끝내 사망하면, 드디어 전 세계의 사람들은 진실과 마주하게 된다. 다음은 누가 죽게 될 것인가? 감염자나 취약 인구를 격리시킬 수는 없는가? 백신과 치료제는 어디에 있는가? 그러나 대책이 없다. 백신은 앞으로 몇 달은 기다려야 개발될 것이고, 치료제는 턱없이 부족하다. 환자가 너무 많아 격리의 효과는 불충분하며 시행할 수조차 없다. 성난 사람들이 폭동을 일으키기 시작한다. 병의원은 북새통을 이루고 과격한 사람들은 제약회사를 습격하여 치료제를 약탈한다. 병원은 환자와 사망자로 과부하가 걸려 의사도 간호사도 부족해지고, 사망자를 넣을 관조차 부족하게 된다. 학교, 기업, 대중교통이 마침내 정지되지만 아직도 감염자와 사망자의 수는 증가 일로에 있다. 모든 사람들은 마스크를 쓰고 다니며 공공 집회뿐만 아니라 악수까지도 기피한다. 주식시장은 무너졌고 불황이 뒤따른다. 마침내 18개월이 지나자 인플루엔자가 수그러들었다. 그러나 그때는 이미 10억 명 이상이 인플루엔자에 걸렸고 4억 명이 죽는 막대한 피해가 나타난 뒤였다.

　물론 이 시나리오는 허구지만, 앞의 일부분에 나오는 바이러스, 즉 H5N1 인플루엔자는 중국, 터키, 프랑스에서 이미 출현하였다. 조류와 돼지, 사람 사이에서 바이러스 항원의 혼합이 일어나는 한 범유행은 반드시 일어날 것이다. 50세 이상이나 2세 이하, 만성 질환자, 면역 억제 환자와 같은 취약 계층을 중심으로 감염이 전파되는 것을 차단할 길이 없다. 인플루엔자에 감염되면 이차적으로 세균성 폐렴에 걸릴 위험이 커지는데, 이 폐렴은 매년 수천 명의 노인을 사망에 이르게 하는 질환이다. 인플루엔자에 폐렴까지 동반되면 사망률은 급격하게 상승한다. 이처럼 범유행이 일어나고, 유행의 결과 헤아릴 수 없이 많은 인명이 희생되는 공중보건상의 대재앙이 닥칠 수밖에 없다는 말이다.

인플루엔자는 격리만으로는 쉽게 전파를 막아 낼 수 없다. 그 이유는 다음과 같다. 한 집단 내에서 전염병이 박멸되지 않고 계속 유지되려면 한 사람의 감염자가 최소한 한 사람에게는 전염병을 전파시켜야 한다. 모든 사람이 감수성을 가진 상태에서 어떤 집단에 전염병이 신규로 유입될 경우 한 명의 감염자가 몇 사람에게 전염병을 전파시키는가 하는 수치를 기초감염재생산수(R_0)라 부른다. 이 값은 전염병이 얼마나 빠른 속도로 확산되는지를 나타내는 지표이다. 감염의 재생산은 마치 술래잡기와도 같다. 술래잡기에서 술래가 된 사람은 다른 참여자들을 잡고, 잡힌 사람은 술래가 된다. 새로 술래가 된 사람도 다른 참여자를 잡으러 가게 된다. 술래가 아니었던 사람이 술래에게 잡히면 술래의 수는 늘어나며, 아무도 술래에게 잡히지 않거나 모두가 술래가 되면 끝난다. 이것은 감염자가 면역력이 없는 다른 사람과의 접촉으로 인플루엔자 바이러스를 전파시킴으로써 감염자의 수를 늘리는 것과 일맥상통한다. 이 비유에서 R_0의 값은 술래가 최대 몇 사람을 잡아서 술래로 만들 수 있는가이다.

감염력이 오래 지속되고 감염자가 더 많은 사람과 접촉할수록 R_0 의 값은 더욱 커지며, 이것은 전염병이 더 빠르게 확산될 수 있음을 시사한다. 인구 규모가 크거나 전염 속도가 증가하면 R_0의 값이 증가 하고, 병원체가 사멸하거나 전염 속도가 떨어지면 R_0의 값이 감소한 다. 그래서 R_0가 커진다는 것은 질병에 걸린 사람의 비율(유병률)이 높 을 뿐만 아니라, 질병의 확산 속도(발병률) 또한 높아진다는 것이다. 대개 인구집단의 크기가 커지면 발병률과 유병률 모두가 증가한다.

R_0의 값이 1보다 크다는 것은 병원체가 계속 확산되어 유행이 일 어난다는 뜻이다. 그러나 감염자가 많아짐에 따라 질병에 감수성이 있는 사람의 비율은 연료가 다 타서 없어지는 것처럼 줄어들어 전염 병이 진정된다. 이후 외부로부터의 인구 유입이나 출생 등으로 인해 질병에 감수성이 있는 사람의 수가 충분히 누적될 때까지는 유행이 일어나지 않는다. 혹은 같은 인구집단에서는 새로운 병원체나 돌연변 이 병원체의 출현에 의해 새로운 감염병의 유행이 일어날 수 있다. R_0 의 값이 1보다 작아지면 다른 사람에게 질병을 전파시키지 못하여 결 국 전염병이 사그라들게 된다.

2003년 홍콩에서는 SARS가 유행하였는데, 질병의 초기 단계에서 R_0가 3.0으로 예측되었고, 격리를 통해서 적절하게 통제되었다. 이것 은 저도~중등도의 감염력을 시사하는 값이다. 보건 당국은 환자들을 입원시켜서 SARS의 확산을 막았다. 감염이 의심되는 무증상자도 같이 격리시키고, 환자가 타인과 접촉하는 것을 차단하여 감염률을 줄일 수 있었다. 그 해 7월 SARS의 R_0 값이 1 미만으로 감소하였고, 질병은 사그라들었다. 그러나 인플루엔자와 같이 R_0 값이 10을 상회하는 질병인 경우에는 증상이 있는 사람을 격리시키는 것만으로 R_0 값을 1 미만으로 떨어뜨리기에는 불충분하다. 1918년 인플루엔자 범유행 때에도 R_0 값은 예상보다 낮은 1.8~3.0 정도였지만 격리로 전파를 막을 수는 없었을 것이다. 인플루엔자 바이러스는 감염 후 첫 2~4일에 활발하게 배출되기 때문에 질병의 초기에 이미 감염력이 최대에 도달한다. 또 무증상자의 수가 많아서 자신도 모르는 사이에 바이러스를 전파시키고 다닌다. 이러한 상황에서 환자를 격리시켜 전파를 막는다는 것은 소 잃고 외양간 고치는 것에 불과하다. 홍콩 SARS 유행에서 격리가 도움이 되었던 이유는, 감염 후 여러 날이 지나서야 바이러스가 배출되기 시작했고, 감염력은 2주 후에야 최고조에 도달해서 환자와 접촉자를 색출하여 빨리 격리시킬 시간이 있었기 때문이었다.

인플루엔자의 통제에 검역은 큰 도움이 되지 않으므로 예방접종과 치료만이 대책이 된다. 치료제로는 뉴라민산 분해효소 억제제인 자나미비르(상품명 릴렌자 로타디스크)와 오셀타미비르(상품명 타미플루)가 있다. 인플루엔자 바이러스는 뉴라민산 분해효소 없이는 세포막에서 떨어져 나오지 못하므로 빨리 투약하면 바이러스가 방출되는 것을 막을 수 있다. 자나미비르는 오셀타미비르와는 달리 경구 섭취가 불가하고 비강 내 투여만 가능하다. 두 약물은 모두 값이 비싸고 공급이 달린다. (이 약물들은 1999년에 시판되기 시작하였으며 특허권이 만료된 것은 최근인 2016년의 일로서, 그 전인 2014년까지만 해도 일일 투여분의 가격이 거의 5천 원에 달했다. 그리고 오셀타미비르는 완전한 화학합성약물이 아니라 시키미산이라는, 팔각과 같은 식물이나 미생물의 대사물질로부터 합성되는 약물이기 때문에 원료 수급의 탄력성이 떨어진다. 이것은 2009년 인플루엔자 범유행에서 여실히 드러났다. 역자 주) 다른 종류의 항바이러스제인 아만타딘과 리만타딘은 바이러스가 세포 안으로 들어간 후 RNA를 방출시키지 못하게 한다. 그러나 이 약물들도 질병의 경과 자체를 획기적으로 개선하지는 못한다는 점에서 완벽하지 못하며, 바이러스의 내성 획득은 매우 빠르다. 2004년에 발견된 H5N1 바이러스가 아만타딘에 내성을 가지며, 가장 널리 쓰이는 치료제인 오셀타미비르에 대해 내성을 가진 바이러스가 이미 전 세계적으로 만연해 있다. 그렇다고 하더라도 이들 약물의 투여를 통해 질병의 중증도를 경감하고 질병 기간을 단축시킬 수 있기에 여전히 가치가 있다.

범유행에 대한 대비

언젠가는 인플루엔자의 범유행이 반드시 일어날 것이다. 특히 제트여객기와 같은 현대의 교통 수단은 바이러스를 품은 승객을 단 몇 시간 내에 지구의 끝에서 끝까지 데려다 놓을 수 있다. 조류를 감시하여 인플루엔자 발생을 예측하고, 가금과 돼지에 대한 예방접종을 통해 인플루엔자 바이러스가 사람에게 전염될 가능성을 줄여 볼 수는 있다. 하지만 여기에는 엄청난 재정과 자원이 필요하다. 그리고 그렇게 하여 인플루엔자 발생을 예측하고 현재의 유행을 막는다고 해도, 그것이 다음 유행이 언제 어디에서 얼마나 위력적으로 발생할지 알려 주는 것은 아니다. 우리가 확실하게 예측할 수 있는 것은 인플루엔자가 우리의 삶을 심각하게 망가뜨려 놓을 것이라는 점 단 하나이다. 의료인들도 인플루엔자를 피할 수 없어서 병원에 과부하가 걸릴 것이다. 제약회 사의 노동자들도 병에 걸려 백신 생산에 지장이 생길 것이다. 기껏 생 산한 백신도 금방 동이 나서 많은 사람들이 바이러스에 무방비로 노 출될 것이다. 사회적, 경제적인 파탄이 있을지도 모른다. 더 큰 문제는 제약회사들이 예측 불가능성, 수요 예측 실패, 재정적 보상 미비 등과 같은 문제 때문에 만들수록 손해가 나는 인플루엔자 백신을 만들려고 하지 않을 것이라는 점이다. 물론 산학 연계를 장려하고, 정부 기관이 합리적 단가 산정, 재고 수매, 규제 완화, 감세 정책, 지적재산권 보호 등과 같은 경제적 보상 조치를 취하여 제약회사 및 연구기관이 기꺼 이 인플루엔자 백신을 제조하도록 유도할 수는 있다. 그러나 이러한 조치에도 불구하고 갑자기 백신 생산의 규모를 늘리고 속도를 올리기 가 쉽지 않다. 왜냐하면 백신 제조는 부화란을 이용하고 세포주를 배 양해야 하는, 기본적으로 시간이 오래 걸리고 난도가 높은 기술을 기 반으로 하기 때문이다. 매년 3억 주의 백신이 생산되지만, 인플루엔자 범유행이 일어나면 수십억 주의 백신을 접종해야 하는 일이 생길 수 도 있다. (지난 2009년 인플루엔자 범유행과 같은 사태를 우리는 이미 목격 했다. 역자 주) 일단 백신이 만들어진 다음에도 문제는 남는다. 어느 인 구집단에게 백신을 먼저 접종해야 하는가, 그리고 가격을 얼마로 책 정해야 하는가라는 더욱 복잡한 사회적 문제가 바로 그것이다.

11
21세기의 흑사병,
후천성 면역결핍증후군

11

21세기의 흑사병, 후천성 면역결핍증후군

인간 면역결핍 바이러스(HIV)에 감염되었다는 악몽 같은 일이 이 책의 독자들에게 일어난다면, 그리고 치료제마저 들지 않는다면 과연 어떻게 될 것인가?

나는 4년 전에 최초로 HIV 감염이 확진되었을 때만 해도 건강했지만, 그 후로 기억 상실과 집중력 저하가 나타나기 시작했다. 밤마다 땀을 흘리고 계속 설사가 났으며 체중이 감소하여 직장에서도 버틸 수가 없게 되었다. 거울을 들여다볼 때마다 몸이 썩어 들어가는 것이 보인다. 뺨은 움푹 파이고 피골이 상접하도록 말라 간다. 2년 전에는 진균성 수막염으로 처음 입원을 했는데, 뇌를 둘러싼 막에 염증이 생긴 것이었다. 햇볕 아래에 서 있을 수도 없을 정도로 머리가 아팠다. 혈액 검사 결과 중 백혈구 수치 하나가 500이었다. "500입니다." "그게 뭡니까? 안 좋은 건가요?" 주치의는 이게 아주 낮은 값이고, 이것 때문에 수막염이 생긴 것이라고 하면서, 새로운 병합화학요법으로 치료가 가능하다고 하였다. 하지만 남들은 다 효과를 보았다는 그 약이 나에게는 들지 않았다. 지금은 도움 T세포의 수가 200개 아래로 떨어졌고 말기 증상이 나타났다. 피부는 검푸른 얼룩으로 덮이고 잇몸은 부어올라 허연 곰팡이로 덮였다. 치료약을 향한 희망은 부질없이 끝났다. 이제는 폐포자충 때문에 폐렴에 걸렸다. 호흡이 점점 어려워지고 있다. 계단조차 올라갈 수 없다. 침대에 누워서 생각하는 것은 단 하나, 죽음뿐이다. 왜 저 약은 나한테 안 듣는 것인가? 이제 언제까지 살 수 있을까? HIV를 저렇게 잘 아는데 백신 하나 못 만든다면 과학이 무슨 소용인가? 무엇 때문에 내 면역체계가 망가져서 곰팡이나 세균 따위에 속수무책으로 당하는가? 저 망할 바이러스는 어디에서 왔는가? 이제 모두가 나를 버리고 나에게 손가락질할 텐데, 나는 이런 수모를 어떻게 견딜 것인가?

병원체: 역전사 바이러스

HIV에 대한 이야기는 파스퇴르 연구소에서 근무하던 샤를 샹베를 랑이 샹베를랑 필터를 개발한 1884년까지 거슬러 올라간다. 샹베를 랑 필터는 매우 작은 공극으로 이루어져 있다. 샹베를랑은 "이 필터로 물을 걸러 미생물을 제거하면 가정에서도 맑고 깨끗한 샘물 같은 물을 마실 수 있다."라고 기록했다. 1911년 페이턴 라우스(1879~1970)라는 의사가 병든 닭 한 마리를 가지고 뉴욕시의 록펠러 연구소를 찾아왔다. 이 닭의 가슴 근육에는 크고 흉측하게 생긴 종양이 붙어 있었다. 라우스는 육종이라고 불리는 이 종양이 무엇 때문에 생겼는지 알고 싶어 했다. 종양을 떼어 내어 멸균된 연마사로 갈아 내고 염수에 부유시켜 잘 흔든 뒤, 침전물을 제거하고 샹베를랑 필터로 걸렀다. 이 여과액을 건강한 닭에게 접종했는데, 몇 주 뒤 그 중 몇 마리에서 육종이 자라났다. 광학현미경으로 여과액과 육종을 조사해 봐도 세균의 흔적은 없었다. 그는 종양을 일으킬 수 있는 병원체가 세균은 아니고, 바이러스일 수밖에 없다고 결론을 내렸다. 그러나 그때까지는 쥐나 사람에게서 악성 신생물이 바이러스에 의해 발생하는 것은 알려진 게 없었으므로, 그의 주장은 그저 흥미로운 생물학적 발견 중 하나로 치부되고 말았다. 물론 자궁경부암이 인간 유두종 바이러스에 의해 발생하나, 이것은 1980년대에야 밝혀진 사실이다. 페이턴 라우스는 병리학의 다른 분야에 관심을 돌렸다. 그러나 결국 1911년에 행했던 그의 실험은 1966년, 그가 91세를 일기로 세상을 떠나기 4년 전에 노벨 생리의학상을 수상하여 그 가치를 인정받았다.

1950년대에 이르러서, 해리 이글과 레나토 둘베코가 체외, 즉 시험관이나 배양접시 내에서 세포를 배양할 수 있는 배양액을 개발하였다. 이로써 과학자들은 생쥐나 닭과 같은 동물 대신 헬라세포나 인간배아콩팥세포를 배양하여 바이러스를 연구할 수 있게 되었다. 바이러스는 DNA와 RNA 중 무엇을 유전물질로 사용하는지에 따라 두 종류로 나뉜다. 이 책에 나오는 천연두 바이러스는 DNA 바이러스이며, 황열병 바이러스나 인플루엔자 바이러스는 RNA 바이러스이다. 둘베코는 세포와 DNA 바이러스의 상호작용을 최초로 연구하였다. 이 연구로 일부 바이러스가 종양을 일으키는 능력이 있음을 알았고, 그 과정에서 바이러스의 DNA가 세포의 염색체 내로 끼어들어 가 숨어서 감염된 세포에서 바이러스가 보이지 않게 되는 것도 알아내었다. 다시 말해, 바이러스 DNA가 숙주의 염색체 안에 삽입되어서 마치 세포 자체의 유전자인 것처럼 행세하게 되는 것이다.

둘베코는 DNA 바이러스로 연구하였기 때문에 바이러스의 DNA가 숙주 세포의 염색체 안으로 들어간 것은 쉽게 이해할 수 있었다. 그러나 라우스가 발견한 라우스 육종 바이러스(RSV)는 RNA 바이러스이므로 어떻게 그 유전체가 숙주 세포의 염색체 안으로 들어가는지 알 수 없었다. (숙주 세포의 염색체는 DNA로 되어 있다. 바이러스가 숙주에서 종양을 일으키려면 유전체가 숙주 세포의 염색체 안으로 들어가야 한다. 그런데 RSV의 RNA가 어떻게 DNA로 이루어진 염색체 안에 끼어 들어갈 수 있었는지 이해하지 못했다는 뜻이다. 역자 주) 그 답은 하워드 테민과 데이비드 볼티모어가 제시했다. 테민(1934~1994)은 펜실베이니아주 스와드모어대학에서 생물학을 전공한 후 캘리포니아 공대 대학원에 입학하여 둘베코의 지도를 받았다. 그는 RSV에 대한 연구로 박사 학위를 받았다. 그 후 1960년부터 1964년까지 위스콘신 주립대에서 연구하여, RSV의 핵산이 숙주의 염색체 안으로 들어가서 프로바이러스가 된다는 것을 알았다. 이 프로바이러스는 대개는 조용히 있으나 어떤 때는 세포의 종양화를 유도한다.

스와드모어대학 졸업생 데이비드 볼티모어(1938년 출생, 생존)는 박사 과정 중에 메사추세츠 공대와 록펠러 연구소에서 근무하면서 RSV의 바이러스 특이 효소에 대해 연구했다. 학위를 받은 후에는 캘리포니아주 라호이아에 있는 소크 연구소에서 둘베코와 함께 배양 조직에서의 RSV의 거동에 대한 연구를 수행했다. 이후 메사추세츠 공대의 교수로 임용된 후에도 그는 RSV에 대해 연구를 계속했다. 1970년 테민과 볼티모어는 역전사효소라는 특정한 효소에 의해 바이러스의 RNA에서 DNA가 만들어진다는 사실을 발견하였다. 두 과학자는 각자 독립적으로 연구를 수행하여 비슷한 사실을 밝혔다. 즉, 바이러스의 RNA 복제 과정에서 DNA 사본이 만들어지고, 이 바이러스 유래 DNA는 숙주 염색체에 삽입된다는 것이다. 삽입된 바이러스 DNA는 세포의 종양화를 유도한다. 이후 다른 과학자들이 형질전환으로 종양화된 세포의 정제 DNA를 정상 세포에 감염시키면 이 세포에서 바이러스가 만들어지는 것을 확인하였다. RSV는 일종의 발암성 바이러스다. 이 발견으로 1975년 둘베코, 테민, 볼티모어는 노벨 생리의학상을 받았다.

이렇게 쌓인 지식을 통해 1981년 에이즈가 최초로 나타났을 때, 에이즈의 원인인 HIV가 역전사 바이러스임을 알 수 있었던 것이다. 뤼크 몽타니에가 이끄는 프랑스의 과학자들은 림프절병증 바이러스를 발견하였고, 로버트 갈로가 이끄는 미국 국립보건원의 과학자들은 인간 T세포친화 바이러스-III를 발견하였다. 나중에 이 두 바이러스가 같은 것임이 밝혀졌다. 현재 HIV라고 불리며 사람에게서 후천성 면역결핍증후군을 일으키는 바로 그 바이러스다.

자신의 번식을 위해 숙주 세포의 복제기구를 착취한다는 점에서 바이러스는 궁극의 기생 생물이다. 바이러스는 두 가지 핵산, 즉 DNA나 RNA 중 하나의 형태로 유전자를 갖고 있으며, 그 핵산은 단백질 껍데기인 캡시드에 둘러싸여 있다. 일부 바이러스는 숙주의 세포막을 뚫고 나오면서 숙주의 세포막 일부로 캡시드를 둘러싸는데, 이것을 외막이라고 부른다. HIV의 유전물질은 DNA가 아닌 RNA이기 때문에 DNA를 저장 매체로 사용하는 숙주 세포의 복제기구를 탈취하기 위해서는 바이러스의 RNA에서 DNA를 만들어 내야 한다. 따라서 HIV에 감염된 세포에서는 생물의 센트럴 도그마인 DNA-RNA-단백질 순의 정보 전달을 거슬러서 RNA-DNA-RNA-단백질 순으로 정보 전달이 일어나게 된다. DNA-RNA로 정보가 전달되는 것을 전사라 하고, 반대로 RNA-DNA로 정보가 전달되는 것을 역전사라 한다. RSV, HIV 등 역전사효소를 갖고 있는 바이러스를 역전사 바이러스라고 부른다.

망가진 면역체계

4장에서 기술하였듯이 세포성 면역과 체액성 면역을 중개하는 중요한 세포는 도움 T세포이다. HIV는 도움 T세포를 침범하여 그 안에서 증식하며, 그 과정에서 숙주 세포를 죽여서 숙주의 면역체계를 파괴하여 에이즈를 일으킨다. 인체에는 다섯 가지의 백혈구가 있으며, 총 수는 1조 개에 육박한다. 5장에서 설명한 바와 같이 19세기 말 독일에서는 수많은 염료가 개발되어 세포를 염색하는 데도 사용하였다. 각 염료의 성질과 세포의 염색 양상에 따라 세포를 분류하기 시작한 것도 이때의 일이다. 백혈구는 세포질에 염색되는 과립이 있고 없음에 따라 과립구와 무과립구로 분류된다. 과립구는 에오신(산성)에 의해 주황색으로 염색되는 호산구, 헤마톡실린(염기성)에 의해 남색으로 염색되는 호염기구, 두 염료 모두에 의해 균일하게 염색되어 분홍색으로 보이는 호중구가 있다. 무과립구는 다소 일그러진 모양의 핵을 가진 단핵구와, 둥근 핵을 가지며 세포질이 적은 림프구로 분류된다. 림프구나 단핵구는 골수에서 만들어지며, 혈액뿐만 아니라 지라와 림프절에서도 발견된다. 림프구는 성숙하는 위치에 따라 가슴샘에서 성숙하는 T세포(T림프구)와 골수에서 성숙하는 B세포(B림프구)로 나뉘어진다. B세포는 항원과 만나거나 도움 T세포의 자극을 받으면 활성화되어 항체를 만든다. 세포독성 T세포도 도움 T세포에 의해 활성화된다. 세포독성 T세포는 적을 포획한 세포를 찾아내어 자결을 유도하는 방식으로 세포성 면역에 관여하는 세포이다. T세포는 자신의 주위로 케모카인을 분비하여 근처의 T세포, B세포, 큰포식세포를 동원하고 활성화한다. 이러한 백혈구들은 케모카인을 받아들일 수 있는 통신 장비인 수용체를 가진다. HIV는 도움 T세포나 큰포식세포에 접근하여 케모카인 수용체를 통해서 침입한다. 바이러스가 세포 안으로 들어가는 수용체는 세포 표면의 CD4이다.

이제 HIV가 도움 T세포에 침입하여 일어나는 일들을 살펴보자. HIV의 외막에서 뻗어 나온 당단백은 막대사탕처럼 생겼다. 이 중 막대에 해당하는 부분은 gp41이고 사탕에 해당하는 부분은 gp120으로, 사람의 혈액에서 이 두 단백질이 모두 나오면 HIV 감염증으로 확진된다. 이 두 단백질 중 gp120이 도움 T세포의 표면에 있는 CD4 항원에 결합한다. 이렇게 T세포에 결합한 gp120은 그 형태를 바꾸어 CCR5라는 케모카인 수용체에 결합할 수 있게 된다. 이후 HIV는 도움 T세포와 융합하고 그 내부로 침입한다.

　　HIV에 감염되었을 때 우리 몸에 나타나는 주요 현상은 바이러스에 의해 도움 T세포가 모조리 파괴되는 것이다. 바이러스가 도움 T세포에서 빠져나오는 과정에서 도움 T세포가 죽는 것 말고도, 정확한 이유는 잘 모르나 도움 T세포의 수가 많아지는 것을 바이러스가 어떻게든 방해하는 것은 확실하다. 건강한 사람의 혈중에는 mm³당 1,000개의 도움 T세포가 있다. HIV 감염자는 치료받지 않으면 도움 T세포가 1년에 40~80개씩 감소하고, 그 수가 400~800개, 대략 500개에 도달하면 그때부터 기회감염증이 나타나기 시작한다. 기회감염이란 독력이 약하여 건강한 사람에서는 감염을 일으키지 않으나 면역계통이 약해지면 질병을 일으키는 미생물에 의한 감염을 말한다. 첫 번째로 피부나 점막에 염증이 생긴다. 단세포성 진균인 칸디다에 의해 아구창(주로 구강 내, 때로 질과 포피)이 생기고, 바이러스에 의한 대상포진도 생긴다. 이런 감염은 대략 HIV 감염 후 1~3개월 안에 생긴다. 그리고 앱스타인-바 바이러스에 의한 혀의 백색 반점, 진균에 의한 심한 족부백선이 생길 수도 있다. 이러한 일련의 증상을 에이즈 연관 증후군(ARC)이라 부른다. 여기에는 림프절병증, 10~15% 이상의 체중 감소, 심한 야간발한, 계속되는 기침과 설사도 포함된다. 어떤 사람들은 감염되어도 몇 년 동안 ARC를 보이지 않을 수도 있지만, 남에게 HIV

를 전염시킬 수는 있다.

도움 T세포의 수가 200개 아래로 감소하면 이때에 비로소 에이즈로 진단받게 된다. 즉, 에이즈는 HIV 감염자에서 증상이 심해지는 단계를 말한다. 이 시기에 폐포자충 폐렴, 크립토코커스 뇌염, 톡소플라즈마증이 생기고 이 감염증으로 50~75%의 환자가 사망한다. 도움 T세포의 수가 100개보다 적어지면 히스토플라즈마 감염, 실명과 폐손상과 소화계통의 질환을 일으키는 거대세포 바이러스 감염, 조류형 마이코박테리아군에 의한 감염, 치료되지 않는 단순포진 바이러스 감염 등이 줄줄이 그 뒤를 따른다. 기회감염은 단순히 사람을 쇠약하게 만드는 것만이 아니다. 에이즈로 인한 사망의 90%는 기회감염증이 원인이다. HIV 뇌병증으로 인해 환각, 치매, 운동 실조, 두개 내 림프종 등이 생길 수도 있다. 분명히 에이즈는 HIV 때문에 발생한다. 그렇지만 어떤 사람은 감염 후 1년 내에 에이즈로 진단받고, 어떤 사람은 치료받지 않고 10년이 넘었음에도 에이즈로 진단받지 않는 등, 사람마다 질병의 진행 과정이 다르게 나타난다.

에이즈에 안 걸리는 사람도 있다

다른 바이러스들과 마찬가지로, HIV는 세포에 부착되어야만 세포를 감염시킬 수 있다. 여기에는 CCR5라는 케모카인 수용체와의 연결이 필요하다. 만일 CCR5에 돌연변이가 있어서 세포막에 수용체가 발현되지 않으면, HIV가 들어갈 틈새가 없기 때문에 HIV에 감염되지 않는다. 서유럽의 코카서스인 중 10%는 CCR5-Δ32라고 하는 돌연변이를 갖고 있다. 이 변이는 CCR5 유전자에서 32개의 염기쌍이 삭제되어 CCR5가 제대로 만들어지지 않는 것으로, 아프리카인, 중동인, 아시아인, 북미 원주민들에게는 거의 없다.

어떻게 하여 이러한 돌연변이가 생긴 것인가? 4장에서 설명한 바와 같이 유럽에서는 10~15년 주기로 천연두가 유행하였고, 이 과정에서 CCR5-Δ32 돌연변이를 가진 사람들이 선택적으로 살아남았을 것이다. 이 돌연변이는 1,000~1,200년 전에 북유럽에서 처음 나타났고, 바이킹의 대이동으로 인해 남유럽과 지중해까지 퍼져 나갔을 것이다. 이러한 돌연변이가 있다고 해서 잘 걸리는 질병은 없다. (대개는 돌연변이가 생기면 유리한 점과 함께 불리한 점이 있는 것이 보통이다. 그러나 특이하게도 이 돌연변이가 생김으로 해서 특정한 질병에 취약하다든지 하는 불리한 점이 없었다는 말이다. 역자 주) 단지 천연두 바이러스가 들어갈 경로만 없어진 것이다. 즉, 이 돌연변이가 천연두로부터 개인을 보호한 것이다. CCR5는 천연두 바이러스의 침입 경로를 제공하지만, 전술하였듯이 HIV도 여기에 결합한다. 이 돌연변이는 열성으로 유전된다. 이 돌연변이에 대한 이종접합자에서는 CCR5의 수가 반으로 줄어들어 있다. 이런 사람이 HIV에 감염되면 바이러스의 수용체가 적기 때문에 감염 후 에이즈로 진행되는 것이 늦긴 하지만, 결국에는 에이즈로 이행된다.

어떻게 통제할 것인가

흔히 에이즈를 21세기 흑사병이라고 부른다. 그러나 거의 사라진 흑사병과는 달리 지금도 에이즈는 맹위를 떨치고 있다. 또한 경과가 매우 빠른 흑사병과는 달리 에이즈는 질병의 진행 과정이 느리다. 오히려 질병이 만성적으로 진행되는 특성이나 사회적 취급 등을 보면 에이즈는 과거에 수백 년간 문명 사회를 강타했던 매독에 비유하는 것이 더 적절할 것이다. 어쨌든 HIV는 분명히 전염병이지만, 천연두나 인플루엔자처럼 빠르게 전염되는 것은 아니다. HIV는 고온, 계면활성제, 10%로 희석한 락스에 의해 파괴되기 때문에 물건을 통해 전파되지 않는다. 흡혈성 곤충에 의해서 전파되지도 않는다. HIV는 감염자의 분비물이나 체액에서 검출되지만, 그 중에서 충분한 농도의 바이러스가 존재하는 혈액, 모유, 질 분비물, 정액 등이 가장 위험한 감염원이다. 바이러스는 혈액과 조직의 T세포에서 모두 발견된다. 바이러스가 들어 있는 다른 사람의 체액이 점막이나 손상된 피부를 통하여 체내로 유입되면 그 사람에게 HIV 감염이 일어난다. 또는 감염된 혈액이 직접 체내로 주입되거나, 감염자의 장기를 이식받거나, 감염자의 모유를 섭취하여 감염될 수도 있으며, 태반을 통과하여 선천 감염을 야기할 수도 있다.

지역사회 내에서의 HIV 확산은 마치 물감을 물에 풀었을 때 물감이 퍼져 나가는 것처럼, 무작위적인 움직임을 통해 감염자의 밀도가 높은 곳에서 낮은 곳으로 확산되어 가는 과정에 가깝다. 그래서 인구집단의 크기, 감염자와 비감염자 사이의 긴밀한 접촉, 예방조치의 시행 등이 확산에 영향을 미친다. 접촉 시의 평균적인 전파 확률을 β, 감염성을 유지하는 기간을 D, 단위 시간당 접촉 횟수를 c라 하고 R_0 = βDc를 적용하면, 결국 환자가 얼마나 많은 사람과 성관계를 가졌는지가 집단 내 에이즈의 전파 속도에 영향을 미치는 주요 요인이 된다. 즉, R_0를 1보다 크게 만드는 데 중요한 것은 c 값이다. HIV의 경우 감염력을 갖는 기간이 6개월이고 접촉 시의 전파 확률이 20%라고 가정한다면 1년에 10명 이상과 성적 접촉을 가질 경우 R_0의 값이 1을 초과하게 된다.

또 R_0 값은 숙주가 감염력을 갖는 기간뿐만 아니라 접촉으로 인하여 감염되는 확률에도 영향을 받는다. 에이즈는 HIV 감염이 악화되어 나타나고, 결과적으로 숙주를 죽이기 때문에 당연히 숙주의 감염력을 없앨 수 있다. 하지만 인간의 성적 행동 양상이 변화하여, 바이러스의 입장에서 에이즈로 인한 숙주의 사망이 큰 문제가 안되게 되었다. 즉, 사람들의 성행위 대상자 수가 늘어나 전파가 쉬워졌기 때문에 숙주에서 숨죽이고 있으면서 숙주를 오래 살려 놓는 것이 중요하지 않게 된 것이다. HIV에 감염되는 주요 경로는 콘돔과 같은 물리적 차단이 없는 성교, HIV에 오염된 혈액 및 혈액유래 의약품의 투여, 태반이나 수유를 통한 수직감염이다. 참고로, 질 분비물에는 정액보다 HIV의 농도가 낮아서 여성에서 남성으로 감염되는 경우는 적다. 구강성교로도 감염은 가능하나 비슷한 이유로 펠라치오보다는 커니링쿠스에서 더 감염률이 낮다.

야생에서 문명으로

에이즈는 어디에서 온 것인가? 1980년대 이전에는 HIV가 어디에 있었을까? 흔히 에이즈는 뉴욕과 샌프란시스코에 사는 동성애자 집단 내에서 유행이 시작되어 유럽으로 전파된 것으로 알려져 있지만, 아메리카에서 에이즈라는 질환이 보고되기 전에 유럽에서 그와 유사한 질환이 있었다는 증거가 있다. 하나는 1966년 이전에 감염된 노르웨이 선원의 사례이다. 이 환자는 낫지 않는 감기와 림프절병증을 앓았고, 1976년에 폐렴과 치매로 29세에 사망하였다. 그의 아내와 딸도 기회감염으로 사망하였다. 1971년부터 1973년 사이에 이 선원에게서 채취하여 보관하고 있던 혈액에서 나중에 전부 HIV 양성이 확인되었다. 다른 사례로 1959년 영국의 선원에게서 HIV 감염의 명백한 징후가 나타났는데, 모로코를 제외하면 그가 영국을 떠난 적은 없었다. 이 두 사례 말고도, 1962년까지 에이즈 환자에게서나 보일 기회감염이 33건이나 보고되었고, 이 중 80%가 30대 남성에게서 생겼다. 하지만 아무도 이 감염증이 유럽에 등장한 새로운 질병 때문이라는 것을 알지 못했다.

HIV의 종류에는 1983년에 발견되었고 전 세계에 퍼져 있는 HIV-1, 1985년에 발견되었고 아프리카 대륙 서부에 국한된 HIV-2, 1990년에 발견되었고 카메룬과 가봉에 국한된 HIV-O가 있다. HIV-1은 다시 HIV-1A와 HIV-1B로 나뉜다. HIV-1A와 HIV-2는 전부 이성과의 성교를 통해 전파될 수 있고, HIV-1A가 더 독성이 강하다. HIV-1B

는 주로 유럽과 미국에 분포한다. HIV와 유사한 바이러스가 소, 사자, 말, 양, 염소, 원숭이 등의 자연숙주에 감염되지만, 이들 자연숙주에서는 면역결핍증이 유발되지 않는다. 원숭이에서 면역결핍증을 일으키는 바이러스는 따로 있어서 원숭이 면역결핍 바이러스(SIV)로 불린다. 1980년대 가봉의 우림에 서식하는 침팬지(*Pan troglodytes*)에서 발견된 침팬지 면역결핍 바이러스(SIVcpz)는 HIV와 매우 유사하다. 즉, SIVcpz에 감염 혹은 면역 유도된 동물의 혈청이 HIV-1에 반응하였고, 반대로 HIV-1에 감염 혹은 면역 유도된 동물의 혈청도 SIVcpz에 반응하였다. 이 SIVcpz가 HIV의 기원일 것이다. SIVcpz는 침팬지 사이의 성적 접촉에 의해 전염되지만, 침팬지에게는 병을 일으키지 않는다. 이 바이러스는 사냥꾼들이 비위생적인 방법으로 침팬지나 다른 유인원을 해체하고 고기를 섭취하는 과정에서 인간 집단 내로 유입되었을 것이다. 이렇게 종간 장벽을 뛰어넘어 바이러스가 유입된 것은 카메룬 동부와 콩고 북부 지역을 아우르는 아프리카 대륙 서부의 적도 열대 우림에서 있었던 일일 것이다. 일단 인간 집단으로 유입된 바이러스는 성적 접촉을 통해서 전파되었다. 2백~4백 년의 세월을 거치면서 HIV-0와 HIV-1이 갈라져 나왔을 것이고, HIV-1으로부터 더 독성이 강한 HIV-1A가 갈라져 나왔을 것이다.

그러면 HIV-1B는 어디에서 왔는가? 애초에 아프리카로부터 유럽으로 유입되었을 가능성이 있다. 그 중에서도 한때 독일의 식민 지배를 받았던 카메룬에서 유래했을 가능성이 가장 높다. 1880년대의 유럽 국가들은 아프리카 대륙에 수많은 식민지를 차지하고 있었다. 프랑스는 아프리카 대륙 서부를 차지하였고, 영국은 현재의 시에라리온, 가나, 남아프리카, 이집트를 차지하였으며, 독일은 현재의 토고, 카메룬, 나미비아를 차지하였다. 유럽인들이 아프리카의 원주민들과 성관계를 갖는 것이 드물지 않았다. 선원이나 군인들이 아프리카 대륙의 서부에서 동부로 횡단하는 동안 바이러스도 그들의 몸에 붙어 이동했을 것이다. 제1차세계대전이 끝나고 베르사이유 조약에 의해 독일은 승전국에 식민지를 전부 할양해야 했다. 그때 프랑스가 카메룬의 80%를, 영국은 20%를 차지하였다. 빅토리아호 근처에서 풍토병으로 존재하던 HIV-1은 이후 서서히 HIV-1B로 진화해 갔다. HIV-1B는 카메룬에서 출발하여 단치히를 통해 독일로 귀환한 3백 명의 독일인의 몸에 붙어 1939년 유럽으로 들어왔다. 이들은 제1차세계대전이 끝나고 주인이 바뀐 뒤에도 카메룬에 계속 남아 있었지만, 1939년 제2차세계대전이 시작되자 독일로 강제 소환된 것이다.

빅토리아호 근처의 국가들인 우간다와 탄자니아에서는 1980년 슬림병이라고 불리는 전염병이 유행했다. 설사, 체중 감소, 발열이 나타나는 이 병은 탄자니아에서 우간다로 군인과 상인을 통해 전파된 것으로 보인다. 1900년부터 1950년까지 HIV-1은 그 지역에서 풍토병으로 유지될 정도의 전염력을 보여 주긴 했지만, 독성이 강해지지는 않았다. 그러나 1960년대 후반과 1970년 상인과 군인의 동성애와 매매춘으로 인해 풍토병으로만 존재하던 HIV-1에게 새로운 기회가 다가왔다. 그리고 HIV-1A라는 변종이 나타났다. 소위 사람을 좀먹는 이 슬림병의 사망률과 이환율은 점차 높아졌고, 바이러스는 빅토리아호를 중심으로 탄자니아와 우간다를 넘어 트럭이 지나는 길을 따라 퍼져 나갔다. 그리하여 지금은 사하라 사막 이남에서 에이즈가 창궐하기에 이르렀다.

그렇다면, 아프리카 열대 우림의 사냥꾼들에게 HIV가 감염되어 에이즈와 같은 병을 일으켰음에도 HIV는 왜 그렇게 오랫동안 주목받지 못했을까? 이들 사냥꾼들이 작은 집단으로 흩어져 있었으며, 1890년대가 되어야 비로소 유럽인들과 접촉했기 때문이다. 그리고 아프리카 대륙 내에서는 이미 말라리아, 황열병, 구충증과 같은 병이 만연하여 감염이나 영양 실조로 인해 쇠약해지는 예가 많았기 때문에 호수 주위의 바이러스 감염증 따위는 신경 쓸 거리도 아니었을 것이다. 바이러스가 다른 인구집단으로 퍼져 나가서 다양성을 얻은 시점이 정확히 언제였는지는 알 수 없다. 그렇지만 아프리카에서 경제적, 사회적, 정치적 변동이 크게 일어났던 시기와 대략 일치하는 것으로 보인다. 1950년부터 1960년대에 걸쳐 아프리카의 열국이 독립하고, 식민 지배가 끝난 곳에서는 내전이 빈번하게 일어났고, 백신을 접종할 때 주사기를 재사용하고, 대도시가 발달하고, 성적 문화가 바뀌고, 아프리카 대륙과 다른 대륙 사이의 인적 교류가 활발해졌던 시기 말이다. 그래서 아프리카의 HIV와 에이즈가 크게 주목받지 못했을 것이다.

HIV-2의 기원은 어디일까? 일본원숭이, 아프리카녹색원숭이, 아프리카침팬지, 검댕망가베이(아프리카에 서식하는 긴꼬리원숭이과의 영장류) 등에서 몇 종의 SIV가 검출되었다. 검댕망가베이에서 검출된 SIV(SIVsm)는 HIV-2와 밀접한 관계가 있다. 사실 HIV-2와 SIVsm에 대한 항체는 서로에 대한 교차 반응성을 보인다. 아프리카 대륙 서부의 매춘부 중 10%가 SIVsm이나 HIV-2에 감염되어 있지만, 중앙 아프리카 공화국이나 미국의 경우 SIVsm에 감염된 예를 거의 찾아볼 수 없다. HIV-2는 베냉의 열대 우림에서 발생하였고, 지금도 아프리카 대륙 서부에 국한되어 있으며, 이성과의 성 접촉으로 전파된다. HIV-2는 HIV-1보다는 감염력이 낮고 에이즈를 덜 일으킨다. 검댕망가베이가 SIV에 감염된 경로는 무엇인가? 아마도 그저 양성 질환 정도를 일으키는 고양이 면역결핍 바이러스가 고양이로부터 망가베이로 감염되었을 것이라고 추측된다. 현재 SIVsm을 에이즈 백신의 후보로 시험하고 있는 중이다.

불완전한 약물 치료

감염성 질환의 통제에 유효한 방법 중의 하나는 화학요법이다. 처음 HIV 감염증이 보고된 후 몇 년간은 치료가 불가능했지만, 버로스-웰컴(오늘날의 글락소스미스클라인)의 조지 히칭스와 거트루드 엘리언의 노력으로 모든 것이 바뀌었다. 히칭스와 엘리언은 화학자이자 약리학자로, 천연두 바이러스 억제 활성을 갖는 화합물을 생산하였다. 이 물질 중 일부는 뉴욕의 슬로언-케터링 연구소로 보내져서 항암제 선별에 사용되었다. 1947년 히칭스와 엘리언은 2,6-디아미노퓨린을 급성 백혈병 환자에게 투여하여 암세포가 모두 사라지게 할 수 있었다. 이를 계기로 각종 항암제의 탐색이 시작되었고, 1948년에는 암세포의 폭발적 증식을 차단시키는 핵산 유사물질이 개발되었다. 에이즈의 범유행이 시작되었을 때 버로스-웰컴은 이미 각종 항암성 화합물을 보유하고 있었다. 그 화합물 중 하나는 역전사효소 억제제 아지도티미딘(지도부딘)으로, 1980년대 후반에 에이즈 치료의 제1선 약물로 사용되었다. 히칭스와 엘리언은 항바이러스제 개발 공로를 인정받아 1988년 노벨 생리의학상을 받았다.

　아직까지 HIV 감염증을 완치시키는 약물은 없다. 그러나 현재까지 알려진 치료법으로 증상의 발현을 최대한 늦추고 기대 여명을 연장시킬 수 있다. 최초로 에이즈 치료에 쓰였고 지금도 널리 쓰이는 지도부딘은 바이러스의 증식을 막아서 에이즈로 발병하는 것을 늦춘다. HIV의 복제 양상을 이해하는 것은 약물이 바이러스를 억제하는 원리에 대한 이해를 돕는다. HIV는 활발하게 증식하는 과정에서 RNA로부터 DNA를 합성하는데, DNA가 합성될 때 지도부딘은 구조가 유사한 티미딘 자리에 대신 끼어든다. 지도부딘이 티미딘 자리에 끼어들면 바이러스의 핵산 합성이 정지되어 바이러스가 증식하지 못하게 되는 것이다. 물론 지도부딘은 숙주의 DNA가 합성될 때에도 끼어들어 간다. 그렇지만 역전사효소와는 달리 진핵생물의 전사효소는 교정 기능이 있어서 숙주의 DNA 합성에는 크게 영향을 미치지 못한다. 다만, 사람에서도 빠르게 분열하는 세포에는 좀 더 타격을 입히므로 빠른 세포분열이 수반되는 골수를 억제하여 빈혈을 유발한다. 메스꺼움, 체중 감소와 같은 부작용도 겪는다. 디데옥시사이티딘이나 디데

옥시이노신 또한 비슷한 방법으로 바이러스의 역전사효소를 억제한다. 이러한 약물군은 핵산 유사체 또는 역전사효소 억제제라 불리며, 아주 비싸고 매일 복용해야 한다.

바이러스의 단백분해효소는 HIV가 갖고 있는 아홉 개의 유전자 중 하나에 의해 만들어진다. 바이러스 단백질은 하나의 매우 기다란 전구체의 형태로 만들어지며, 이 전구체를 적당한 위치에서 잘라 각각 완성된 개별 단백질로 만드는 효소가 바로 단백분해효소이다. HIV 감염증의 치료에 쓰이는 약물 중 인디나비르, 사퀴나비르, 리토나비르는 바이러스의 단백분해효소를 억제하여 전구체가 절단되지 못하게 막는다. 이 약물을 역전사효소 억제제와 병합해서 사용하면 상승작용을 일으켜서 바이러스의 증식을 90~99%까지 억제할 수 있다. 그러나 이 약물도 비싸기는 매한가지여서, 이와 같은 병합요법은 국가 등에서 금전적 보조를 해 주지 않으면 개인에게는 감당하기 어려운 부담이 될 수 있다. 현재 서로 다른 두 가지의 핵산계 역전사효소 억제제에 단백분해효소 억제제나 비핵산계 역전사효소 억제제를 병용하는 고강도항역전사바이러스요법(HAART)이 표준 치료법으로 널리 쓰이고 있다.

에이즈의 진행이 느리기 때문에 짧은 시간 내에 약물의 효과를 평가하기란 쉽지 않다. 대부분의 감염증에서와 같이 HIV 감염증에서도 숙주는 다치지 않게 하면서 바이러스만 제거하기는 매우 어렵다. 또 드물긴 하지만 HAART를 사용하고도 내성 바이러스가 출현할 수 있다. 이러한 약물 치료는 일종의 양날의 칼이라 할 수 있다. 개인에게는 유익하다. 개인의 삶의 질을 향상시키고 수명을 연장시킨다. 그러나 감염력이 줄어들지 않으면 집단에게는 이로울 것이 없다. 감염자의 감염력을 제거하기 위해서는 혈청 바이러스 농도가 50개/μL 이하로 줄어야 한다. 그러나 성공적으로 바이러스의 수를 줄이더라도 바이러스가 완전히 없어지지는 않는다. CD4 양성인 세포들 안에 바이러스가 숨어 있다가 치료를 중단하면 다시 활개를 치는 것이다.

  약제 내성은 어떻게 생겨나며, 어떻게 HAART로 내성 바이러스의 출현을 막을 수 있는가? 약제 내성은 자연 선택의 결과이다. 즉, 현재 환경에서 생존하고 번식할 수 있는 유전자를 갖춘 개체들이 미래 세대로 유전자를 전달하고, 이들이 다시 살아남아 집단 내의 유전자 변동이 일어나는 것이다. 마치 이것은 결핵 치료를 중단할 경우 약제 내성 결핵이 발생할 위험이 커지는 것과 같다. 가령 10억 개의 바이러스 입자를 갖고 있는 환자가 있고, 그 환자의 바이러스는 1만 개 중 1개 꼴로 항바이러스제에 내성을 가지는 돌연변이가 있다고 하자. 환자에게 단일제제 약물 치료를 시행하면 십만 개 정도의 약제 내성 바이러스가 살아남을 것이며, 이 바이러스들은 결국 약물과 무관하게 생존하고 증식하여 결국 모든 바이러스가 약물 내성을 가질 것이다. 이제 약물 하나를 더 추가하여 2제요법을 시행하자. 서로 다른 약물에 대해 내성을 가질 확률은 독립적이므로 1만 × 1만 = 1억이기에 이제 단 열 개의 바이러스만이 내성을 가져 살아남을 것이다. 여기에 다시 약물을 추가하여 3제요법을 시행한다고 가정하자. 그러면 내성 바이러스가 있을 확률은 1조분의 1일 것이나 바이러스는 10억 개뿐이므로,

거의 모든 바이러스가 죽어 나갈 것이다. 이렇게 하여 마치 결핵 치료에 적어도 세 가지 이상의 약물을 사용하여 치료하는 것처럼(7장 참조), HAART로 약제 내성 HIV의 출현을 막을 수 있는 것이다.

통제의 어려움

HIV가 발견된 후, HIV에 대한 항체 검사법이 개발되었다. 이 진단법을 사용하여 많은 사람의 혈청을 손쉽게 검사할 수 있다. 말하자면 1단계로 큰 체로 치는 것처럼 HIV 감염 가능성이 있는 사람을 우선 가려내고, 2단계로 의심되는 소수의 혈청에 대해서만 좀 더 가는 체를 이용하여 확진검사를 시행하면 되는 것이다. 확진검사는 시간과 비용이 많이 든다. 간단한 검사법은 많은 나라에서 헌혈받은 혈액 중 HIV 감염자의 혈액을 빠르고 간편하게 배제시킬 수 있게 되었다는 점에서 공중보건에 지대한 공헌을 했다. 그렇지만 이 검사법이 1985년에야 선별검사의 목적으로 사용되었기 때문에, 그 전에는 HIV 감염자의 혈액이나 혈액유래 의약품이 제한 없이 유통되었고, 결국 수백만 명이 수혈로 인해 HIV에 감염되었다. 이 항체 검사를 통해 전 세계적으로 질병의 양상과 진화에 대한 역학 연구를 할 수 있게 된 것도 중요하다. 항체 검사로 임상 증상이 나타나기 전에 HIV 감염 여부를 알 수 있게 되었고, HIV 감염의 임상 양상을 잘 파악할 수 있었다. 미국 식품의약품안전청은 진단검사실이 아닌 외래나 응급실에서도 20분이면 간단히 결과를 얻어 낼 수 있는 신속 항체 검사 키트를 승인하였고, 한국에서도 판매되고 있다. 이 검사에서 양성이 나오면 확진검사인 웨스턴블롯 검사를 실시한다. 그러나 이 신속 검사에서 음성이 나오더라도, HIV 감염을 확실히 배제하기 위해서는 일정 기간 후 다시 한 번 같은 검사를 해 보아야 한다. 감염 후 검사에 양성이 나올 때까지는 시간이 걸리기 때문이다.

HIV 항체 양성자는 현재 전 세계적으로 4천만 명 이상에 달하고, 이들은 바이러스를 다른 사람에게 전염시킬 수 있다. 실제로 매일 14,000건의 신규 진단례가 발생하고 있다. HIV에 감염되면 우리 몸에서 항체가 만들어지기는 하나, 이 항체는 바이러스를 무력화시키지 못하므로 감염을 막지 못한다. 어떤 항체가 침입자를 막기 위해서는 항체가 바이러스의 수용체 결합 부위에 결합하여 구조 변화를 일으켜서 수용체에 결합하지 못하게 해야 한다. 그러나 HIV가 T세포 내로 침입하는 도구인 gp120의 구조는 역전사 바이러스 특유의 불안정성으로 인해 수시로 바뀐다. 따라서 gp120에 대한 항체가 만들어졌다 해도 새로이 증식한 HIV의 gp120에는 전혀 대응할 수 없어서 항체가 HIV를 차단할 수 없다. 만에 하나 효과적인 항체가 만들어진다고 해도 그 거대 분자가 세포 안으로 들어올 수 없기 때문에 T세포 안에서 휴면 상태로 오래 살아 있는 바이러스를 제거할 수 없다. 만약 한 감염자의 T세포 중 10만 개가 HIV에 점령당해 있는 상태라면 이 세포가 전부 죽어 나가서 감염이 없어질 때까지는 60년이나 걸린다. HIV는 휴면상태의 T세포 내에서 잠복해 있는 것 말고도, 바이러스의 증식과 탈출 과정에서 도움 T세포를 직접 죽이거나, 다른 경로로 T세포의 증식을 방해하여 전체적인 면역계통을 망가뜨릴 수 있다.

면역계통은 HIV 감염으로부터 인체를 보호하지 못한다. 그러면 천연두, 홍역, 소아마비, 인플루엔자 등의 다른 바이러스 감염증과 같이 예방접종을 통해 HIV를 막아 낼 수 있는가? 아직까지는 아니다. HIV가 에이즈의 원인으로 밝혀진 지 30년 이상이 지난 지금까지 35개 이상의 후보물질로 10개국에서 65회의 임상시험이 실시되었다. 1만 명 이상의 자원자들이 시험에 참여하였고, 매년 6억 5천만 달러의 비용이 소요되었다. 약독화 백신, 아단위 백신, 다른 바이러스에 아단위를 조합한 재조합 백신, 단일 HIV RNA 백신 등이 개발되었다. 하지만 그 어느 것도 효과가 없었다. 바이러스 자체의 변이성이 매우 높기도 하거니와, 백신이 세포성 면역반응을 증강시키기 쉽지 않고, 또한 감염 직후에 HIV가 증식하는 주요 장소인 창자의 점막 면역계통 내에서 면역반응을 유발하기도 어렵기 때문이다. 그러나 만에 하나 백신이 개발된다면, 파상풍 백신이나 광견병 백신처럼 이미 감염된 사람에게 그 백신이 효과가 있을까? 또, 그런 사후 백신이 효과가 있다면, 이미 면역이 떨어져 있는 사람에게 사후 백신을 접종했을 때 이전에 접종받은 다른 백신의 작용에는 영향이 없을까?

백신도 완치법도 없다면, HIV의 확산을 막기 위해 할 수 있는 일은 무엇일까? 여기에는 몇 가지 전략이 있다. (1) 금욕, (2) 비감염자와의 1:1 성관계, (3) 고위험군, 특히 항문 성교나 여러 상대자와 성행위를 갖는 사람과의 관계 지양, (4) 주사침의 재사용 금지, (5) 콘돔이나 다

이어프램, 페미돔 등 차단식 피임기구 사용, (6) 포경수술, (7) 단순포진 바이러스로 인한 성기 궤양의 치료(아시클로버)이다.

　HIV가 발견되고 얼마 지나지 않았을 때는 혈우병 환자에게 농축 제VIII인자 같은 감염자의 혈액에서 유래한 의약품이 투여되어 HIV가 전파되었다. 하지만 전술한 바와 같이 1985년 이후에는 항체 검사가 가능해져서, 수혈이나 혈액제제로 인한 감염은 크게 줄어들었다. 보건의료인은 주사침 자상 등으로 인해 오염된 혈액이나 체액이 자신의 혈류로 유입될 수 있어서 일반인보다는 감염 위험이 높다.

　안전한 성관계는 바이러스가 함유된 체액이나 분비물이 다른 사람에게 전달되는 것을 막는다. 구강, 항문, 질 삽입 성교 시에 콘돔을 사용하면 바이러스가 전파되는 것은 막을 수 있지만, 콘돔을 올바르게 사용하는 법을 알고 있어야 한다. 일단 콘돔을 발기된 음경에 씌우고, 콘돔 끝에 볼록 튀어나온 부분을 손으로 눌러서 공기를 잘 빼야 한다. 사정 직후 발기가 풀리기 전에 콘돔을 신속히 제거해야 하며 콘돔을 재사용해서는 안된다. 라텍스 콘돔은 시간이 지나거나 고온에 노출되면 손상되어 체액이 유출될 수 있으므로 콘돔의 설명서 내용을 잘 지켜야 한다. 윤활제를 사용해야 한다면, 바셀린과 같은 석유계 윤활제 말고 KY 젤리 같은 수용성 윤활제를 사용해야 콘돔이 녹는 것을 막을 수 있다. 적지 않은 사람들이 콘돔의 사용을 거부하거나, 사용하더라도 올바른 사용법을 숙지하지 못하고 있다. 그래서 콘돔이 에이즈의 예방에 그리 큰 기여를 하지 못하고 있는 것이다. 콘돔을 사용하고도 피임에 실패한 사례도 콘돔 자체의 품질 결함보다는 사용법의 미숙이나 일관성 없는 사용과 더 관계가 있다. 연구에 따르면, 콘돔을 사용하고도 피임에 실패한 경우는 콘돔 사용을 제대로 하지 않은 경우가 대부분인 것으로 보고되었다.

콘돔 사용을 거부하는 사람들은 HIV가 콘돔 표면의 미세한 구멍을 통과할 수 있다는 변명을 통해 자신의 부주의를 합리화한다. 물론 이들은 콘돔의 재료인 라텍스 고무나 HIV의 특성에 대해서는 알고 싶어 하지 않는다. 대개의 바이러스는 CD4 세포 내에 잠복해 있고, 이런 세포들은 정자보다도 더 크기 때문에 콘돔을 전혀 통과하지 못한다. 체액 내에 자유 상태로 존재하는 바이러스조차도 콘돔으로 새어 나가지 않는 물 분자보다 훨씬 크기 때문에 콘돔의 벽을 뚫을 수 없다. 콘돔이 찢어지는 것을 우려하는 사람들도 있지만 부주의하게 사용하지 않는 한 콘돔이 찢어지는 경우는 드물다. 찢어지는 경우는 주로 지갑에 넣고 다니는 것과 같이 부적절하게 콘돔을 관리하거나 유성 윤활제를 사용하여 콘돔이 녹았기 때문이다. 콘돔이 HIV의 확산을 차단한다는 것은 이미 유럽의 연구에서 입증되었다. HIV 감염자-비감염자 부부 사이에서 항상 콘돔을 사용한 123쌍의 부부들 중에서는 아무도 HIV에 새로이 감염된 사람이 없었지만, 그렇지 않았던 122쌍의 부부들 중에서는 12명의 HIV 신규 감염자가 보고되었던 것이다. 물론 콘돔 사용과 같은 안전한 성교가 질병의 전파 위험을 완전히 막아 주는 것은 아니다. 이는 안전 벨트를 올바르게 착용하고 안전 운전을 하면 교통사고의 피해를 줄일 수는 있지만 완전히 없앨 수는 없는 것과 같다.

생활 양식의 변화만이 답이다

생활 양식이 변해야 에이즈 확산을 막을 수 있다는 것은 1988년 워렌 윈켈스타인이 샌프란시스코 청년보건연구 데이터를 사용하여 전파 양상을 이론적으로 파악한 연구에서 입증되었다. 이 모형에서는 HIV 백신이 나오면 젊은 남성 동성애자들이 예방접종을 받아야 하는 가, 이러한 백신이 HIV의 박멸에 얼마나 도움이 될 것인가, 백신이 도입된다면 위험한 성행위에는 어떤 변화가 있을 것인가와 같은 질문을 다루고 있다. 이 모델에서 항문 성교 대상자 수와 콘돔 사용 행태의 자료를 기반으로 해서 R_0 값은 2~5인 것으로 추정하였다. 연구 기간에 샌프란시스코에 거주하는 젊은 남성 동성애자의 HIV 유병률은 18%였다. 이 모델에서 $R_0 = 2$라고 가정할 때, 예방접종 효율이 80%라야 집단 내에서 HIV가 박멸될 것으로 예측되었다. 이때 사용된 지표는 감염에 대한 감수성이 95%까지 줄어들어야 하고, 예방접종으로 인한 면역의 지속 기간은 35년임을 가정한 것이다. $R_0 = 5$라고 가정하면 백신의 면역 유도 효율이 80% 이상일 때 집단의 모든 사람, 즉 100%의 사람이 예방접종을 받아야 비로소 HIV가 박멸될 것으로 예측되었다. 그러나 참여자들은 백신의 효율이 50%에 불과하다면 예방접종 프로그램에 참여하지 않겠다고 응답하였기에, 결국 백신 접종은 오히려 집단 내의 HIV 유행을 부채질할 위험이 있었다. (이상적으로는 모든 집단 구성원이 예방접종을 받아야 하지만, 응답에서와 같이 참여자들은 백발백중인 백신이 아니면 안 맞겠다는 식으로 응답을 했기 때문에 결국 예방접종만으로는 불충분하다는 것으로 결론을 내렸다. 역자 주) 즉, 생활 양식의 개선 없이 예방접종만 이루어지는 상태에서 $R_0 = 5$이고 백신의 효율이 60%에 머무른다면 HIV의 박멸은 불가능한 것이다. 백신의 효율이 80%라 하더라도 집단 내 모든 사람이 접종을 받아야 비로소 HIV의 박멸이 가능한데 이것 또한 불가능한 일이다. 그러나 위험 행동의 건수가 절반이 되기만 해도, 60%의 효율을 갖는 백신의 투여로 HIV의 박멸이 가능해질 것이다. 결국 이 이론적 모형은 예방접종 프로그램을 대규모로 시행하지 않고도 그저 생활 양식의 개선만으로 HIV의 박멸이 가능하리라는 것을 알려 준다. 즉, $R_0 = 2$라면 위험 행동의 빈도수가 반으로 줄어야 하며, $R_0 = 5$라면 위험 행동의 빈도수는 5분의 1로 줄어야 한다. 지금은 없지만 언젠가 예방 백신이 도입된다 하더라도 단순히 예방접종만으로 HIV를 박멸하기 위해서는 터무니없이 높은 효율의 백신이 필요하다는 것을 이 모형은 보여 준다. 결국 HIV의 박멸은 예방 백신의 도입이나 환자에 대한 효과적인 치료뿐만이 아닌, 생활 양식의 개선이 이루어져야만 달성될 수 있는 것이다. 예방 백신의 개발이 아직까지도 요원한 지금, HIV 확산을 막을 수 있는 유일한 방법은 생활 양식의 개선뿐이다.

사회적인 인식

5장에서 논한 바와 같이, 1347년에는 흑사병에 감염된 쥐와 벼룩이 중앙아시아의 대상을 통해 유럽으로 침입하였고, 유럽 전역에서 흑사병을 유행시켰다. 단 4년 만에 흑사병은 3천만 명의 인명을 희생시키고 지나갔다. 과거 흑사병이 그러하였듯이 지금의 에이즈 또한 사회적인 갈등을 불러일으켰다. 이러한 상황에서 공중보건을 보호하고 증진하기 위해 정부가 할 일은 무엇일까? 공동체의 이익과 개인의 권리를 어떻게 조화시킬 것인가? 환자를 찾아내어 사회에서 격리시키는 조치에 대해 어떠한 조건이 수반되어야 하는가? 개인의 사회적 책임이란 무엇인가? 물론 미생물이 질병과 사망을 일으키는 과정은 19세기 이후에 빠른 속도로 규명되었다. 그렇지만 에이즈와 같은 질병이 유행하는 것에 대한 사회적 반응은 과거의 흑사병, 매독, 황열병, 결핵에 비하면 크게 달라진 것이 없다. 현대인들은 전염병이 무엇 때문에 일어나는지 잘 알고 있지만, 그에 대한 정서적 반응은 중세인들이나 근대인들과 크게 다르지 않다. 중세 시대의 국가와 도시들이 흑사병이나 매독에 대해 보인 반응과 현대인들이 에이즈에 대해 보인 반응은 실로 유사하다. 이 중 일부는 보건의료인 같은 전문가 집단과 정부에 대한 불신과 외국인에 대한 혐오에 뿌리를 두고 있다.

 전염병이 신이나 악마의 장난으로 여겨졌을 때에도, 미생물의 침입 때문이라고 알려진 지금도 그 정서적 반응 양상은 비슷하다. 처음에는 불안과 공포가 엄습하고, 도주와 현실 부정이 뒤따른다. 이후 자신들이 행할 행동을 정당화시킨다. 즉, 이 사회를 전염병으로부터 보호하기 위해 모든 수를 써야 한다는 여론이 불길처럼 일어나는 것이다. 예를 들어 환자 외에도 승객 전체에 대한 선별검사를 시행하라는 요구가 빗발칠 것이며, 감염자를 격리하고 검역할 공중보건 조치를 시행하라는 요구가 끊이지 않을 것이다. 정치인들도 마찬가지이다. 여당은 위기를 극복하여 지지율을 끌어올리려 하고, 야당은 여당과 행정부의 실책을 공격하여 정권 탈환을 노릴 것이다. 긴급 대응 기관이 설립되고, 공중보건 조치, 진단, 치료, 연구, 백신 개발을 위한 자원 통제가 시작될 것이다. 과거 미국이 9·11 테러에 대응하여 애국자법을 시행한 때처럼 사생활의 보호나 이동의 자유와 같은 기본권과 비밀 유지의 권리 등은 제한을 받을 것이다. 비록 병인론과 통제 가능성을 잘 알고 있다 해도 질병은 사회 구성원 중 일부에게만 힘을 실어 주어 종교적, 정치적, 문화적 편견을 심화시킬 것이다. 결국 선진화된 사회에서조차, 매독에 혐오하는 국가의 이름을 붙여서 부른 것과 같이(6장 참조) 이것은 누구 탓인가라고 하는 외침이 울려 퍼진다. 미국 내의 에이즈 환자들은 주로 사회의 하류 계층, 또는 주거나 직업이나 사회 생활에서 차별받는 사람(독특한 성적 취향, 성적으로 방종한 개인, 약물 중독자, 매춘부)들이었기 때문에, 근본주의자들은 빈곤층, 동성애자, 약물중독자, 미혼모, 매춘부를 사회에서 몰아내자고 외칠 것이다. 무증상 감염자들도 지역사회에 전염병을 전파시킬 수 있으므로 자발적으로든 강제적으로든 격리되어야 한다는 여론이 휘몰아칠 수 있다. 실제로는 인플루엔자나 중동호흡기증후군과는 달리 에이즈는 우발적 접촉이나 비말감염으로 전염되지 않기 때문에, 지속적인 검역과 격리는 지역사회의 보호에 큰 도움이 되지 않는다. 어떤 감염병이 유행하면 일반 시민들로부터 예상 가능한 반응이 나타날 것이다. 이

럴 때 우리는 전염병의 급속한 확산에 대해 냉철하고 효과적으로 대처할 수 있어야 한다. 스페인 태생의 미국 철학자 조지 산타야나가 남긴, "과거를 기억하지 못하는 이들은 과거를 반복하기 마련이다."라는 금언을 새겨들어야 할 것이다.

불가피한 맞춤형 전략

에이즈의 유행은 전 세계적으로 보이는 일정한 패턴이 없다. 무언가 확실한 유행의 중핵은 없지만 세계 곳곳에서 유행하고 있다. 그래서 기존에 다른 질병에 대응했던 전략과는 다른 전략이 필요하다.

1981년 이래로 에이즈는 50만 명이 넘는 미국인의 사망을 초래하였으며, 이것은 두 번의 세계대전, 한국 전쟁과 베트남 전쟁, 파나마 침공과 같이 20세기 동안 미국이 참전한 전쟁에서 발생한 모든 전사자의 수보다 많은 것이다. 1981년에는 단 열두 명의 감염자만 보고되었지만 지금은 40만 건이나 보고되었고, 매년 4만 명의 미국인이 감염된다는 점에서 감염자 수의 증가는 실로 놀랍다. 그러나 HIV/에이즈에 대한 염려는 미국에서 점차 사그라들고 있다. 오늘날에는 미국인의 17%만이 에이즈를 가장 심각한 국내 현안으로 간주한다. 이런 무관심은 HAART의 도입으로 인해 에이즈 관련 사망자의 수가 크게 줄었고, 에이즈가 호발하는 인구집단이 과거의 백인 중산층 동성애자에서 빈곤한 흑인이나 히스패닉계로 바뀌었기 때문에 나타난 현상이다. 에이즈의 증가를 막고자 한다면 사회 구성원들이 자신의 HIV 감염 여부를 잘 알아야 한다. 미국 내에는 HIV 감염자가 85~95만 명이나 되는 것으로 추산되지만, 그 중 4분의 1은 자신이 HIV 감염자인지 모른다. 더 염려되는 것은 아직도 남성 동성애자 집단이 에이즈 환자들 중 가장 큰 비중을 차지하고 있으며, 그 비중이 점차 증가하고 있다는 것이다. 에이즈에 대해 대중이 점점 더 무관심해지는 이유는 치료법의 개발로 인해 HIV/에이즈가 더는 불치병이 아니라고 생각하게 되었고, 메스암페타민과 같은 유희용 마약 또한 널리 퍼졌으며, 인터넷의 보급으로 인해서 소위 묻지마 섹스를 하는 경우가 많아진 데다가, 과거와 다를 것이 없는 식상한 홍보 프로그램에 대해서 피로감이 생겼기 때문일 것이다.

사하라 이남 아프리카에서의 에이즈 유행 양상은 북미, 유럽과 완전히 다르다. 아프리카 대륙의 에이즈는 일종의 진화를 보이고 있다. 사회를 이끌어 갈 청장년층이 노년층과 유년층보다 먼저 죽어 나가고 있다. 즉, 가장 약한 자가 오히려 살아남고 있는 것이다. 성적 활동이 가능한 모든 사람이 위험에 처해 있고, 감염된 임산부로부터 태어난 신생아들은 날 때부터 감염된다. 대부분의 감염자들이 어떻게 감염되었는지 잘 알지 못한다. 한 가지 확실한 것은 면역계가 고장난 이 감염자들이 결국은 기회감염으로 사망할 것이라는 점이다. 에이즈의 유행은 사하라 이남 아프리카에서 가장 최악이어서, 15~49세 청장년층에서의 유병률은 8%에 달하고, 매년 380만 명의 신규 감염례가 나타나고 있다. 아프리카 대륙 남부에서는 성인의 유병률이 20%에 달한다. 보츠와나에서는 36%, 스와질란드, 짐바브웨, 레소토에서는 25%에 달한다. 이 국가들에서 특히 에이즈가 만연한 이유는 광업의 발달로 인해 대규모 운송 시스템이 갖추어진 데다가, 해외 취업으로 인해 국가간 이동이 활발해졌기 때문이다. 그러나 다른 아프리카 지역 국가들도 HIV 감염률이 높기는 매한가지다. 코트디부아르에서의 HIV 유병률은 세계 최악의 수준이며, 나이지리아에서도 15%에 달한다. 아프리카 대륙의 국가들의 연평균 개인 소득은 350달러에 불과하기 때문에 현재 사용되는 3제요법을 사용하여 치료하는 것은 거의 불가능하다. 참고로, 3제요법의 약값은 미국에서도 연간 천만 원을 상회한다. 단지 개인이 부담하느냐 국고로 지원하느냐의 차이뿐이다. 모든 HIV 감염자의 치료에는 연간 약 2조 원이 필요하다. 아프리카 대륙은 정치적 혼란으로 고통 받고 있으며, 필요한 보건의료 시스템과 효과적인 리더십도 갖추어져 있지 않다.

아프리카 전역에서 HIV는 끊임없이 활개치고 있으며, 만연한 지역에서 주위로, 도시에서 농촌으로 퍼져 나가고 있다. 여기서는 미국이나 유럽과는 달리 주로 이성과의 정상적인 성관계에 의해서 전파된다. 그리고 엄마로부터 수직감염된 15세 미만의 HIV 감염 유소년의 수가 백만 명 이상이다. 현재 에이즈로 인해 부모를 잃은 어린이의 수는 1,300만 명에 육박한다. 세계은행은 아프리카의 세계 수출 비중이 1970년대의 3.5%에서 1990년대 말 1.5%로 60% 가까이 감소한 것으로 계산했다. 이 손실액은 아프리카 대륙 전체 생산액의 21%와 맞먹으며, 매년 원조되는 130억 달러의 다섯 배에 달한다. 공동체에는 고아들만 가득 차 있고, 이들이 어린 나이에 생활 전선에 투입된 다. 이들은 극빈층으로 전락하고, 영양 실조와 정신적 스트레스에 고통 받고, 범죄와 매춘에 빠져들고, 사회 불안을 초래한다. 인적 자원의 손실은 이미 취약한 경제 상황을 더욱 악화시키고, 시민 사회를 붕괴시켜 정치를 불안정하게 만든다. 아프리카 대륙에서는 감염률이 치솟아 오르고, 낙인은 점차 굳어지며, 상황을 부정하면서 죽음을 재촉하고, 지식과 행동 사이의 간극은 커진다.

동유럽에서는 또 다르다. 이 곳에서는 주로 정맥 마약 사용자들에게서 HIV가 퍼져 있으며, 냉전 이후로 사회와 경제가 급격히 바뀌는 과정에서 HIV 감염자의 수가 크게 늘어났다. 또한 마약 사용자의 배우자나 성매매업 종사자들에게 주로 감염이 전파되었다. 아시아 지역을 보면, 베트남은 미국보다는 HIV 유병률이 낮으나 동유럽에서와 같이 마약 중독자들 사이에서 주로 확산되고 있다. 8천만 명의 베트남인 중 13만 명이 HIV에 감염되어 있으며, 마약 중독자에 대한 HIV 감염 확산 억제 조치는 큰 효과가 없었다. 이제 이 감염은 중국으로 퍼지고 있다. 미얀마나 태국의 경우, 성 산업의 발달로 인해 마약 사용자와 성매매업 종사자들 사이에서 에이즈의 전파가 불붙었다. 태국은 미얀마와는 달리 정치적으로 안정되어 있어서 콘돔 사용과 안전한 성행위의 장려로 유행이 어느 정도 진정될 수 있었다. 성매매업 종사자들을 상대로 콘돔 사용을 장려한 결과, 그들 사이에서의 HIV 감염률이 1996년 28%에서 2002년 13%로 감소하였다. 미얀마는 아시아에서 HIV의 문제가 가장 심각하게 만연해 있는 곳으로, 성매매업 종사자 및 마약 중독자 사이에서 HIV가 확산되고 있다. 게다가 독재, 병의원의 부족, 극심한 빈곤, 해외 투자유치 부재 등이 이 질병의 문제를 더욱 심각하게 만드는 데 일조하고 있다.

이제 우리는 HIV가 사회를 어떻게 취약하게 만들고, 기대 수명을 줄이고, 생산을 저하시키고, 이것이 결국 경제성장을 어떻게 약화시키는지 알게 되었다. 에이즈는 빈곤을 악화시키고, 영양 실조에 빠지게 한다. HIV 감염은 아시아, 아프리카, 동유럽에서 이미 빈약한 연간 소득으로 고통 받는 사람들의 연간 소득을 더욱 빼앗아 간다. 에이즈로 인해 교원의 수도 줄어 결국 교육 시스템이 무너졌다. 여전히 전 세계적으로 HIV 감염은 5대 사망 원인 중 하나이다. 21세기의 흑사병이라고 불리는 에이즈는 누적된 HIV 감염자를 밑거름으로 앞으로도 계속 증가할 것이며, 사회를 이끌어 가야 할 청년층을 쓰러뜨릴 것이다. 5장에서의 흑사병처럼 전염병이 어떻게 사회를 지배하는지는 이미 7백년 전에 명확히 입증되었다. 오늘날의 에이즈는 이 책에서 전술한 다른 많은 전염병들과 함께, 감염병이 아직도 전 세계적으로 큰 힘을 떨치고 있다는 것을 우리에게 분명히 보여 주고 있다.

맺음말

인류는 수 세기에 걸쳐 수십 가지의 전염병을 겪어 왔다. 우리는 비록 전염병을 이 지구에서 박멸할 수는 없겠지만, 우리가 앞으로 어떤 전염병을 마주하더라도 그것을 극복할 수 있다는 일말의 낙관을 가질 수 있게 되었다. 질병박멸 국제대책위원회는 1993년 앞으로 한 세대 안에 지구상에서 박멸 가능한 전염병 95가지를 공표하였다. 그 중 박멸된 전염병은 지금까지 하나도 없다. 그렇지만 희망이 없지 않다. 이제 우리는 질병의 박멸은 불가능할지라도 통제는 가능할 것임을 잘 알고 있다. 안타까운 것은, 우리의 뇌리에서는 사라진 많은 전염병들이 아직도 지구상 어디에선가 비극을 만들어 내고 있고, 그곳의 보건의료 상황을 악화시키고 있다는 것이다. 그 이유는 무엇인가? 과거 사람들이 무수한 희생자를 내면서 겪었던 질병과의 악전고투로부터 오늘날 적용할 수 있는 교훈을 배우지 못한 탓인가? 적절한 백신이나 효과적인 치료법이 없어서인가? 다른 원인이 있기라도 한 것인가?

효과적인 질병의 관리를 위해서는 예방 백신과 효과적인 치료약은 필수불가결하다. 그렇지만 그것만으로는 충분하지 않은 것이 현실이다. 세계보건기구는 1982년에 알버트 세이빈이 개발한 경구 폴리오 백신을 이용하여 2000년까지 소아마비를 박멸시키겠다는 야심찬 선언을 하였다. 그리고 20억 명의 어린이들이 백신을 접종받았고, 5백만 명의 어린이들이 마비와 죽음에서 벗어났다. 1994년에는 서반구에서 소아마비가 근절되었고, 2000년에는 서태평양 연안 37개국에서 소아마비가 사라졌으며, 전 세계적으로도 소아마비 발생률은 예방 백신 도입 이전의 1% 수준으로 떨어졌다. 그리하여 소아마비는 거의 박멸을 목전에 두고 있었다. 그러나 탈레반의 폭정과 이어진 혼란으로 고통 받고 있는 아프가니스탄과 파키스탄 등지에서 연간 10여 명에 불과하지만 환자가 발생하고 있어서 아직 박멸되지 않았다. 이것은 백신 개발만으로는 결코 폴리오 바이러스 감염증과 소아마비를 근절할 수 없음을 잘 보여주고 있다. 어떤 국가에서는 비용 부족이 문제가 되겠지만 비용 말고도 또 다른 심각한 문제가 있을 수 있다. 그것은 바로 에드워드 제너 때에도 있었고 지금도 존재하는 미신과 무지이다. 탈레반은 소아마비 백신을 미국의 생물병기로 선전하며 접종을 금지시켰다. 2003년 나이지리아에 가짜 뉴스가 퍼졌다. 소아마비 백신에 HIV가 들어 있고, 이 예방접종 프로그램은 무슬림 여성을 제거하기 위한 미국의 음모라는 것이다. 결국 몇 년 만에 이전까지 소아마비 사례가 보고되지 않았던 국가들에서 소아마비가 다시 기승을 부렸고, 이것이 나이지리아에서 유래한 것임이 확인되었다. 질병 감염자의 수가 줄어들고 있는데도 완전히 근절될 때까지 박멸 프로그램이 계속 시행되면, 시행 대상자나 시행자

뿐만 아니라 일반 대중에게도 피로감이 자리 잡게 된다. 그렇지만 감염성 질환은 예방접종을 받지 않은 어린이가 몇 명만 있어도 이들이 새로운 병소로 작용하여 세계 어딘가에서 다시 유행할 수 있다. 마치 개미구멍 하나가 방죽을 무너뜨리듯 전염병은 세계 어느 곳에서라도 시작되고 퍼질 수 있는 것이다.

2006년 4월 30일 뉴욕 타임즈에서는 질병의 확산을 막기 위한 중요한 요소에 관해 보도했다. 경구용 소아마비 백신인 세이빈 백신은 제조창을 떠나 피접종자의 구강으로 투여될 때까지 엄격한 조건으로 냉장보관되어야 한다. 냉장고를 가동시킬 자원을 모색하는 것도 어렵겠지만, 냉장고와 전력망을 확보한다 해도 또 다른 어려움이 있다. 나이지리아의 무슬림 가정에서는 가장이 집에 없을 때에는 외간 남자가 그 집을 방문할 수가 없다. 그래서 여성이 가정을 방문하여 예방접종을 권유하기가 더 유리했다. 그러나 남편들은 자신의 배우자가 밖에 일하러 나가는 것을 싫어했다. 그래서 예방접종의 심부름으로 단돈 몇 달러를 벌어 오게 하려고 글을 읽지도 못하는 어린 딸을 보냈다. 결국 철없는 어린 소녀들은 40회분의 백신 상자 안에 들어 있는 냉장용 얼음을 무겁다고 모조리 빼내 버리고 백신만 들고 다녔다. 당연히 백신은 효과가 없었다. 또한 글을 읽을 수 없었기에 인명부에 접종 여부를 표시할 수도 없었다. 여기에서 우리는 분명한 교훈을 얻을 수 있다. 백신이 제 역할을 수행하려면 효과적인 보건의료 시스템과 함께 교육이 필수적인 요소라는 점이다.

우리는 이제 전염병에 대해 많은 것을 알게 되었고, 일부 전염병은 박멸을 눈앞에 두고 있다. 하지만, 홍역과 같은 전염병은 박멸을 피해 교묘하게 빠져나가고 있다. 홍역에 사용되는 MMR 백신은 매우 저렴하여 단회 접종에 200원 정도면 되지만, 아직도 매년 45만 명의 어린이가 홍역으로 사망한다. 다른 나라보다 홍역으로 인한 사망이 더욱 만연해 있는 인도는 홍역의 박멸을 국가의 주요 과제로 두지 않았기에 매년 10만 명의 어린이가 사망한다. 홍역은 매우 전염성이 강한 질병이기 때문에, 한 살 때 주사 맞는 1차 접종 외에 유치원 등에 입학하기 전에 반드시 2차 접종을 맞아야 한다. 1994년 중남미에서 2차 예방접종 캠페인이 행해진 이래로 서반구에서는 2002년에 홍역이 박멸되었고, 아프리카 대륙에서도 홍역에 의한 사망이 반으로 줄었다. 하지만 인도에서는 백신의 문제도, 가용 예산의 문제도 아닌 보건의료정책의 실패로 인하여 홍역이 유행하였다. 인도 보건의료 당국의 목표는 정기 예방접종의 개선이 아닌, 한 번에 한 가지 질병에 대한 예방접종을 시행하는 것이었다. 그래서 소아마비 박멸 정책이 최우선으로 행해지는 동안 홍역은 그 악명 높은 전파력에도 불구하고 간과되었던 것이다. 반대로 이웃 나라인 네팔에서는 홍역의 퇴치에 성공했다. 네팔에서는 5만 명의 어머니를 홍역 박멸뿐만 아니라 국민 보건 향상을 위한 캠페인의 선봉대로 삼았다. 정부에서는 구역별로 부녀자들을 섭외하여 자원 봉사자로 임명하였다. 이들은 자신이 담당한 마을의 집집마다 직접 찾아가서 보건소 방문을 요청하였다. 그리고 보건소 방문 전날 확인차 한 번 더 찾아갔다. 이렇게 하여 몇 년에 걸쳐 보건의료당국은 20원 안팎의 비타민 A 정제를 아동들에게 보급하였고, 어린이 사망자를 4분의 1로 줄였다. 10원 정도밖에 들지 않는 수질 정화용 알약을 나눠 주어 유아 사망률을 줄였다. 단돈 70원 정도의 경구 수액 제조용 염분제를 보급하여 설사로 고통 받는 아동의 생명을 구하였다. 게다가 예방접종을 시행하는 병의원에 아동들을 데려다 주기 위해 아이가 있는 모든 집을 방문하였다. 이 여성들이 그렇게 했던 이유는 무엇인가? 그들은 비록 글자도 모르는 촌부였지만, 이 일이 사회에 공헌하고 존경받을 수 있는 일이라고 생각했기 때문에 보상을 받지 않고도 기꺼이 할 수 있었다고 증언하였다. 미국의 영화비평가 폴린 카엘이 말하였듯이, 분명 뜻이 있는 곳에 길이 있다.

우리가 아직까지 질병 통제라는 과제를 해결하지 못하고 있는 것은 비극이다. 질병을 통제하는 것은 단순히 병원체의 생물학적 성질을 이해하는 것, 그 이상이다. 여기에는 올바른 자금 조달, 국가의 정책적 의지, 대중의 신뢰를 얻기 위한 전략이 필요하다. 또한 병원체의 전파에 대한 감시도 필요하다. 그리고 강력한 보건의료 시스템에 의해 일관되고 공평한 예방 조치가 수행되어야 한다. 때로는 공중보건학적 이익을 달성하기 위해 우리의 생활 양식을 바꿔야 할 필요도 있다. 우리는 수없이 많은 전염병과 마주하면서 많은 것을 배웠다. 하지만 동서고금을 막론하고 아는 것과 실천하는 것은 별개의 문제이며, 실천이 훨씬 어렵다는 것은 자명하다. 그러나 우리는 모두의 건강을 증진시키고자 하는 의지와 희망, 그리고 현명한 이행 전략으로 질병 통제의 장애물을 돌파할 수 있을 것이다. 인류의 질병 부담을 줄이는 것, 이것은 충분히 달성할 수 있는 목표이다.

참고자료

참고자료

이 책을 쓸 때 여러 자료들, 특히 저자가 기존에 저술한 책인 『역병의 괴력(*The Power of Plagues*. ASM출판사, 2006)』을 많이 참조했다. 다음은 해당 부분을 쓰는 데 참조한 자료의 목록이다.

01 포르피린증과 혈우병, 그들이 남긴 유산

20.   L. K. Altman and T. S. Purdum, JFK file, hidden illness, pain and pills, *New York Times* 17 Nov. 2002.

21~23.   *Porphyria—a Royal Malady*; articles published in or commissioned by the British Medical Association (London: British Medical Association, 1968); I. Macalpine and R. Hunter, *George III and the Mad Business* (New York: Pantheon, 1970).

23~25.   M. R. Moore, Biochemistry of porphyria, Int. *J. Biochem.* 25 (1993):1353-1368; H. H. Billett, Porphyrias: inborn errors in heme production, *Hosp. Pract.* 23 (1988):41-60.

26~27.   V. Vadakan, Porphyria, curse of royalty, *Hosp. Pract.* 22 (1987):107-114.

27~28.   A. Bennett, The Madness of George III. (London: Faber and Faber, 1992), 18-21, 25, 31, 56.

29~30.   J. Rohl, M. Warren, and D. Hunt, *Purple Secret: Genes, Madness and the Royal Houses of Europe* (New York: Bantam, 1998); I. Macalpine and R. Hunter, *George III and the Mad Business* (New York: Pantheon, 1970); F. Cartwright and M. Biddis, Disease and History (London: Sutton, 1972), p. 172-173.

30.   T. M. Cox, N. Jack, S. Lofthouse, J. Watting, J. Haines, and M. J. Warren, King George III and porphyria: an elemental hypothesis and investigation. *Lancet* 366 (2005):332-335.

30.   I. Macalpine and R. Hunter, Porphyria and King George III, *Sci. Am.* 221 (1969):38-43.

32.   R. F. Stevens, The history of hemophilia in the royal families of Europe, *Br. J. Haematol.* 25 (1999):25-32.

32~34.   P. Mannuci and E. Tuddenham, The haemophiliacs—from royal genes to gene therapy, *N. Engl. J. Med.* 344 (2001):1773-1779.

37~41.   J. P. Gelardi, *Born To Rule* (New York: St. Martin's Press, 2005).

37~41.   F. Cartwright, *Disease and History* (New York: Dorset, 1972), ch. 7, p. 167-196; (다른 관점에서 씌여진 자료) J. Kendrick, Russia's imperial blood: Was Rasputin not the healer of legend, *Am. J. Hematol.* 77 (2004):92-102; R. F. Stevens, The history of haemophilia in the royal families of Europe, *Br. J. Haematol.* 105 (1999):25-32.

40~41.   K. Rose, *King George V* (New York: Knopf, 1983).

42~48.   D. M. Potts and W. T. W. Potts, *Queen Victoria's Gene: Haemophilia and the Royal Family* (New York: Sutton, 1999); J. M. Packard, *Victoria's Daughters* (London: St. Martin's Press, 1998).

47~48.   P. Ziegler, *King Edward VIII* (New York: Knopf, 1990).

02 아일랜드의 감자마름병

52~53.   http://ballinagree.freeservers.com/sumsorrow.html.

55~58.   R. English, *History of Ireland* (New York: Gill and Macmillan, 1991).

58.   T. Cahill, *How the Irish Saved Civilization* (New York: Random House, 1996).

60~68.   G. L. Schumann, *Plant Diseases: Their Biological and Social Impact* (St. Paul, Minn.: American Phytopathological Society Press, 1991), 1-20; G. L. Comfort and E. R. Sprott, *Famine on the Wind* (New York: Rand McNally, 1967), 70-89; J. S. Donnelly, *The Great Irish Potato Famine* (Phoenix Mill: Sutton, 2001); N. Kissane, *The Irish Potato Famine: a Documentary History* (Dublin: National Library of Ireland, 1995); E. C. Large, *The Advance of the Fungi* (St. Paul, Minn.: American Phytopathological Society, 2003); D. C. Daly, The leaf that launched a thousand ships, *Nat. Hist.* 105 (1996):24-32; C. Kinealy, How politics fed the famine, *Nat. Hist.* 105 (1996):33-35; C. Woodham-Smith, *The Great Hunger* (New York: Harper and Row, 1962).

60~61, 72~73.   H. Hobhouse, *Seeds of Change: Five Plants That Transformed Mankind* (New York: Harper and Row, 1987), 191-232.

74~75.   G. Garelik, Taking the bite out of potato blight, *Science* 298 (2002):1702-1704.

03 콜레라

78~79. J. Franklin and J. Sutherland, *Guinea Pig Doctors: the Drama of Medical Research through Self-Experimentation* (New York: Morrow, 1984), 140; W. McNeill, *Plagues and Peoples* (New York: Anchor, 1976), 231.

79. I. W. Sherman, *The Power of Plagues* (Washington, D.C.: ASM Press, 2006), 167; S. LaFranniere, In oil-rich Angola, cholera preys upon poorest, *New York Times*, 16 June 2006.

80~82. P. Johansen, H. Brody, N. Paneth, S. Rachman, and M. Rip, *Cholera, Chloroform and the Science of Medicine: a Life of John Snow* (New York: Oxford University Press, 2003); N. Longmate, *King Cholera: The Biography of a Disease* (London: Hamish Hamilton, 1966); S. Johnson, *The Ghost Map: the Story of London's Most Terrifying Epidemic and How It Changed Science, Cities and the Modern World* (New York: Riverhead, 2002).

81. P. Pharoah, The catastrophic failures of pubic health (letter to the editor). *Lancet* 363 (2004):1552.

82~85. Sherman, *The Power of Plagues*, 160-161.

85~86. G. N. Grob, *The Deadly Truth* (Cambridge, Mass.: Harvard University Press, 2002), 104-107.

87. C. E. Rosenberg, *Explaining Epidemics and Other Studies in the History of Medicine* (Cambridge, Mass.: Harvard University Press, 1992), 114-121.

88~89. F. Cartwright, *A Social History of Medicine* (London: Longman, 1977), 102-110.

90. Sherman, *The Power of Plagues*, 128.

90~95. H. Markell, *Quarantine!* (Baltimore: Johns Hopkins University Press, 1997).

95~101. C. J. Gill and G. C. Gill, Nightingale in Scutari: her legacy re-examined, *Clin. Infect. Dis.* 40 (2005):1799-1805; L. Strachey, *Eminent Victorians* (London: Continuum, 2002); Florence Nightingale obituary, *The London Times* 15 August 1910; E. Huxley, *Florence Nightingale* (London: Weidenfeld and Nicholson, 1975).

101~103.   R. L. Guerrant, B. Carneiro-Filho, and R. E. Dillingham, Cholera, diarrhea and oral rehydration therapy: triumph and indictment, *Clin. Infect. Dis.* 37 (2003):398-505.

04 손티를 남기는 괴물, 천연두

106~109.   R. Preston, *The Demon in the Freezer* (New York: Random House, 2002).

106~110.   T. O'Toole, Smallpox: an attack scenario, *Emerg. Infect. Dis.* 5 (1999):540-546.

111~116.   J. Eyler, Smallpox in history: the birth, death and impact of a dread disease, *J. Lab. Clin. Med.* 142 (2003):216-220; D. Hopkins, *Smallpox* (London: Churchill, 1962); D. Hopkins, *Princes and Peasants* (Chicago: University of Chicago Press, 1983); Sherman, *The Power of Plagues*, 191-195.

116~118.   M. Oldstone, *Viruses, Plagues and History* (New York: Oxford University Press, 1998).

119~135.   C. Mims, *The War within Us. Everyman's Guide to Infection and Immunity* (San Diego: Academic Press, 2000); Sherman, *The Power of Plagues*, 199-206, 211-228.

05 흑사병

138.   G. Boccaccio, *The Decameron*, quoted in P. Ziegler, The Black Death (New York: Harper, 1969), 46.

139~140.   D. Herlihy, *The Black Death and the Transformation of the West* (Cambridge: Harvard University Press, 1997).

141~147.   Sherman, *The Power of Plagues*, 72-83, 128-129.

148.   McNeill, *Plagues and Peoples*, 108.

149~151.   C. McEvedy, The bubonic plague, *Sci. Am.* 258 (1988):118-123; M. Drancourt and D. Raoult, Molecular insights into the history of plague, *Microbes Infect.* 4 (2002):105-109; R. D. Perry and J. D. Featherstone, *Yersinia pestis*: etiologic agent of plague, *Clin. Microbiol. Rev.* 10 (1997):35-66.

152.   C. Cunha and B. Cunha, Impact of plague on history, *Infect. Dis. Clin. North Am.* 20 (2006):253-272.

153.   R. Gani and S. Leach, Epidemiologic determinants for modeling pneumonic plague outbreaks, *Emerg. Infect. Dis.* 10 (2004):608-614.

153~154.   E. Caniel, Plague. *Encyclopedia Microbiol.* 3 (2000):654-661; D. Zhou, Y. Han, Y. Sang, P. Huang, and R. Young, Comparative and evolutionary genomics of *Yersinia, Microbes Infect.* 6 (2004):1226-1234; N. C. Stenseth et al., Plague dynamics are driven by climate variation, *Proc. Natl. Acad. Sci. USA* 103 (2006):13110-13115; M. Achtman et al., *Yersinia pestis,* the cause of plague, is a recently emerged clone of *Yersinia pseudotuberculosis, Proc. Natl. Acad. Sci. USA* 96 (1999):14043-14048.

155~156.   M. Wheelis, Biological warfare at the 1346 siege of Caffa, *Emerg. Infect. Dis.* 8 (2002):971-975.

156.   T. Inglesby et al., Plague as a biological weapon, *JAMA* 283 (200):2281-2289.

157~158.   T. Inglesby, R. Grossman, and T. O' Toole, A plague on your city: observations from TOPOFF, *Clin. Infect. Dis.* 32 (2001):436-445.

159.   Plague—worldwide incidence (Figure 8). *Int. J. Health Geogr.* 4 (2005):10-21; S. A. Berger, GIDEON: a comprehensive web-based resource for geographic medicine, http://www.cdc.gov/ncidod/dvbid/plague/index.htm.

160~161.   W. Orent, *Plague: The Mysterious Past and Terrifying Future of the World's Most Dangerous Disease* (New York: Free Press, 2004).

06 매독

164~165.   Franklin and Sutherland, *Guinea Pig Doctors*, 25-27.

165~166.   E. Tramont, The impact of syphilis on humankind, *Infect. Dis. Clin. North Am.* 18 (2004):101-110; A. Singh and B. Romanowski, Syphilis: review with emphasis on clinical, epidemiological and some biologic features, *Clin. Microbiol. Rev.* 12 (1999):187-209.

168.   G. Anta, S. Lukehart, and A. Meheus, The endemic treponematoses, *Microbes Infect.* 4 (2002):83-94.

169.   C. Fraser et al., Complete genome sequence of *Treponema pallidum*, the syphilis spirochete, *Science* 281 (1998):375-388.

170~171.   C. Meyer, C. Jung, T. Kohl, A. Poenicke, A. Poppe, and K. Alt, Syphilis 2001—a palaeopathological reappraisal, *Homo* 53 (2002):39-58.

171~174.   Sherman, *The Power of Plagues*, 265-266.

175~177.   E. Tramont, Syphilis in adults: from Christopher Columbus to Sir Alexander Fleming, *Clin. Infect. Dis.* 21 (1995):1361-1371.

177~179.   T. G. Benedek and J. Erlen, The scientific environment of the Tuskegee study of syphilis, 1920-1960, *Perspect. Biol. Med.* 43 (1999):1-30.

179~180.   Sherman, *The Power of Plagues,* 245-251, 258-259.

186~187.   R. Hare, *The Birth of Penicillin and the Disarming of Microbes* (London: Allen and Unwin, 1970); E. Lax, *The Mould in Dr. Florey's Coat: the Remarkable True Story of Penicillin* (New York: Little, Brown, 2004).

188~189.   C. Amabile-Cuevas, M. Cardenas-Garcia, and M. Ludgar, Antibiotic resistance, *Am. Sci.* 83 (1995):320-329; S. Levy and B. Marshall, Antibacterial resistance worldwide: causes, challenges and responses. *Nat. Med.* 10 (2004):S122-S127.

189~198.   Sherman, *The Power of Plagues,* 268-270; http://www.who.int/docstore/hiv/GRSTI/index.htm; CDC, Primary and secondary syphilis—United States, 2003-2004. *Morb. Mortal. Wkly. Rep.* 55 (2006):269-273; L. Ferguson and J. Vanada, Syphilis: an old enemy still lurks, *J. Am. Acad. Nurse Pract.* 18 (2006):49-55.

196~198.   A. Rompalo, Can syphilis be eradicated from the world? *Curr. Opin. Infect. Dis.* 14 (2001):41-44.

07 국민 전염병, 결핵

200~201.   L. Hutchinson and M. Hutchinson, *Opera, Desire and Death* (Lincoln: University of Nebraska Press, 1996); S. Sontag, *Illness as Metaphor and AIDS and Its Metaphors* (New York: Anchor, 1989).

202~209.   R. Dubos and J. Dubos, *The White Plague* (Boston: Little, Brown, 1952); T. Dormandy, *The White Death: a History of Tuberculosis* (London: Hambledon, 1999); T. M. Daniel, *Captain of Death:*

the Story of Tuberculosis (Rochester: University of Rochester Press, 1997); F. Haas and S. Haas, The origins of *Mycobacterium tuberculosis* and the notion of its contagiousness, *in* W. Rom and S. Garay (ed.), *Tuberculosis* (Boston: Little Brown, 1996), 3-34.

204~205.   S. Grzbowski and E. Allen, History and importance of scrofula, Lancet 346 (1995):1472-1474.

209.   D. Morens, At the deathbed of consumptive art, *Emerg. Infect. Dis.* 8 (2002):1353-1358.

210.   Ancient tuberculosis identified? *Science* 286 (1999):1071; M. Caldwell, *The Last Crusade: the War on Consumption* 1862-1954 (New York: Atheneum, 1988); T. Garnier et al., The complete genome sequence of *Mycobacterium bovis, Proc. Natl. Acad. Sci. USA* 100 (2003):7877-7882; S. T. Cole et al., Deciphering the biology of *Mycobacterium tuberculosis* from the complete genome sequence. *Nature* 393 (1998):537-544.

211~212.   G. N. Grob, *The Deadly Truth: a History of Disease in America* (Cambridge, Mass.: Harvard University Press, 2002).

212~215.   A. M. Kraut, Plagues and prejudice, *in* D. Rosner (ed.), *Hives of Sickness* (Rutgers: Rutgers University Press, 1995), 65-90.

215~228.   Sherman, *The Power of Plagues*, 286-293; D. E. Hammerschmidt, Bovine tuberculosis: still a world health problem, *J. Lab. Clin. Med.* 141 (2003):359; S. Blower et al., The intrinsic transmission dynamics of tuberculosis epidemics, Nat. Med. 1 (1995):815-821.

228~233.   F. Ryan, *The Forgotten Plague: How the Battle against Tuberculosis Was Won—and Lost* (Boston: Little, Brown, 1993).

233~237.   P. Small and P. Fujiwara, Management of tuberculosis in the United States, *N. Engl. J. Med.* 345 (2001):189-200; T. Frieden et al., Tuberculosis, *Lancet* 362 (2003):887-897; Sherman, The *Power of Plagues*, 297-299.

235.   *Treatment of Latent TB Infection—2003*, City and County of San Francisco Department of Health, TB Control Section, 4; http://www.cdc.gov/nchstp/tb/pubs/tbfactsheets/250101.htm.

237~239.   T. Doherty, Progress and hindrances in tuberculosis vaccine development, *Lancet* 367 (2006):947-949.

239~243.   C. Dye, Global epidemiology of tuberculosis, *Lancet* 367 (2006):938-940; E. Corbett et al., Tuberculosis in sub-Saharan Africa: opportunities, challenges and change in the era of antiretroviral treatment, *Lancet* 367 (2006):926-937; S. Sharma and J. Liu, Progress of DOTS in global transmission control, *Lancet* 367 (2006):951-954; CDC, Trends in tuberculosis—United States, 2005, *Morb. Mortal. Wkly. Rep.* 55 (2006):305-308; M. Gandy and A. Zumla (ed.), *The Return of the White Plague* (London: Verso, 2003).

08 말라리아

246~250.   *A Fictional Account Based on the Writings of Ronald Ross, Memoirs* (London: John Murray, 1923).

250~253.   I. W. Sherman, A brief history of malaria and the discovery of the parasite life cycle, in I. W. Sherman (ed.), *Malaria: Parasite Biology, Pathogenesis, and Protection* (Washington, D.C.: ASM Press, 1998), 3-10.

255~256.   R. Kupuscinsk, *Shadow of the Sun* (New York: Vantage, 2002).

256~257.   Sherman, *The Power of Plagues*, 145-146, 156.

257~260.   G. Harrison, *Mosquitoes, Malaria and Man: a History of the Hostilities since 1880* (New York: Dutton, 1978); W. Bynum and C. Ovary, *The Beast in the Mosquito: the Correspondence of Ronald Ross and Patrick Manson* (Amsterdam: Editions Rudolphi, 1998).

258~259.   P. de Kruif, *Microbe Hunters* (San Diego: Harcourt Brace, 1926), 256-285.

260.   R. Ross, *Memoirs* (London: John Murray, 1923).

261~266.   B. Greenwood et al., Malaria. *Lancet* 365 (2005):1487-1498.

09 황색의 천벌, 황열병

270~271.   P. de Kruif, *Microbe Hunters*, 286-287.

273.   Franklin and Sutherland, *Guinea Pig Doctors*, 205-206.

273~274, 276~280.   M. Oldstone, *Viruses, Plagues and History* (New York: Oxford

University Press, 1998), 45-72; Sherman, *The Power of Plagues*, 340-342, 344-345.

276.   E. T. Savitt and J. Young (ed.), *Disease and Distinctiveness in the American South* (Knoxville: University of Tennessee Press, 1988).

280~287.   Quoted in Oldstone, *Viruses, Plagues and History*, 47; L. K. Altman, *Who Goes First?* (Berkeley: University of California Press, 1998),129-158; Franklin and Sutherland, *Guinea Pig Doctors*, 183-226; deKruif, Microbe Hunters, 286-307.

290~293.   T. P. Monath, Yellow fever: an update. *Lancet Infect. Dis.* 1 (2001):11-20; M. Theiler, *The Development of Vaccines against Yellow Fever*, Nobel Lecture, 11 December 1951.

291~293.   C. Soares, Turning yellow: making the yellow fever vaccine fight other germs, *Sci. Am.* Apr. 2006, 22-23.

10 정복할 수 없는 주적, 인플루엔자

296~297, 309~314.   J. M. Barry, *The Great Influenza: the Epic Story of the 1918 Pandemic* (New York: Viking, 2004).

298~299, 314.   Oldstone, *Viruses, Plagues and History*; M. Specter, Nature's bioterrorist. New Yorker, 28 Feb. 2005, 51-61.

301~306, 321~322.   R. Webster and E. Walker, Influenza, *Am. Sci.* 91 (2003):122-129; K. Nicholson, J. Wood, and M. Zambon, Influenza, *Lancet* 362 (2003):1733-1745; P. Palese, Influenza: old and new threats, *Nat. Med.* 10 (2004):S82-S87; W. Laver, N. Biscofberger, and R. Webster, Disarming flu viruses, *Sci. Am.* Jan. 1999, 78-87.

306~307.   E. D. Kilbourne, Influenza pandemics of the 20th century, *Emerg. Infect. Dis.* 12 (2006):9-13; G. Neumann and Y. Kawaoka, Host range restriction and pathogenicity in the context of the influenza pandemic, *Emerg. Infect. Dis.* 12 (2006):881-886.

307~309.   J. C. Obenauer et al., Large-scale analysis of avian influenza isolates, *Science* 311 (2006):1576-1580.

307~309.   C. S. Smith, French farmers shudder as flu keeps chickens from ranging free, *New York Times* 1 Mar. 2006; J. Taubenberger and D. Morens, 1918 influenza: the mother of all pandemics, *Emerg. Infect.*

Dis. 12 (2006):15-22.

315~316,
318~319.

Sherman, *The Power of Plagues*, 17-18, 398-399.

316~318.

D. M. Bell and the WHO Working Group, Nonpharmaceutical interventions for pandemic influenza, international measures, *Emerg. Infect. Dis.* 12 (2006):81-87.

319~321.

I. Longini et al., Containing pandemic influenza at the source, *Science* 309 (2005):1083-1087; D. M. Bell and the WHO Working Group, Nonpharmaceutical interventions for pandemic influenza, national and community measures, *Emerg. Infect. Dis.* 12 (2006):88-94; R. Webster, M. Peiris, H. Chen, and Y. Guen, H5N1 outbreaks and enzootic influenza, *Emerg. Infect. Dis.* 12 (2006):3-13.

11 21세기의 흑사병, 후천성 면역결핍증후군

325~332,
336~344,
347~353.

Sherman, *The Power of Plagues*, 92-105, 112-115; A. Galvani and M. Slatkin, Evaluating plague and smallpox as historical selective pressures for the CCR-_32 HIV-resistance allele, *Proc. Natl. Acad. Sci. USA* 101 (2003):15276-15279.

346.

W. Koff et al., HIV vaccine design: insights from the live attenuated SIV vaccines, *Nat. Immunol.* 7 (2006):19-23; P. Spearman, Current progress in the development of HIV vaccines, *Curr. Pharm. Des.* 12 (2006):1-21; M. Girard, S. D. Osmanov, and M. Kiery, A review of vaccine research and development: the human immunodeficiency virus (HIV), *Vaccine* 24 (2006):4062-4081.

맺음말

359~360.

C. W. Dugger and D. G. Mc Neill, Jr., Rumor, fear and fatigue hinder final push to end polio, *New York Times* 20 Mar. 2006.

361~362.

C. Dugger, Mothers of Nepal vanquish a killer of children, *New York Times* 30 Apr. 2006.

[역자 주] 이 두 페이지, 즉 질병의 유행 시기와 영국 왕가 가계도는 역자가 추가한 부분이다. 역자가 이 책의 번역서를 낼 때 독자의 이해를 돕기 위하여 삽화를 추가하는 등 약간의 변화를 주고 싶었다. 하지만 번역서이기 때문에 가능한 한 원문에 충실해야 했다. 이에, 각 질병의 유행 시기와 잉글랜드 왕가의 가계도만을 아래에 첨가한다. 본문의 이해에 도움이 되길 바란다.

12가지 질병과 관련된 시대

포르피린증　　1500년대 중반~1800년대 초반

혈우병　　　　1800년대 말~제2차세계대전

감자마름병　　1700년대 말~1800년대 중반

콜레라　　　　1800년대 초반~1900년대 초반. 아직까지 국지적인 유행이 지속되고 있음.

천연두　　　　야생동물 가축화와 함께 시작. 기원후 100년경 안토니우스 역병. 1500년대 신대륙 원주민 치명적 타격을 입음. 1700년대 말 제너의 우두법으로 격감하기 시작하여 1980년 박멸 선언됨.

흑사병　　　　500년대~600년대(1차 대유행; 유스티아누스 흑사병), 1300년대 중반(2차 대유행), 1860년대 이후 현재까지(3차 대유행)

매독　　　　　1400년대 말 이후 지속되고 있음.

결핵　　　　　인류의 역사와 함께 시작되어 아직까지 함께하고 있음.

말라리아　　　기원전부터 수천 년간 인류와 함께하고 있음.

황열병　　　　서반구를 기준으로 1600년대 중반 이후 퍼지기 시작하였음.

인플루엔자　　기원전부터 수천 년간 인류와 함께하고 있음.

HIV/에이즈　　아프리카 풍토병으로 존재하다가 1980년대 서반구로 유입되어 현재까지 지속되고 있음.

잉글랜드 왕가의 포르피린증과 혈우병 가계도 ※ 괄호 안의 연대는 재위 기간

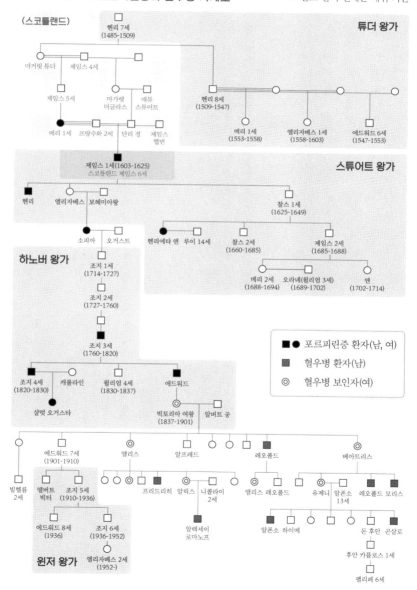

세상을 바꾼 **12가지 질병**

1판 1쇄 인쇄 2019년 7월 5일
1판 4쇄 발행 2020년 3월 30일

지은이 어윈 W. 셔먼
옮긴이 장 철 훈

발행인 전 호 환
펴낸곳 부산대학교출판문화원
      주소 – 부산광역시 금정구 부산대학로 63번길 2
      전화 – (051) 510 – 1932, 1933, 1935, 1967
      전송 – (051) 512 – 7812
      등록 – 제카 11-2 1992. 9. 10.

디자인 박 지 영
인쇄소 한국소문사
정 가 18,000원

이 도서의 국립중앙도서관 출판예정도서목록(CIP)은 서지정보유통지원시스템 홈페이지
(http://seoji.nl.go.kr)와 국가자료종합목록 구축시스템(http://kolis-net.nl.go.kr)에서 이용
하실 수 있습니다.
(CIP제어번호 : CIP2019023089)

ISBN 978-89-7316-621-3   03900